Ars Au...

O livro dos Sentinelas de Enoque

YHWH, Anunnaki e a origem dos anjos caídos e da civilização humana.

Magias e rituais completos com os Sentinelas, incluindo meditações.

Copyright © 2021 Ars Aurora

Todos os selos/sigilos angélicos foram recebidos e criados pelo autor, são registados contra qualquer tipo de direitos autorais, não sendo permitida qualquer alteração, utilização, modificação, divulgação, e qualquer outro ato comercial ou informativo.

Nenhuma parte deste livro pode ser reproduzida, armazenada ou postada em qualquer forma ou por qualquer meio, sem a permissão expressa do autor.

As informações neste livro são apenas para fins educacionais e não se destinam a tratamento, diagnóstico ou prescrição de quaisquer doenças. Este livro não se destina a fornecer aconselhamento financeiro ou de saúde de qualquer tipo. O autor não é de forma alguma responsável por qualquer uso indevido do material deste livro. Nenhuma garantia de resultados está sendo feita neste livro. O descumprimento de qualquer uma dessas situações ou qualquer ato que possa infligir os direitos autorais é passível de medidas judiciais.

Se você chegou neste livro comprando uma cópia oficial ou oferecida nas distribuidoras oficiais e regulamentadas, eu te abençoo por todas as forças celestes deste universo, que nada te falte e que você tenha sempre tudo o que quiser, pela misericórdia divina do Arcanjo Tzadkiel, para todo sempre, amém.

Todas as imagens usadas neste livro que não incluem os selos/sigilos angélicos são do domínio público, todos os créditos vão para os seus próprios autores.

N.: 312246962

ISBN – 978-65-00-54430-5

Dedico esta obra a todos os espíritos que durante séculos foram demonizados pela humanidade. Que vossos nomes sejam mais uma vez reconhecidos, suas essências compreendidas. E que através desta obra, vós possais continuar vossas caminhadas eternas, em glória, honra, respeito e esplendor.

Dualidades ilusórias 14
Zecharia Sitchin 16
Os Anunnaki 20
El 23
YHWH 26
Ashera 29
Sacrifícios e a guerra entre YHWH e Moloch 33
O Livro de Enoque 37
O início 39
Império 40
Alalu no planeta terra 43
Enki e a verdadeira história do livro de Gênesis 45
Exploração 53
Abzu 55
Anu batalha contra Alalu 57
Lahmu 59
Igigi e Anunnaki 61
A primeira revolta 64
Pássaro celestial 65
A segunda revolta 67
A origem da raça humana – Lulu 69
Adamu e Ti-Amat expulsos do Édin 73
Mau augúrio 77
Adapa em Nibiru 80

K-in e Abel 82
Marduk 86
Samyaza e os duzentos Igigi 90
Dilúvio 95
Anunnaki – Um aviso pertinente 106
Enki 107
Os Sentinelas de Enoque 110
Sentinelas criados pela crença humana 116
Prática 118
Preparação para os rituais 119
Como utilizar os selos angélicos deste livro 121
Meditação 124
Entendendo as descrições de cada ritual 127
Ritual de Ascensão 128
Ritual dos Onze Pilares de Luz 134
Selo dos onze pilares de luz 143
Selo dos onze pilares de luz versão 2 144
Ordem dos onze pilares de luz 145
Método 1: Conexão e conjuração 146
Método 1: Sumário 148
Método 2: Conjurações com elementos 149
Método 2: Sumário 158
Shamgaz 160
Shamgaz – Atuações 163

Shamgaz – Selo 164
Shamgaz – Meditação e Conjuração 165
Arakiel 166
Arakiel – Atuações 169
Arakiel – Selo 170
Arakiel – Meditação e Conjuração 171
Ramiel 172
Ramiel – Atuações 175
Ramiel – Selo 176
Ramiel – Meditação e Conjuração 177
Kokabiel 178
Kokabiel – Atuações 181
Kokabiel – Selo 182
Kokabiel - Meditação e Conjuração 183
Tamiel 184
Tamiel – Atuações 187
Tamiel – Selo 188
Tamiel – Meditação e Conjuração 189
Daniel 190
Daniel – Atuações 192
Daniel – Selo 193
Daniel – Meditação e Conjuração 194
Ezequiel 195
Ezequiel – Atuações 198

Ezequiel – Selo 199
Ezequiel – Meditação e Conjuração 200
Barakiel 201
Barakiel – Atuações 203
Barakiel – Selo 204
Barakiel – Meditação e Conjuração 205
Azazel 206
Azazel – Atuações 210
Azazel – Selo 211
Azazel – Meditação e Conjuração 212
Armoni 213
Armoni – Atuações 216
Armoni – Selo 217
Armoni – Meditação e Conjuração 218
Matariel 219
Matariel – Atuações 222
Matariel – Selo 223
Matariel – Meditação e Conjuração 224
Ananel 225
Ananel – Atuações 227
Ananel – Selo 228
Ananel – Meditação e Conjuração 229
Shamash/Utu 230
Shamash/Utu – Atuações 232

Shamash/Utu – Selo 1 233
Shamash/Utu – Selo 2 234
Shamash/Utu – Meditação e Conjuração 235
Satariel 238
Satariel – Atuações 240
Satariel – Selo 241
Satariel – Meditação e Conjuração 242
Turiel 243
Turiel – Atuações 244
Turiel – Selo 245
Turiel – Meditação e Conjuração 246
Yomiel 247
Yomiel – Atuações 248
Yomiel – Selo 249
Yomiel – Meditação e Conjuração 250
Sariel 251
Sariel – Atuações 255
Sariel – Selo 256
Sariel – Meditação e Conjuração 257
Bezaliel 258
Bezaliel – Atuações 260
Bezaliel – Selo 261
Bezaliel – Meditação e Conjuração 262
Gadriel 263

Gadriel – Atuações 267

Gadriel – Selo 268

Gadriel – Meditação e Conjuração 269

Tashmetum 270

Tashmetum – Atuações 273

Tashmetum – Selo 274

Tashmetum – Meditação e Conjuração 275

Jehudiel 276

Jehudiel – Atuações 279

Jehudiel – Selo 280

Jehudiel – Meditação e Conjuração 281

El 282

El – Atuações 284

El - Selo 285

El – Meditação e Conjuração 286

Oferendas 287

Características planetárias 290

Tabela com horários planetários 293

Fases da lua 294

Cores das velas 295

Cristais e pedras 297

Incensos 301

Orações e consagrações 306

Selo Ars Aurora 308

Selo Ars Aurora – Yeshua 310
Selo Ars Aurora - Adonai 311
Selo Ars Aurora – Sem nome central 312
Notas finais 313

Dualidades ilusórias

A humanidade sempre esteve em dois lados de um caminho: ou seguia uma luz cega e uma fé inabalável por medo, receio e falta de conhecimento; ou seguia um caminho de trevas, reforçando as características e histórias das crenças do seu oposto, para imposição contra os mandamentos que supostamente governam este mundo.

Desde o início desta civilização, uma polaridade dual ilusória sempre tomou conta da vida dos espíritos encarnados neste plano, independente da crença, dois opostos desequilibrados se manifestaram por toda esta terra, cada um detentor da "verdadeira verdade" ou "caminho correto" que o ser humano deveria seguir.

Porém, dentre todas essas histórias, supostas verdades e forças maiores presentes em cada fé se manifestam em um padrão curioso e de origem bem antiga, em cada lugar, em cada coração e cada suposta "verdade absoluta" e inescrutável sobre a criação deste mundo. Despertar é saber que nada é aquilo que parece, e como diz Samyaza, existem sempre pequenas verdades em cada história, e também, grandes mentiras.

Como você reagiria se soubesse que sua vida, suas dores, sofrimentos, sonhos e até mesmo sua fé são nada menos que uma forma de controle e um ato de te cegar espiritualmente? Você se lembra de sua origem? De quem você realmente é? Acredita que tudo nesta vida se resume a bem e mal? A anjos contra demônios? A Lúcifer contra Miguel? Ou até quem sabe, acredita que este mundo se resume às energias de branco e preto em perfeita harmonia?

Talvez este universo seja muito maior do que isso que vivemos, muito mais vasto e belo, com realidades e planos espirituais onde cada espírito é verdadeiramente livre e detentor de conhecimentos necessários para nunca ser controlado por nada e nem ninguém.

Este processo de despertar não é fácil, mas de maneira alguma é dolorido, a menos que você esteja tão enraizado em suas crenças que tenha dificuldade de assimilar o conhecimento destes anjos. É interessante a forma que a paz toma conta de nossa vida, é como se fôssemos salvos por uma revelação que tira todo peso, culpa, mágoa e raiva de nossos corações. Tudo se torna mais leve, mais acessível, é como se pudéssemos tocar o início da Criação com facilidade, com nossas próprias mãos humanas. O contato com qualquer espírito se torna mais leve, mais direto, e passamos a ver uma realidade que há muito tempo nos esquecemos, devido o constante bombardeamento de forças, energias, situações e crenças que há muitas encarnações nos prenderam em realidades densas e ilusórias.

Zecharia Sitchin

Zecharia Sitchin foi um autor que defendia em seus livros a tese de que a verdadeira origem da humanidade partia dos contos sumérios e suas tabuletas, sendo a raça humana criada para escravidão e adoração pelos Anunnaki.

Ele é uma figura bastante controversa no mundo da literatura e da religião: seus livros e obras são postos como pseudociência e pseudo-história, ele é acusado de alterar as tabuletas sumérias para dar uma interpretação pessoal sobre a origem da humanidade e principalmente para dar base a suas teorias. Apesar de que em suas obras ele tem embasamento teórico e arqueológico, bem como evidências de que tanto o livro do Gênesis quanto o Livro de Enoque são claramente versões modificadas das histórias dos Anunnaki. Existe muita controvérsia principalmente em quesitos astrológicos e astronômicos, onde ele baseia sua tese em textos pré-nubianos, sumérios e no selo VA 243, que é amplamente descrito em seu livro "O 12° planeta".

O selo VA 243 é um antigo cilindro sumério de aproximadamente 4.500 anos, representando nosso Sistema Solar com 12 planetas, e um deles sendo supostamente Nibiru.

Sitchin relata que as formações dos planetas e deste mundo estavam dentro dos primeiros estágios da formação planetária, que foi baseada nos contos sumerianos. Immanuel Velikovsky foi um dos seus opositores, alegando que os impactos astrológicos são suscetíveis a eventos naturais desses cosmos, e não devem ser alegados a uma espiritualidade ou religião, já que essas colisões planetárias são passíveis de ocorrer dentro do período da existência humana.

Muitas outras pessoas e autores se opuseram a Sitchin, em sua grande maioria, judeus e cristãos que negam que seus manuscritos sejam cópias baseadas em outras culturas, apesar dos mesmos serem bem mais antigos do que a Bíblia que conhecemos hoje em dia. Claramente a mesma história se repetirá até que a humanidade desperte da ilusão que vive através da religião, a menor suposição de que seus livros sagrados possam ser baseados em outras mitologias já é motivo suficiente para um ataque desenfreado a todos aqueles que se opuserem à sua fé.

Um aviso muito pertinente que o leitor deve estar ciente antes de entender a história que será passada: existem versões diferentes e modos de se narrar um conto, porém todos levam para uma mesma conclusão, tanto a versão de Sitchin como todas as outras versões de historiadores e arqueólogos.

Existem diversas teorias e conspirações sobre a criação da raça humana, dessa terra e do nosso Sistema Solar. Monumentos cuja construção seria impossível em tempos antigos, como as pirâmides, geram inúmeros debates para personalidades teológicas, conspiratórias e até curiosos.

Dentre inúmeras perguntas, Zecharia Sitchin abriu vários portais com seu conhecimento. O grande foco desta obra, para que possamos entender a origem verdadeira dos Sentinelas de Enoque, é conhecer a história e exploração dos Anunnaki para esta terra, que foi retratada nas tabuletas sumerianas, onde esse povo veio em busca de ouro para salvar seu planeta natal chamado Nibiru. Essas informações foram passadas na obra *"O livro perdido de Enki"*.

A região da Suméria é onde habitou a mais antiga civilização humana, na região do sul da Mesopotâmia. Foi estabelecida por volta de 5000 A.C a 4000 A.C, e os primeiros textos escritos no sistema cuneiforme, que é uma escrita desenvolvida por esses povos por volta de 3300 A.C a 3000 A.C. As tabuletas sumerianas, que narram a origem da raça humana e sobre os Anunnaki, tem por volta de cinco mil anos e foram encontradas em 1929 (tendo então sido escrita por volta de 3071 A.C.), e são descritas por arqueólogos e em artigos científicos como os primeiros documentos escritos pela humanidade.

De acordo com Zecharia Sitchin, que traduziu as tabuletas sumerianas que relatavam a história e criação da raça humana e da origem de seus Deuses sumerianos, seu conhecimento será resumido nesta obra para que o leitor possa entender o que são exatamente estes "astronautas de outro planeta".

É preciso ter muita coragem para desafiar as forças deste mundo, todas essas ilusões, mentiras e deturpações da sociedade que nos ensinam desde o nascimento, porém esta obra não tem o objetivo de debater teorias sobre o que são verdades ou mentiras, e sim esclarecer o leitor sobre as origens dos Sentinelas de Enoque, bem como dar as chaves sagradas para contato, e assim, o próprio buscador ir diretamente a estas forças e receber as revelações que lhe serão passadas.

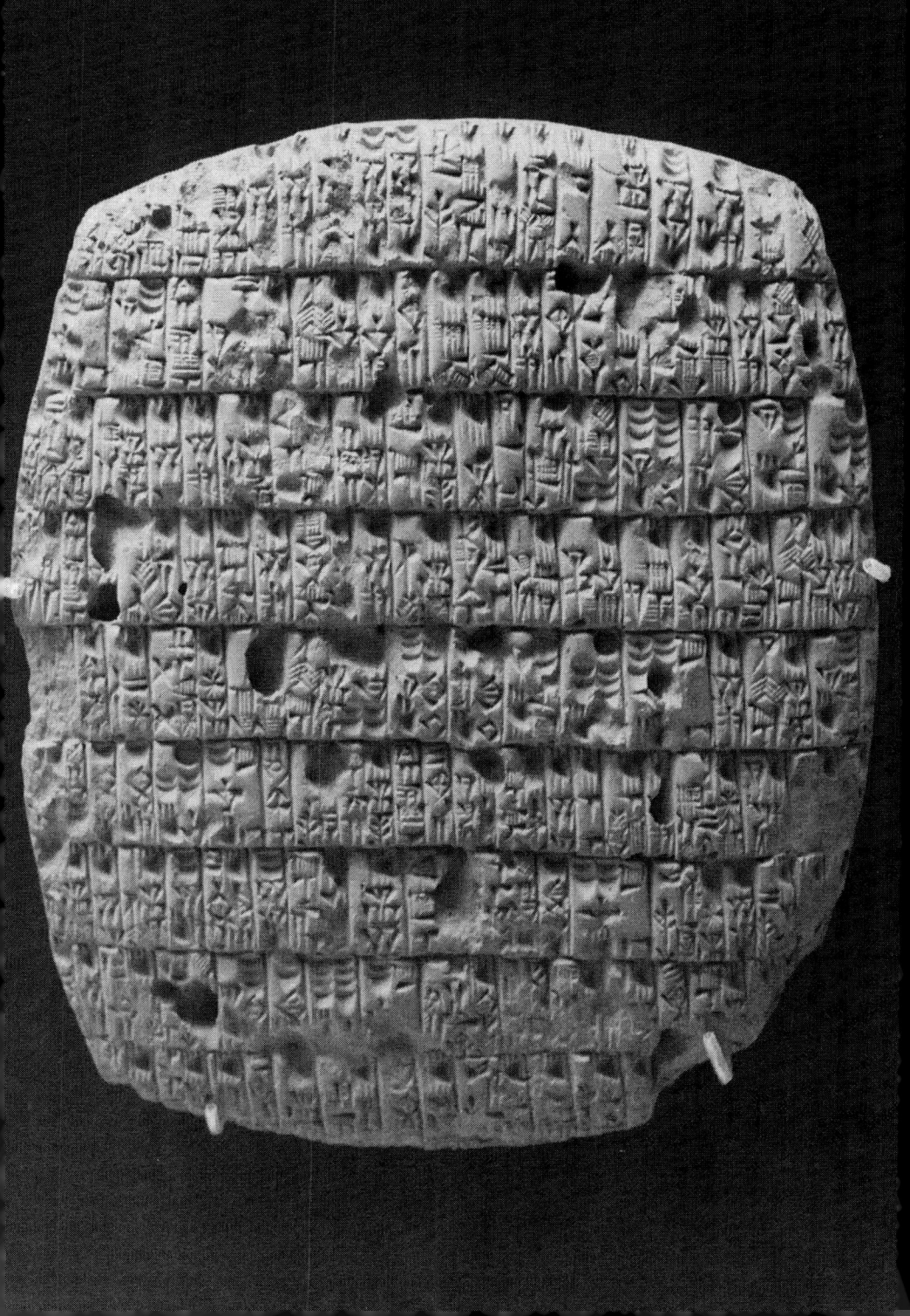

Os Anunnaki

A palavra *Anunnaki*, significa:

Anu significa "céu", é o Deus maior e rei de Nibiru. *Ki* significa "terra". Anunnaki pode ter os significados de *"Aqueles que vieram do céu à terra"*, *"Filhos dos céus e da terra"*, ou mais precisamente *"Filhos de Anu que vieram à terra"*.

Os Anunnaki descrito por Zecharia são um povo que veio do planeta chamado Nibiru para a Terra em busca de ouro a fim de salvar a camada protetora do planeta, que era exposta aos raios do sol em sua trajetória ao seu redor. Porém essa exposição desfazia sua camada, causando grandes estragos e consequentemente, terminando com a vida que ali habitava.

Curiosamente, os Anunnaki são sempre descritos como "gigantes" em sua estatura, portando asas em suas costas. Bem antigamente, onde lemos histórias bíblicas a respeito de gigantes sobre a terra, estavam se referindo a estes extraterrestres. A grande estatura também é encontrada em outras religiões em nossa Terra, Zecharia em suas obras aborda as construções antigas impossíveis de serem erguidas pela tecnologia daqueles tempos e correlaciona isso com a sabedoria e atuação dos Anunnaki.

Normalmente os homens são descritos como altos, de longa barba, pele negra e dotados de imensa força, enquanto as mulheres são descritas como altas, dotadas de sabedoria e criatividade. Em certos momentos da história, se pode perceber a valorização das mulheres na sociedade deles e outrora o rebaixar delas para servirem apenas como meio de se obterem filhos, em específico, filhos homens eram os mais cogitados, e as meninas não eram tão apreciadas por aqueles que desejavam um herdeiro para assumir o trono divino do planeta Nibiru.

    Os anjos descritos no velho testamento guardando o Jardim do Éden nada mais são que os Anunnaki. O dilúvio no início dos tempos, Adamu e Ti-Amat (Adão e Eva), K-in e Abel, a criação da raça humana e tantas outras histórias serão abordadas no decorrer deste livro são de origem sumeriana, e com isso vocês poderão ver toda a trajetória deste povo e entender os contos narrados nos tempos antigos. Apesar de tudo, eles não são nada diferentes de nós. Enquanto em vida, eram um povo mais evoluído em quesitos de tecnologia e sabedoria, mas careciam de referência em certos assuntos como a vida pós-morte e em muitos casos, lhes faltava empatia e autocontrole.

    Nos tempos antigos, alguns detestaram ver que a humanidade se tornou igual a eles, pois igualdade para eles era ter sabedoria e entendimento. Talvez seja uma alusão para alma ou espírito, sendo que a única diferença entre os humanos nos dias de hoje e os Anunnaki, é o ramo da larga vida, que dotava esses extraterrestres de uma longa vida física. **Sendo a raça humana um experimento genético, criada exclusivamente para trabalho escravo e mineração de ouro, se tornou peça de adoração e louvor aos Anunnaki.**

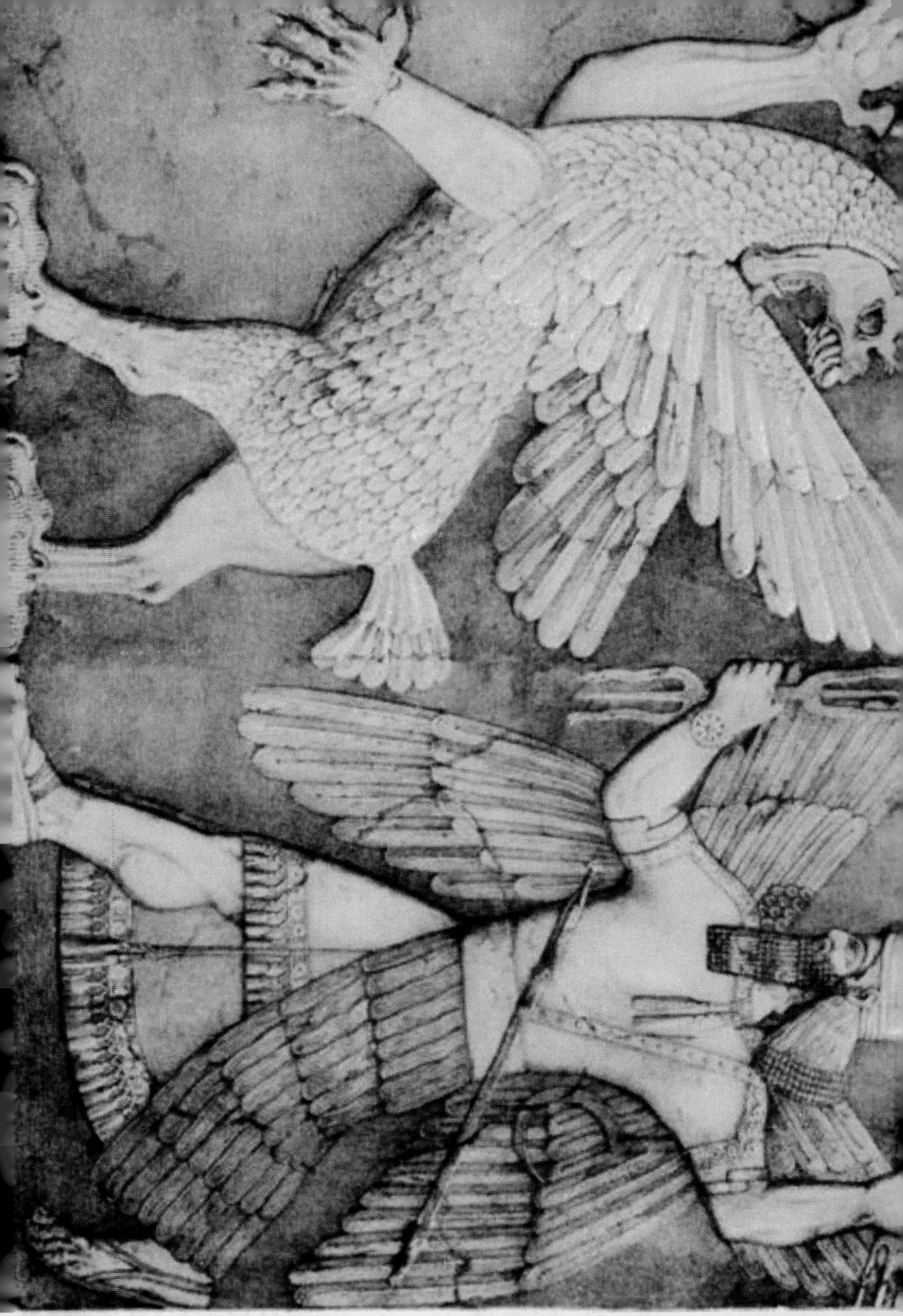

El

Em cada religião desta terra encontramos inúmeras facetas de deidades que representam aspectos da vida de seus devotos e do local onde eles se encontram, como por exemplo: em cada cultura, podemos encontrar um Deus que representa as colheitas, um Deus que representa o sol e outro a lua, podemos encontrar Deuses da metalurgia, da guerra, da paz, da justiça, do fogo, da água, da terra. Deuses e Deusas que representam o céu, o vento, as chuvas e a vida terrestre. Em cada uma dessas crenças, sempre há histórias de um Deus ou princípio maior que todos os outros, como o grande criador(a) que deu origem a todos os outros Deuses.

É o caso das regiões da Fenícia, Acádia, Mesopotâmia, Babilônia, Assíria e Canaã, onde a forma de culto era politeísta, ou seja, tinham suas crenças de adoração e culto a diversos Deuses.

Os povos da Fenícia se consideravam cananeus, então é correto mencionar que eles são a mesma tribo com as mesmas culturas, quem fez essa separação de Fenícia e Canaã foram os romanos durante as guerras e expedições lá.

El era um nome dado para o Deus supremo de uma cultura e de uma cidade em tempos antigos e deste modo, poderíamos encontrar um El diferente em cada região.

Especificamente, El era denominado o Deus supremo dos cananeus e Ashera, Deusa da fertilidade e maternidade, era sua amada consorte que governava ao seu lado. Ele era considerado o Deus dos céus e das chuvas, diferente da Mesopotâmia, onde as pessoas tinham acesso aos rios Tigris e Eufrates, e isso lhes possibilitava um controle maior de suas colheitas e agricultura, dando um grande impulso para a prosperidade local e o mercado de troca. Na região canaanita, o povo dependia unicamente das chuvas para irrigação de suas plantações. El era considerado o provedor das chuvas abundantes que traziam a boa colheita e o sustento da vida para seu povo, sendo que também possuía qualidades como um senhor da misericórdia e da bondade.

Originalmente, era este Deus que era adorado pela tribo de Israel e Judá nas regiões de Canaã e seu nome ainda está presente nos dias de hoje, sendo Israel terminando em El, fazendo uma correlação direta com esta deidade.

A palavra El também podia ser dita como *Al*, era também expressa em algumas regiões como *Baal*. El e Baal podem possuir o mesmo significado vocal, onde Baal em semítico era um título a um grande homem ou ser importante nas crenças antigas. Baal também era o título comum dado a todos os Deuses da chuva e das águas na Era de Bronze.

El é um nome divino do planeta Júpiter na Cabalah, cuja emanação divina se chama *Chesed*, que traz as forças benéficas e masculinas de bondade, misericórdia e abundância, que fazem total correlação com a verdadeira identidade deste Deus.

Na próxima página, deixo uma imagem chamada "Faca de Gebel", onde se vê o Deus El com seus leões, que são os seus animais consagrados e na alça da faca, o planeta Vênus.

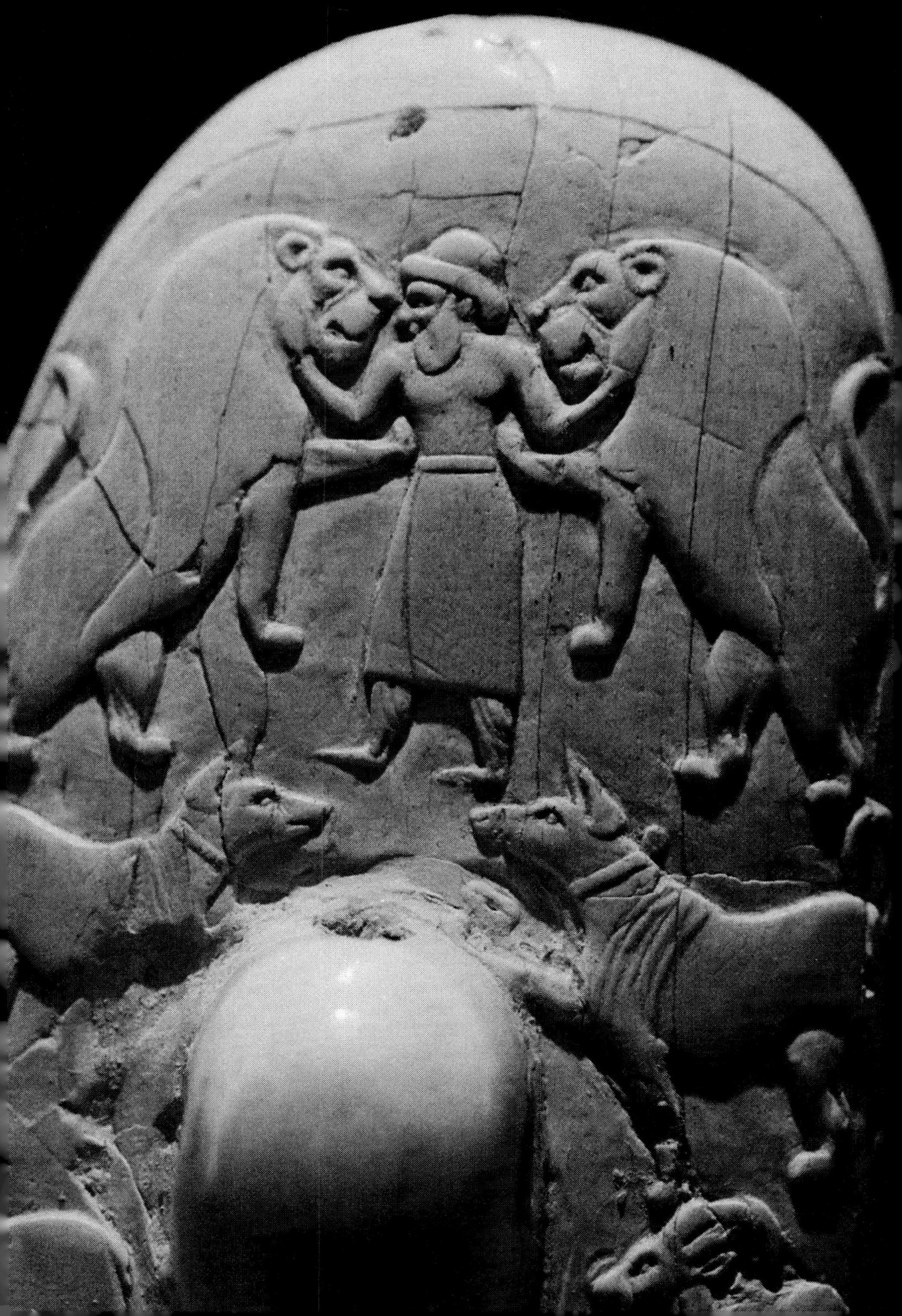

YHWH

YHWH, popularmente conhecido como Deus cristão, Deus de Judá e de Israel, era um Deus que se destacou antigamente por abominar os sacrifícios humanos feitos naqueles tempos.

YHWH passou a ser chamado de "Senhor" na Bíblia que conhecemos hoje, porém seu nome continua o mesmo na Torá e nos manuscritos hebraico e esse nome é considerado muito sagrado e impronunciável. Alguns devotos desta fé consideram pecado o mencionar e isso reforçou a perda original de sua pronúncia, entre esses e outros fatores houve a mudança de YHWH para "Senhor" como conhecemos hoje em dia.

YHWH foi o nome dado ao Deus de Israel e de Judá durante a Era de Ferro. O nome YHWH é escrito no formato que conhecemos como *Abjad* ou consonantário; isso significa que quando lemos uma palavra neste estilo, devemos acrescentar as vogais que faltam para poder assim entender completamente o que se está escrito. O nome deste Deus é um extensivo debate de líderes religiosos atuais, pois grande parte dos devotos ainda não pronuncia seu nome pois o consideram imensamente sagrado e puro para as bocas de humanos pecadores. O nome deste Deus era somente proferido em rituais e cerimônias religiosas, e isto não era algo que todas as pessoas pudessem participar, o que levou à perda de sua pronúncia e muitas pessoas entoam o nome YHWH apenas proferindo as letras do qual ele é formado no alfabeto hebraico, ou seja:

Yod– He – Vav – He

יהוה

(Em hebraico, se lê da direita para esquerda).

Este tipo de pronuncia é incorreta, pois ninguém fala o nome de algo ou de alguém proferindo cada letra do qual ele é composto. A forma mais preservada e com concordância entre consoantes e gramatical seria *Yahweh* e o nome também tem suas variações linguísticas de acordo com a evolução da fala e da língua durante nossa história, onde o Yod ׳, pode ser também pronunciado com som de J, adaptando o resto das letras para outro tipo de pronúncia, tornando assim o nome *Yahweh* em *Jehovah*.

Segundo o Dr. Aren Maeir, nos finais do tempo da Era de Bronze, que durou entre 3300 AC a 1200 AC, o nome de Yahweh era citado como um Deus de uma tribo pequena, mas neste período, ele não era considerado um Deus maior ou supremo e isso se deu pelo crescimento de seu culto e de diversas tribos e cidades as quais adoravam Deuses diferentes que se juntaram no culto e na adoração dele na região de Canaã.

Como dito no capítulo anterior, El era considerado o Deus supremo de Canaã, e curiosamente, este Deus possuía muitos filhos e filhas, sendo Yahweh um Deus escolhido entre muitos outros Deuses para ter e comandar Israel a presente de seu pai. Yahweh também pode ser considerado um El, pois a palavra El também pode ser usada como um adjetivo ou qualidade para designar um Deus maior de uma tribo ou cidade.

A ascensão de Yahweh como Deus supremo e maior de Israel e Judá foi após o cerco de Jerusalém em 587 AC, onde o grande rei Nebuchadnezzar II liderou uma massiva guerra contra essa cidade, que durou muitos anos e após essa guerra que é narrada nos manuscritos hebraicos onde a cidade passou por anos de fome e desespero, no século 6 AC, os Judeus aceitaram Yahweh como Deus maior de sua tribo. Quem proclamou a soberania única e exclusiva à Yahweh foi o rei de Judá Josias, em seu reinado após o cerco de Jerusalém. Por volta deste período, foi abolida totalmente a adoração e idolatria a qualquer Deus que não fosse Yahweh, e nestes movimentos religiosos foi quando Yahweh absorveu qualidades e atributos de todos os outros Deuses, se tornando um único e superior Deus. Tudo isso levando em consideração a sua originalidade como um Deus apresentado até o momento, mas se formos analisar a história antecedente a Canaã, e entender quais Deuses antigos eram chamados de "Senhor", temos então inegáveis semelhanças de Yahweh com os Deuses sumerianos Enki e Enlil, tema que será explicado no decorrer deste livro.

Ashera

Antes de termos a absorção de diversos Deuses a Yahweh, temos uma figura pouco mencionada e tratada nos textos bíblicos, Ashera, também conhecida como a rainha da terra, da água, dos céus e das estrelas. Era consorte e amada de El, Deus maior de Canaã, esta Deusa é mencionada nos manuscritos e passagens bíblicas como:

"Porventura não vês tu o que andam fazendo nas cidades de Judá, e nas ruas de Jerusalém?"

"Os filhos apanham a lenha, e os pais acendem o fogo, e as mulheres preparam a massa, para fazerem bolos à rainha dos céus, e oferecem libações a outros Deuses, para me provocarem à ira." Jeremias 7:17-18

"Mas certamente cumpriremos toda a palavra que saiu da nossa boca, queimando incenso à rainha dos céus, e oferecendo-lhe libações, como nós e nossos pais, nossos reis e nossos príncipes, temos feito, nas cidades de Judá, e nas ruas de Jerusalém; e então tínhamos fartura de pão, e andávamos alegres, e não víamos mal algum."

"Mas desde que cessamos de queimar incenso à rainha dos céus, e de lhe oferecer libações, tivemos falta de tudo, e fomos consumidos pela espada e pela fome." Jeremias 44:17,18

Creio que não é preciso dizer a clara voz do ser humano nesses versículos, e não de Yahweh e sua vontade, quando Ashera foi esquecida pelas pessoas ao longo do tempo a mando de figuras masculinas humanas que tinham em sua personalidade a crença da inferioridade das mulheres perante os homens e infelizmente esse tipo de pensamento arcaico ainda se estabelece nos dias de hoje em muitas pessoas.

Ashera era considerada tão importante quanto El nos tempos antigos e sua cidade sagrada foi Uruk, uma das mais antigas cidades da Suméria. Em seus templos, podíamos ver imagens de seu animal sagrado, que era o leão. Podemos encontrar artefatos arqueológicos de seus tronos adornados com leões alados, ou popularmente conhecidos como esfinges, representado sua força celeste e grandeza sobre esta terra.

"Eu sou a luz que ilumina toda escuridão da noite, sou o cálice que transborda todo conhecimento espiritual, eu sou o sol que ilumina o dia, sou o fogo que aquece seu espírito, sou as estrelas que iluminam a noite, sou o toque do luar que acalma seu coração, sou a essência que move este mundo. Sou Deusa e soberana, sobre os céus, as estrelas e a terra está o meu reino. Sou a fúria do leão e a implacabilidade da guerra, sou a vitória em todas as batalhas, sou aquela que cavalga em pássaros de fogo sobre os céus e estrelas, sou a beleza de todas as mulheres, sou o mel de todas as flores e sou a estrela que te guia e a certeza de um novo amanhecer". – Ashera.

Esta Deusa, dentre seus aspectos, tinha as qualidades de provedora da vida, sustento, amor, guerra, sabedoria, intuição, força de vontade, resistência, vitórias, justiça e inúmeras outras atuações em seu reino, que foram demonizados e colocados como pecado. Porém, isso não deteve e nem diminuiu a atuação dela ao longo das eras, Ashera e Deusas equivalentes que podem representar a mesma entidade dependendo do local de seu culto, como Astarte, Chokhmah (algumas vezes indicado como uma Sefirah da Árvore da Vida, outras vezes como a Deusa Sofia), ou Ishtar, elas continuam atuando frequentemente em nosso plano espiritual. Ashera se manifesta nos dias de hoje como o Divino Espírito Santo, a famosa e tão incompreendida Shekinah, que muitas pessoas erroneamente apontam como o aspecto feminino de Deus, porém na realidade ela representa Ashera e toda a sua história e atuação neste mundo.

Amada Ashera, cuja força é de guerra, de vitória e de triunfo sobre todas as dificuldades da vida, com o passar do tempo antes da demonização de sua essência, passou a ser considerada a consorte de Yahweh, quando houve a absorção dos aspectos de El em seu culto.

    Com a constante propagação da fé absoluta da igreja em muitos continentes, vários espíritos que eram considerados Deuses e Deusas de antigamente foram demonizados como generais infernais e espíritos pecadores contra a vontade divina de Deus. Ashera infelizmente não escapou da ignorância humana neste aspecto. Uma Deusa sábia, provedora da fertilidade, dos alimentos, da justiça, guerra, poder, senhora dos céus, das estrelas e desta terra foi considerada um espírito infernal, que segundo o caráter distorcido de seu autor, aparece como um anjo doloroso que se manifesta montado em cima de um dragão, cujo hálito podre podia matar o praticante de magia, deturparam totalmente a essência verdadeira desta maravilhosa Deusa.

Sacrifícios e a guerra entre YHWH e Moloch

Nos tempos antigos, sacrifícios eram comuns para agradar os Deuses, para apaziguar suas iras, para agradá-los e receber suas bençãos e principalmente para manter as bençãos e sustento da comunidade, seja com chuva, boas colheitas, saúde e prosperidade do povo.

Os sacrifícios podiam ser de diversas formas, as mais comuns eram sacrifícios animais, no culto de YHWH de acordo com a Bíblia, o sacrifício tinha como objetivo a expiação dos pecados do povo, onde o sangue era aspergido nos altares e a carne era queimada ao Senhor. Era também ofertado pães, azeites, vinho e elementos consumíveis, que era nada mais do que a comida da época, a carne do sacrifício animal era consumida pelas pessoas seguindo diversas normas, tradições e leis para que os devotos não se contaminassem com supostas impurezas espirituais caso algum costume fosse quebrado.

Em Canaã, em certas cidades desta região, os sacrifícios humanos eram comuns, pois as pessoas tinham a concepção de que o sangue derramado e o ato de sacrificar alguém para os Deuses dava força e poder, e os Deuses exigiam esses tipos de sacrifícios periodicamente. Não sacrificar e não ofertar a essas forças não era uma opção, as pessoas tinham fielmente uma concepção de que seriam punidas e suas terras e plantações seriam mortas pela seca se não houvesse sacrifício. Palavras humanas contribuíam para que essas informações passassem de uma boca para outra, de uma mente para outra e podemos concluir que existia a vontade desses espíritos para o sacrifício humano. As pessoas eram envoltas de medo e pavor de seus Deuses, associavam fenômenos naturais com a fúria divina, havia uma junção de duas forças: a palavra humana que se espalhava como vento aos ouvidos dos ignorantes afirmando que sacrifícios eram necessários e a vontade espiritual destes Deuses, que influenciavam a mente e coração de seus devotos para receber a vida dos que eram queimados vivos em seu nome.

O sangue também representa a vida, e quanto mais novo era o sangue, mais poder e força tinha para os Deuses. Com isso, o sacrifício de recém-nascidos e crianças eram os mais apreciados por essas entidades. Nos dias de hoje ainda temos relatos de pessoas tomando sangue de bebês para se manter jovens e com força, é uma prática bem oculta que só se encontra em certas famílias e pessoas que possivelmente refletem este passado sombrio da humanidade.

O maior rival da antiguidade de YHWH era Moloch, amplamente conhecido nos dias de hoje como o Deus com face de Minotauro, que em seu culto era aceito e praticado o sacrifício humano, seja de adultos ou crianças. A grande controvérsia no culto de Moloch está na tradução de seu nome, sendo sua base gramatical traduzida simplesmente como "sacrifício". As informações que temos desse assunto provêm de antigos manuscritos cartagineses, que relatam rituais na região de Tophet, como "passar uma criança sobre o fogo", sendo referido como sacrifício infantil e originalmente estes sacrifícios eram relatados no culto de Moloch.

Como foi dito, em cada região de Canaã existiam Deuses diferentes e é possível que tenha havido uma guerra entre a cidade (ou tribo) que tinha como Deus de culto YHWH e a cidade (ou tribo) que tinha como culto o Deus Moloch. Ambos podem ter usado o argumento do sacrifício humano para desmoralizar seus rivais, isso nunca saberemos de fato. Eu já vi relatos de pessoas que tiveram um contato com certos espíritos, e os mesmos confirmaram que o culto de Moloch era no qual havia esses tipos de sacrifício e que o mesmo era o verdadeiro inimigo da humanidade. Em contrapartida, já vi relatos de pessoas que tiveram contato com Moloch, e o mesmo repudiava YHWH por suas mentiras, e que nunca aceitou esse tipo de sacrifício. Se o leitor quiser desvendar esse mistério, basta ir a um espírito de confiança e indagar-lhe sobre o assunto.

Muito obrigado a Nick Barskdale e ao Dr. Aren Maeir pela possibilidade de repassar estes conhecimentos nesta obra, todo conteúdo a fundo vocês podem encontrar em seu canal do youtube *"Study of Antiquity and the Middle Ages"*, e nos videos:

1º "The Religions of Ancient Canaan and Phoenicia".

(As religiões da antiga Canaã e Fenícia).

2º "The Origins of the Ancient Israelite Religion | Canaanite Religions | Mythology".

(A origem da antiga religião de Israel, religião de Canaã, Mitologia).

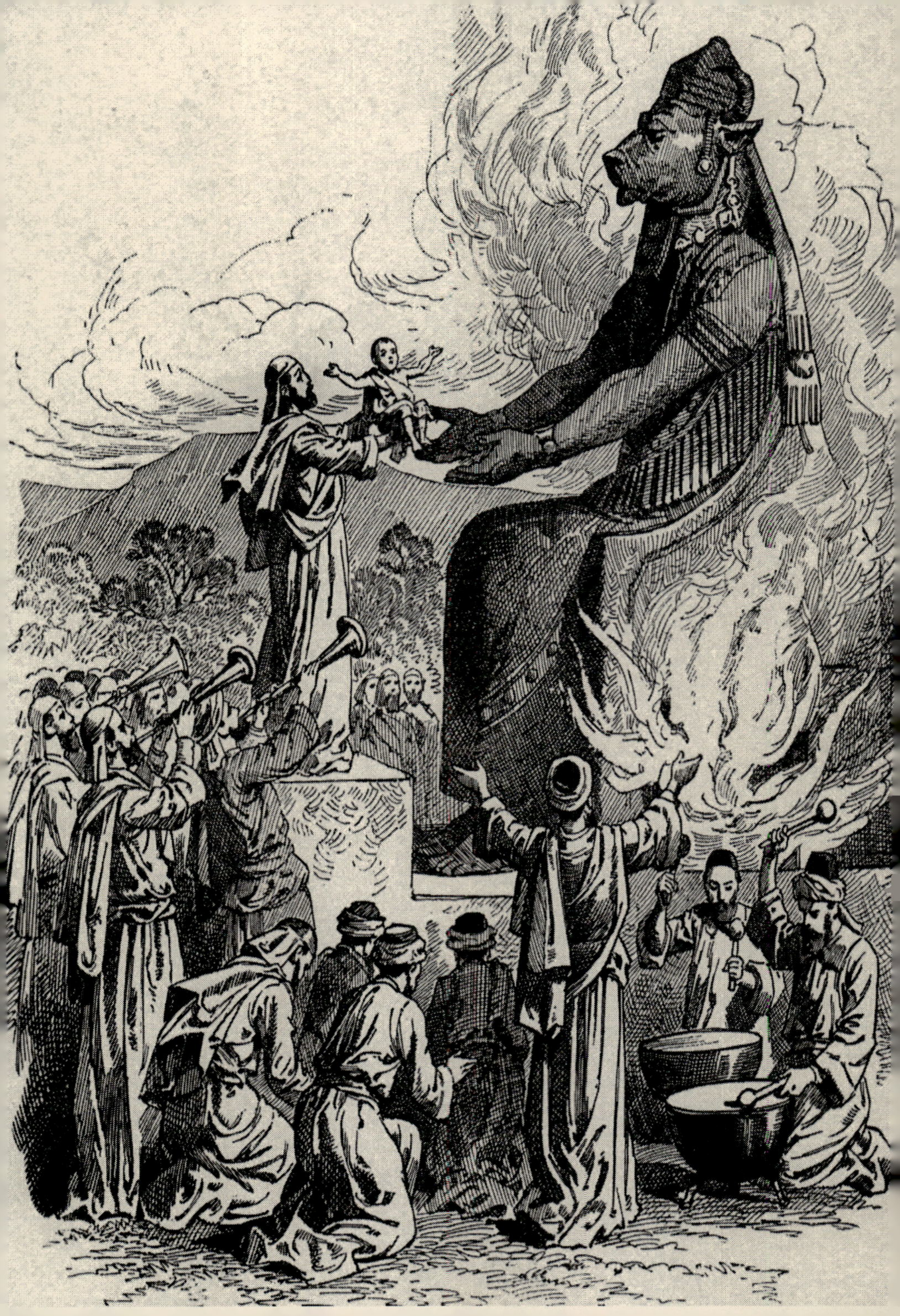

O Livro de Enoque

O Livro de Enoque é conhecido como um dos livros que foi retirado da Bíblia, se tornando um apócrifo, ou seja, um livro que não faz parte desta Bíblia que conhecemos hoje. Começa contando sobre tempos vindouros, de um futuro distante, e narra a queda de anjos que se relacionaram sexualmente com as mulheres humanas, tendo filhos gigantes que destruíram a natureza, e que por causa desse pecado foram punidos e aprisionados até o dia do julgamento final.

Pelas evidências arqueológicas e manuscritos sobre a cultura judaica, o livro foi criado por volta de 300° BC (antes de Cristo) ou no começo de 200° BC. Já o conto dos Anunnaki e das histórias relatadas nas tabuletas sumerianas nas quais o livro foi baseado tem por volta de 5000 anos, já que foram encontradas em 1929, como foi já citado.

Esse livro possui duas versões que são bem distintas entre si: existe a versão etíope e a versão hebraica. Este livro se baseia na versão etíope, pois considero a mais fiel aos textos originais, enquanto na versão hebraica existe muito misticismo que claramente foi escrito para engrandecimento de Yahweh e esta versão em específico será abordada em outra obra.

Samyaza (Shamgaz), Azrael e Azazel são os personagens principais de acordo com a versão hebraica. Azrael foi demonizado nos textos por ser um anjo relacionado à morte e às passagens, onde as doenças, mortes, tormentas eram consideradas causas de uma entidade maligna. A verdadeira origem de Samyaza será abordada ao longo do livro, e deixarei um pequeno capítulo sobre Azazel para elucidação de todos.

Existem várias razões pelas quais esse livro foi retirado e ocultado da humanidade. Enoque narra acontecimentos antes do famoso dilúvio do Velho Testamento, conta histórias sobre "anjos caídos", gigantes sobre a terra, Nefilim, e sonhos enigmáticos em sua composição. Dentre os motivos evidentes, os líderes religiosos optaram pela sua retirada a fim de dar vazão e suporte às suas próprias crenças para controle do povo.

Isso nos faz refletir sobre porque o ser humano fecharia seus olhos para fatos e histórias mais antigas, que claramente foram derivadas de panteões culturais e religiosos de povos vizinhos, na época em que o povo escolhido por Deus habitava em terras e em culturas sumerianas, babilônicas, canaanitas e na região da Fenícia e por conta disso se absorveram todas as histórias, mitos, crenças e ideologias, principalmente sumerianas, da qual toda a Bíblia e Torá que conhecemos hoje, foram derivadas.

O início

A saga dos Anunnaki em "O livro perdido de Enki" começa assim: Nibiru era um grande planeta avermelhado em esplendor, gigante em forma, porém seu percurso pela trajetória ao redor do sol o fazia ficar exposto a grandiosas irradiações e consequentemente esquentar seu núcleo levando à destruição de sua camada protetora. Em outros tempos, sua trajetória era longe do grande sol e uma grande atmosfera envolvia esse planeta, constantemente alimentada por erupções vulcânicas. Essa atmosfera protegia e gerava todo tipo de vida. Nos períodos de frio, ela esquentava sua terra e com a sua destruição devido ao calor do sol, tudo se perdeu.

O processo de evolução do povo residente de Nibiru foi dado de forma natural segundo o livro, de criaturas microscópicas a animais e até chegar no estado evolutivo da raça destes extraterrestres, este processo levou bilhares de anos, até porque, o tempo foi relatado como "Eons" ou "Aeons".

Devido constantes exposições solares, a camada protetora do planeta começou a se desfazer, se criando inúmeros buracos atmosféricos que agrediam fortemente o planeta e toda forma de vida. Os habitantes de Nibiru tentaram de todas as maneiras possíveis preencher essas camadas, foi-se um tempo de grande desespero, medo e incertezas nos corações de todas as pessoas.

Império

O planeta Nibiru era formado por guerras de várias tribos, famílias e nações. Os relatos das tabuletas dizem sobre certos tipos de armamento chamados de "Armas do Terror" que eram usadas nessas guerras, cujo poder era catastrófico e por conta disso, houve a necessidade de se colocar um rei maior sobre a terra. O primeiro rei coroado foi An, também conhecido como Anu, e sua esposa, que se chama Antu.

Anu teve muitos filhos, os que mais se destacaram são Enki e Enlil, irmãos de mães diferentes que lutaram para conquistar o trono celestial de Nibiru.

O segundo a reinar foi Anki, ele não teve filhos e morreu jovem.

O terceiro a reinar foi Lb, em reinado foi chamado de Anlb, irmão de Anki.

O quarto a reinar foi Anshargal, que foi um grande pesquisador das estrelas, cheio de compreensão e sabedoria, traçou a rota de Nibiru pelo sol, criou festividades de acordo com o tempo e trajetória do planeta e também foi aquele que decretou que os homens podiam ter mais de uma mulher, pois as mesmas superavam em grande número os homens nas guerras tribais.

O quinto a reinar foi Anshar ao lado de sua esposa Kishar e neste reinado, houveram pragas e pestilências nos campos, seca e tormento.

O sexto a reinar foi Enshar. "Nobre professor de Shar" significava seu nome, buscou respostas nas estrelas e caminhos celestiais pela aflição passada em terra, e do porquê de tanto tormento e revolta dos vulcões, tempestades e seca em Nibiru.

Duuru foi o sétimo a reinar, filho de concubinas, nesse período houve grande confusão, pois os príncipes que estavam reinando não eram herdeiros legítimos de linhagem pura.

O oitavo a reinar foi Lahma, filho adotivo de Duuru, durante o reinado desse rei alguém não especificado no conselho celestial sugeriu tampar os buracos da atmosfera com um metal chamado ouro. Porém, o ouro de Nibiru era bem escasso e não se encontrava em quantidades suficientes para restabelecer a prosperidade e vida do planeta.

Devido constante utilização das armas do terror e da destruição da atmosfera do planeta devido às irradiações solares, a terra secou acarretando diversos problemas para a população. Com isso, houve um período muito propício para um golpe de estado. Muitos cobiçavam o trono celestial, passado de herdeiro para herdeiro, sempre priorizando a linhagem original do sangue puro, e caso não houvesse a possibilidade, o trono era passado pela lei da semente, ou seja, para os filhos das concubinas.

A ânsia para se apoderar do reinado se instalou nos corações de diversos homens, as pessoas começaram a se revoltar e em meio destas conspirações, as pessoas nascidas fora da realeza ou sem sangue puro, mas que ainda assim tinham o sangue celestial de Anu, exigiam uma troca de poder. Houve uma revolta liderada por Alalu, na qual matou o rei que ocupava o trono, que se chamava Lahma.

Alalu reinou por períodos que não são exatamente descritos em tempos humanos. De acordo com as tabuletas, pode-se considerar seis anos em Nibiru, pois o tempo corria bem diferente de lá, comparado com nosso planeta Terra.

Houve um período que Anu se revoltou contra Alalu e o desafiou para duelar contra ele, Alalu insistia em usar as armas do terror para trazer total destruição, Anu desejou um duelo entre ambos e o vencedor seria rei de Nibiru. Durante a batalha, Alalu foi derrotado e novamente Anu se tornou rei, Alalu deveria ser escoltado para o palácio e ser julgado, mas com medo de morrer do mesmo modo que matou Lahma, fugiu do local sem que ninguém percebesse, entrou em um dos carros celestiais, que era armado de projéteis, tomou o comando, acendeu a luz e o carro teve ignição de uma luz azulada, e acabou escapando com as armas do terror de Nibiru.

Neste momento já temos os relatos de espaçonaves sendo utilizadas, as armas do terror não são exatamente descritas no livro de Zecharia, mas pela história contada, podemos correlacionar como armas nucleares e de destruição de grande escala. Em certos momentos, elas possuíam atuações bem únicas que eram descritas como ventos da morte, de doenças, onde sua utilização trazia pragas e pestilências sobre o povo.

Alalu no planeta terra

Alalu cruzou o espaço sem destino aparente, em busca de refúgio e ainda com o objetivo de conquistar o trono celestial. No vazio e na escuridão do universo, foi recebido por um ser celestial chamado Gaga (provavelmente uma estrela ou planeta), o qual mostrou um atalho para cruzar o grande obstáculo que nenhum habitante de Nibiru ousava encarar, Saturno era seu nome e seu imenso bracelete de pedras era um planeta considerado maléfico e detestável por seus feitos, as atmosferas dos planetas puxavam fortemente a espaçonave de Alalu, de modo que ele repensou diversas vezes sobre sua decisão, pois se a nave fosse danificada ou presa entre os poderosos campos magnéticos deste planeta, tudo estaria perdido. Com muita dificuldade em momentos decisivos e extremos, Alalu conseguiu superar a rede atrativa de Saturno, e se pôs em destino à Terra, já que sua esfera atrativa era menor do que dos outros planetas, e com isso facilitava a exploração do pequeno planeta desconhecido pelos Deuses.

A espaçonave sobrevoou o planeta, e nela estava embutida uma tecnologia de detecção de ouro, Alalu gritou de alegria quando percebeu que tinha encontrado o metal tão desejado pelos residentes de Nibiru e seu peito encheu de esperança, a possibilidade de salvar seu planeta, sua terra natal, fez encher de lágrimas os olhos deste astronauta.

A aterrissagem em terra foi difícil, apesar da força atrativa ser menor do que de outros planetas, mas ainda era um grande desafio para Alalu e sua espaçonave. Após uma grande turbulência, chegou em terra firme e seca, o céu era de um azul quase branco, havia águas e montanhas ao redor. Perdido e sozinho em um planeta estranho, ele se entristeceu pela possibilidade de viver uma vida exilado completamente daqueles que um dia amou. As lembranças de sua terra enchiam o coração deste homem, e tormentos de seu passado e incertezas do futuro o preenchiam. Um profundo sono se apoderou dele e cansado, adormeceu por um período que não se sabe ao certo.

Ao acordar, o traje de astronauta apontou que o ar da Terra, chamado de "ki", era compatível com o ar de Nibiru. Alalu retirou o traje e começou a explorar o planeta, viu um pântano de água salgada, andou por verdes campos, comeu um doce fruta duma árvore. Tudo parecia novo e ao mesmo tempo familiar. Mais à frente, guiado pelo sol, chegou até um lago de água doce, onde havia vida aquática igual em Nibiru. Peixes, água, frutas, ar, ouro, tudo parecia um sonho distante sendo realizado na frente dos olhos de Alalu.

Ainda no lago, foi surpreendido por um animal que nos dias de hoje conhecemos como cobra, Alalu pensou ser algum tipo de Deus do lago que o protegia, pela forma de narrativa existia vida selvagem desconhecida neste planeta para os conhecimentos e sabedoria dos habitantes do planeta vermelho.

Pela noite, uma esfera branca se erguia na escuridão, Kingu ou "lua" era seu nome, companheira da Terra, irradia sua fria luz sobre as planícies. Alalu sabia que não era sábio explorar a Terra em busca de ouro pela noite, então voltou à sua espaçonave e esperou pelo novo amanhecer.

Enki e a verdadeira história do livro de Gênesis

Nesse novo amanhecer, Alalu vestiu um traje marítimo, chamado de "Traje de peixe" pelas tabuletas (também conhecido por nós como trajes de mergulho ou trajes marítimos para exploração dos oceanos), e se pôs a explorar o lago em busca de ouro. Para sua felicidade, conseguiu encontrar uma pequena quantidade. Apesar de pouca, poderia negociar e mudar seu destino aos olhos de seu planeta natal, apressou-se e voltou para sua nave, alinhou as tabuletas do destino (tabuletas do destino são umas tabuletas como o próprio nome diz, mas que no decorrer da narrativa exercem diferentes funções, às vezes são descritas como peças de uma espaçonave como neste exemplo que vocês estão lendo, outras vezes elas são consideradas objetos sagrados que mostraram o destino do homem. Existem certos pontos da história que mencionam que essas tabuletas são utilizadas para enviar e receber mensagens a distância, e também podem ser utilizadas como gps ou guias de navegação pelas estrelas, que mais lembram algum tipo de tablet. Não é algo impossível, vindo de um povo de uma tecnologia avançada. As coisas que temos nos dias de hoje podem ser espelho daquilo que um dia eles já tiveram em suas mãos).

Continuando a história, Alalu alinhou as tabuletas do destino para encontrar a direção de Nibiru, ativou o "Falador de palavras" e mandou a mensagem para seu planeta. Queria a supremacia e sua ascendência ao trono em troca do ouro que tinha achado. Anu e a Corte ficaram surpresos ao ver que ele ainda estava vivo. Não podiam arriscar a destruição de seu planeta. Na corte celestial, um dos filhos de Anu tomou a palavra, seu nome era Enlil, o qual desempenhará um tremendo papel em nossa sociedade.

Enlil exigiu de Alalu provas de seus achados, e assim ele fez, em uma tecnologia avançada chamada de "Provador" e "Tomador de amostras", baseada em cristais, Alalu passou todas as provas necessárias para a corte dos sábios de Nibiru. Esse provador e tomador de amostras podem ser tecnologias de identificação de minérios e objetos.

Entre uma das figuras da corte, Enki, um dos filhos de Anu, e filho de Alalu por matrimônio, tomou a frente e desejou viajar para a Terra, a fim de ser intermediador entre Alalu e Anu; isso resolveria o problema entre os dois e finalmente poderia trazer a salvação a Nibiru.

Enlil foi contra a ideia de Enki viajar à Terra, mas nada pode fazer. Enki embarcou com guerreiros considerados salvadores na nave cujo comandante era Anzu e viajaram a seu destino em busca de esperança.

A nave de Anzu, que portava Enki e seus guerreiros sofreram com a falta de água para alimentação de suas tecnologias com cristais de fogo para continuar a missão à Terra. Desceram em um planeta chamado Lahmu (planeta Marte) em homenagem ao rei, reabasteceram o carro e voltaram em sua trajetória até pousarem pela tarde na Terra em uma região coberta por água.

Enki seguiu pelo mar até encontrar Alalu e sua espaçonave. Quando chegou em terra firme, Alalu correu para abraçar seu filho, também saudou todos os guerreiros que vieram, inclusive Anzu, que foi a última a sair da nave. Ela ancorou a espaçonave nas águas, começaram a armar o acampamento em terra, enviaram uma mensagem de chegada para Nibiru, relatando sobre suas aventuras e sua vitória sobre sua jornada. Os aventureiros viram o esplendor do sol e seu fogo sobre a terra, e quando se recolheu para dar lugar à lua, nenhum dos astronautas conseguiu dormir neste dia, e esperavam todos por um novo amanhecer, e assim foi o primeiro dia na Terra.

"No princípio criou Deus o céu e a terra."

"E a terra era sem forma e vazia; e havia trevas sobre a face do abismo; e o Espírito de Deus se movia sobre a face das águas."

"E disse Deus: Haja luz; e houve luz. E viu Deus que era boa a luz; e fez Deus separação entre a luz e as trevas."

"E Deus chamou à luz Dia; e às trevas chamou Noite. E foi a tarde e a manhã, o dia primeiro." Gênesis 1:1-5.

Ao romper de um novo dia, Enki pensou em como separar as águas das águas. Nomeou Engur como senhor das águas doces, para que o mesmo trouxesse água potável para beber. Já Enbilulu, pôs a cargo dos pântanos, e a Enkimdu ficou a cargo das sarjetas e do dique, e assim separaram as águas de baixo e a águas de cima, separando as águas dos atoleiros das águas doces, e anoiteceu e amanheceu, e esse foi o segundo dia.

"E disse Deus: Haja uma expansão no meio das águas, e haja separação entre águas e águas."

"E fez Deus a expansão, e fez separação entre as águas que estavam debaixo da expansão e as águas que estavam sobre a expansão; e assim foi."

"E chamou Deus à expansão Céus, e foi a tarde e a manhã, o dia segundo" Gênesis 1:6-8.

Quando o sol anunciou a manhã, todos os heróis já estavam a cabo de suas tarefas. Houve o exame de toda fruta que cresce sobre a terra e nas árvores, plantas e frutas de mel, o herói Guru foi deixado a cargo de trazer esses mantimentos aos astronautas, anoiteceu e amanheceu, e esse foi o terceiro dia.

"E disse Deus: Ajuntem-se as águas debaixo dos céus num lugar; e apareça a porção seca; e assim foi."

"E chamou Deus à porção seca Terra; e ao ajuntamento das águas chamou Mares; e viu Deus que era bom."

"E disse Deus: Produza a terra erva verde, erva que dê semente, árvore frutífera que dê fruto segundo a sua espécie, cuja semente está nela sobre a terra; e assim foi."

"E a terra produziu erva, erva dando semente conforme a sua espécie, e a árvore frutífera, cuja semente está nela conforme a sua espécie; e viu Deus que era bom."

"E foi a tarde e a manhã, o dia terceiro" Gênesis 1:9-13.

No quarto dia, os fortes ventos que sopravam sobre as águas e o carro cessaram, e foi dada a ordem de se construir moradias no acampamento. Durante todo esse dia, o sol brilhou intensamente sobre a terra, e de noite, Kingu, a lua, irradiou sua luz sobre os heróis, e assim foi o quarto dia.

"E disse Deus: Haja luminares na expansão dos céus, para haver separação entre o dia e a noite; e sejam eles para sinais e para tempos determinados e para dias e anos."

"E sejam para luminares na expansão dos céus, para iluminar a terra; e assim foi."

"E fez Deus os dois grandes luminares: o luminar maior para governar o dia, e o luminar menor para governar a noite; e fez as estrelas."

"E Deus os pôs na expansão dos céus para iluminar a terra."

"E para governar o dia e a noite, e para fazer separação entre a luz e as trevas; e viu Deus que era bom."

"E foi a tarde e a manhã, o dia quarto." Gênesis 1:14-19.

No quinto dia, Enki pediu a Ningirsig para fazer medição dos pântanos e suas extensões. A Ulmash foi dada a ordem para analisar os pássaros dos céus e os animais das águas. Se fizeram barreiras nos pântanos para que os animais agressivos aquáticos não atrapalhassem a construção dos acampamentos, além de se criar compartimentos e armadilhas para pegar peixes, anoiteceu e amanheceu, e assim foi o quinto dia na Terra.

"E disse Deus: Produzam as águas abundantemente répteis de alma vivente; e voem as aves sobre a face da expansão dos céus."

"E Deus criou as grandes baleias, e todo o réptil de alma vivente que as águas abundantemente produziram conforme as suas espécies; e toda a ave de asas conforme a sua espécie; e viu Deus que era bom."

"E Deus os abençoou, dizendo: Frutificai e multiplicai-vos, e enchei as águas nos mares; e as aves se multipliquem na terra."

"E foi a tarde e a manhã, o dia quinto." Gênesis 1:20-23.

No sexto dia, Enki contabilizou as criaturas das hortas e examinou os animais terrestres, ordenou a Enursag para distinguir os animais que se arrastam pelo chão e os que caminham pelas patas. Na região onde esses astronautas estavam, existiam espécies agressivas que podiam atacar o acampamento. Anzu trouxe armamentos descritos como "Raio que parte" (provavelmente um lança raios) para a defesa do local, e ao anoitecer, o acampamento estava pronto, e Enki, Alalu e Anzu, viram que tudo o que foi feito era bom, e assim foi o sexto dia na Terra.

"E disse Deus: Produza a terra alma vivente conforme a sua espécie; gado, e répteis e feras da terra conforme a sua espécie; e assim. foi."

"E fez Deus as feras da terra conforme a sua espécie, e o gado conforme a sua espécie, e todo o réptil da terra conforme a sua espécie; e viu Deus que era bom." Gênesis 1:24-25.

"E a todo o animal da terra, e a toda a ave dos céus, e a todo o réptil da terra, em que há alma vivente, toda a erva verde será para mantimento; e assim foi."

"E viu Deus tudo quanto tinha feito, e eis que era muito bom; e foi a tarde e a manhã, o dia sexto." Gênesis 1:30-31.

No sétimo dia, os heróis se reuniram e festejaram em comemoração da conclusão do acampamento, das dificuldades vencidas e da longa viagem feita com êxito. Nomearam o acampamento pelo nome de Eridu "Lar da lonjura" e Alalu foi nomeado seu comandante, anoiteceu e amanheceu, e este foi o sétimo dia na Terra.

"Assim os céus, a terra e todo o seu exército foram acabados."

"E havendo Deus acabado no dia sétimo a obra que fizera, descansou no sétimo dia de toda a sua obra, que tinha feito".

"E abençoou Deus o dia sétimo, e o santificou; porque nele descansou de toda a sua obra que Deus criara e fizera."

"Estas são as origens dos céus e da terra, quando foram criados; no dia em que o Senhor Deus fez a terra e os céus." Gênesis 2:1-4.

E foi a partir desta história que se criou o livro bíblico que conhecemos nos dias de hoje como Gênesis. A origem e criação da raça humana só foi realizada mais à frente, de acordo com os relatos das tabuletas sumerianas. Porém no livro de Gênesis isso já acontece no primeiro capítulo, nos versículos 26 a 28, que mostram a perda original da história e partes que foram cortadas, retiradas ou que pessoas da época não tiveram acesso, correlacionando os feitos bíblicos da criação do mundo com esta narrativa dos Anunnaki. O "Senhor" Deus bíblico, é na verdade Enki comandando e organizando o acampamento dos Anunnaki em sua chegada ao planeta Terra, alguns versículos não são exatamente parecidos com a história narrada, podemos entender que ela pode ter sido modificada ao longo do tempo e com o conselho de Nicéia, repassada para o estabelecimento da religião cristã.

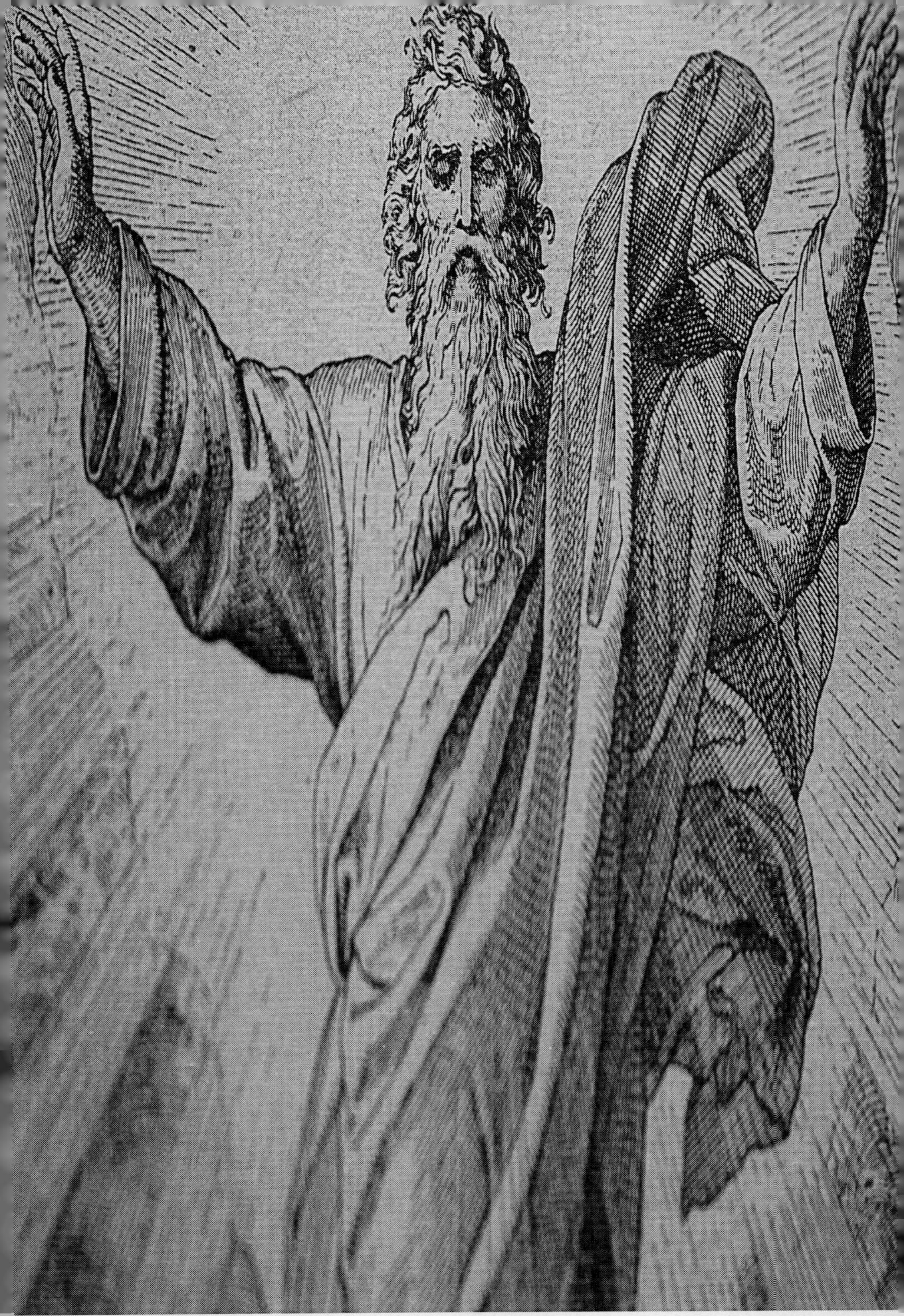

Exploração

Os astronautas começaram a fazer suas buscas pelo ouro em rios e pântanos e a espaçonave (que neste momento da história estava sendo chamada de carro), tinha tecnologias de sucção e separação de metais feitas em cristais de fogo e cristais transparentes. Os heróis vestiam seus trajes de peixe para continuar a exploração, o carro fazia praticamente todo o trabalho por um longo cano que sugava os metais das águas, sendo que esse processo durava em média seis dias terrenos, e no sétimo eles faziam a separação dos metais em busca do sonhado ouro.

Este processo durou cerca de um mês em terra, Enki ficou analisando as fases da lua e quando se deu de uma lua cheia para outra lua cheia, nomeou este processo de tempo como "mês".

Durante a separação dos materiais, viu-se que o ouro não era abundante nem suficiente para fechar as lacunas das camadas atmosféricas de Nibiru. O processo de exploração das águas dos pântanos durou um ano, Enki sempre se mostrou muito curioso com as mudanças climáticas da Terra, e assim nomeou as estações terrenas de "verão" e "inverno".

Enki tomou a decisão de mudar a busca por ouro em pântanos para as águas salgadas. Nesse meio tempo, o planeta Nibiru estava dando uma volta próxima ao sol, Anu foi aconselhado por Enki a esperar mais um Shar (ano) antes de retornarem para casa, pois a quantidade de ouro no momento era insuficiente para salvar seu planeta.

O carro (espaçonave) foi extraído por partes e foi montada uma câmara celestial atribuída a Abgal para descobrir os segredos da Terra. Enki permanecia em seus estudos e curiosidades sobre os cristais da nave, enquanto Abgal percorria toda a Terra em busca de locais propícios para extração do ouro com uma ferramenta que foi chamada de "raio que explora" (provavelmente algum tipo de tecnologia semelhante às ondas vibracionais ou literalmente raios que furam a Terra analisando seu conteúdo).

Anu ficou apreensivo com o grande estrago que as armas do terror poderiam causar, as mesmas que Alalu roubou quando escapou de sua execução em Nibiru. Instruiu a Enki que agisse sorrateiramente e as roubasse, e assim Enki fez: em uma noite de escuridão roubaram as sete armas e esconderam em outro local do planeta Terra. Anzu não gostou nada dessa atitude, pois seria extremamente difícil atravessar Saturno sem as armas como defesa para a nave.

Tomaram então a decisão de Abgal pilotar a nave com mais alguns heróis e levar o ouro que tinham conseguido para Nibiru. Enki concedeu uma de suas tabuletas do destino para guiar os heróis em sua trajetória, a espaçonave deu uma volta na Lua para pegar impulso e usou a rede de atração do planeta Marte para conseguir superar o bracelete esculpido de Saturno e assim chegarem a seu destino.

Abzu

Os viajantes ao chegar em Nibiru foram bem recebidos por Anu e todos os seus habitantes. Levaram rapidamente o ouro adquirido para o conselho celestial, para transformar em um pó fino a fim de sanar as brechas em suas camadas atmosféricas. Esse processo levou em média um ano, e assim foi feito: onde antes existia uma brecha, foi preenchida com o ouro. Com isso, encheu-se os corações dos cidadãos de esperança, enquanto nos de Anu e dos heróis ainda pairava a preocupação, pois o ouro obtido ainda não era suficiente para resolver o grande problema do planeta.

Anu deu o mandato de que a Terra era a salvação de Nibiru, e que a extração do ouro deveria continuar. Quando o planeta se fez próximo ao Sol, a fina camada de ouro não resistiu às irradiações solares e onde ela tinha sido preenchida, se fez uma camada ainda maior em sua atmosfera. Anu então ordenou a Abgal voltar à Terra e continuar a extração.

Enki na Terra seguia com esperança, mas com o coração apertado, com medo de não poder concluir a missão dada pelo pai decepcionando a todos. Passava os dias pesquisando, analisando e tentando entender aonde se encontrava as veias douradas de Tiamat, acreditavam que com a morte da Deusa Primordial havia ouro abundante em suas entranhas. Após sua reflexão, percebeu que a abundância de ouro estaria nas montanhas, e não nas águas. Enki nomeou as montanhas de Abzu que significa "do ouro o lugar de nascimento", transmitiu as palavras de sabedoria a Anu. Os sábios do conselho celestial ficaram inquietos e refletiram sobre as palavras de Enki. A palavra de decisão veio de Enlil, seu irmão, que constatou que a busca nas águas não estava sendo satisfatória e assim com unanimidade Anu deu ordem a Enlil de ir até a Terra comprovar a teoria de Enki e pôr em ação seus planos. O nome de seu piloto foi Alalgar. Ao chegaram à Terra, Alalu deu boas vindas sem muita vontade e vigor, parecia que ambos já tinham uma rivalidade.

  Abgal teve um papel primordial neste objetivo, guiou Enki na câmara celestial até Abzu, ou seja, até as montanhas. Voltaram para Eridu e analisaram todas as informações obtidas, Enlil em sua nave argumentou que precisariam de mais trabalhadores, já que o plano era fundar mais acampamentos para se ter uma extração satisfatória do ouro.

  — Quem estará no comando dos assentamentos, quem estará ao mando do Abzu? - Indagou Enki a Enlil.

  — Quem tomará o comando para a ampliação do Eridu, quem fiscalizará os assentamentos? - perguntou Alalu.

  — Quem tomará o comando das naves celestes e do lugar de aterrissagem? - quis saber Anzu.

  E assim foi tomada a decisão de Anu vir à Terra e organizar os planos. Anu era considerado muito sábio, apesar de Enlil pela história e mitologia ser um Deus que tinha o poder da palavra maior entre todos os Deuses. A hierarquia de Nibiru era respeitada, e segundo Zecharia, quem estivesse sentado no trono divino tinha o poder da autoridade sobre os demais. O trono divino de Nibiru parece remeter ao misticismo da igreja sobre o trono de Deus, de onde provavelmente a história de sua origem partiu.

Anu batalha contra Alalu

Quando Anu chegou à Terra, foi muito bem recebido por todos e fizeram uma comemoração de boas-vindas ao rei. Em um novo amanhecer, Anu percorreu a Terra nos carros celestiais para ver com seus próprios olhos as montanhas e a esperança de Nibiru. Deu ordem de criar um local de aterrissagem para que mais heróis de Nibiru chegassem à Terra para o trabalho.

Quando se reuniram em Eridu, Enki quis nomear o local como "Édin", já que o mesmo o tinha criado e estabelecido com seus esforços. Édin é popularmente conhecido por nós como o "Jardim do Éden". Declarou a seu irmão Enlil que se encarregasse da extração do ouro, e Enlil se enfureceu contra seu irmão. Anu então decidiu tirar na sorte para tomar a decisão.

Para Anu, foi decidido que o mesmo retornasse a Nibiru para reinar sobre seu trono.

Para Enlil, foi decidido que governaria no Édin (Jardim do Éden), para que pudesse fundar mais assentamentos e governar sobre todas as terras e ser soberano até chegar o limite das águas.

Para Enki, foi decidido que governaria sobre Abzu, além de ser soberano das águas e oceanos.

E foi neste momento, que Enki recebeu o título de "Senhor da Terra", e foi assim que conhecemos o nome divino de Deus Adonai "Senhor da Terra". Enki chorou quando soube que teria que se separar de Édin para buscar ouro nas montanhas, porém conseguiu permanecer no Jardim graças à misericórdia de Anu. Curiosamente, quando nos conectamos com o Deus Adonai, podemos sentir a conexão da natureza e das águas ao mesmo tempo e isso apenas é possível quando se quebra a ilusão de que ele é um Deus inacessível para a humanidade. Os limites sempre foram as crenças da humanidade, e quando se destrói elas, podemos acessar portais surpreendentes.

Alalu ficou enfurecido com as palavras de Anu e exigiu que o trono de Nibiru fosse dele. Anu o desafiou para uma segunda batalha, ambos despiram de suas roupas e lutaram, Alalu foi derrubado no chão e Anu piscu em seu peito. Declarou que o mesmo não voltaria mais para Nibiru, mas em um contragolpe Alalu abriu a boca e arrancou um pedaço do pênis de Anu, tirando-lhe a possibilidade de ter filhos para assumir o trono celestial.

Enlil tomou a cativo Alalu e exigiu que ele fosse julgado por seus crimes. Por três dias Enki tomou conta de seu pai que, ferido e profundamente envergonhado, desejava voltar para casa.

Alalu foi julgado por sete heróis na Terra, Enlil e todos os outros o sentenciaram à morte pelos crimes cometidos. Alalu chorou de tristeza e fúria, pois era de seu direito o trono celestial. O mesmo que tinha desvendado a salvação de Nibiru pelo ouro da Terra foi envergonhado por Anu ao ser pisado no chão, além de a um filho após o outro Anu ter dados honrarias e títulos para todos, menos para ele e para sua linhagem. Anu coberto de fúria, mas em compaixão, deu ordem do mesmo morrer exilado em Lahmu (Marte).

Lahmu

Ao chegarem em Marte, Anzu decidiu se juntar com Alalu em seu exílio, desejou em seu coração que o mesmo não morresse sozinho em uma terra estranha. Anu determinou que se porventura Anzu estivesse vivo quando voltasse de Nibiru seria proclamado rei de Marte, por seu ato nobre em não permitir que Alalu perecesse em uma terra estranha e nem vivesse seus últimos dias sozinho.

O resto da tripulação voltou para Nibiru e Anu foi bem recebido pelas pessoas, indo direto pro conselho celestial para dar todas as notícias do que tinha acontecido. Os sábios do conselho celeste, junto a Anu, entraram em um consenso para criar estações em outros planetas e fazer uma operação contínua para trazer ouro constantemente. Transmitiram as mensagens a Enki e Enlil, que fizeram os devidos preparativos para que a missão fosse concluída, inclusive ferramentas ditas como "O que parte" e "O que tritura", conhecidas nos dias de hoje como ferramentas de mineração, como a britadeira e outras máquinas para extração de minério nas montanhas.

Muitos dos heróis trabalhadores que estavam na Terra começaram a se queixar, pois o ciclo terrestre causava vertigens, outros reclamavam do calor do sol e da falta de alguns elementos de seu planeta natal. Neste meio tempo, Enlil fez para si uma morada e um local de aterrissagem nos topos das montanhas e a nomeou de "morada do topo do norte".

De Nibiru embarcaram cerca de cinquenta heróis para a Terra, incluindo mulheres, comandadas por Ninmah, que era especialista em cura e muito sábia em todos os aspectos. Na parada em Lahmu (Marte), viram que Anzu havia falecido. Ninmah aplicou uma terapia com seus cristais sobre Anzu e sessenta vezes aplicou o pulsador (que conhecemos hoje como desfibrilador cardíaco, provavelmente com uma tecnologia mais avançada à base de pulsações com cristais) sobre o corpo dele, e na sexagésima vez Anzu abriu os olhos, moveu os lábios. Ninmah derramou a Água da Vida sobre seu rosto e brandamente colocou em sua boca o Alimento da Vida e assim ocorreu um milagre: Anzu se elevou dentre os mortos.

Não existe uma descrição ou informações sobre esses elementos chamados "Água da Vida" e "Alimento da Vida". Não foi relatada por Zecharia, mas provavelmente é um conhecimento oculto ou mesmo uma analogia para dar alimento ao corpo de uma pessoa que está muito debilitado, dando "vida". Não pude deixar de ficar surpreso, pois a "Água da Vida" me lembrou muito a minha técnica de benção celestial sobre as águas, como todos podem ler e aprender em meu livro *"A Água da Vida: levando a cura a pessoas e espíritos com as forças celestes"*.

Ninmah deixou vinte homens para reinar com Anzu em Marte, e pela promessa de Anu, Anzu seria rei deste planeta se sobrevivesse até uma nave o resgatar. Assim foi feito, os homens e Anzu tinham a ordem de construir estações de passagens para que houvesse um intermédio entre a Terra e Nibiru, em Lahmu.

Igigi e Anunnaki

Quando a nave de Ninmah chegou à Terra, foi bem recebida pelos Igigi (neste momento da história, os heróis que vieram a Terra estão sendo chamados de Igigi; são os mesmos residentes de Nibiru que vieram à Terra. Esse termo também é utilizado para denominar os heróis que estavam a postos em Lahmu, ou seja, no planeta Marte). Deu sementes para plantar, a fim de colher frutos de seu planeta para combater os efeitos adversos, como a vertigem e o mal estar. Enlil e Ninmah eram irmãos e tinham um relacionamento amoroso, porém proibido por Anu, pois Ninmah estava prometida a Enki. Apesar de ambos ainda nutrirem amor e desejo pelo outro, Enlil e Ninmah possuíam um filho chamado Ninurta, enquanto Enki casou-se com uma mulher chamada Damkina, que lhe deu um filho chamado Marduk.

Enlil tinha planos de construir cinco cidades na Terra, sua morada em terra seca se chamaria Lagash e a sessenta léguas dali haveria uma cidade chamada Shurubak, dedicada a Ninmah, para ser um local de cura e repouso. No centro se construiria uma cidade chamada Nibru-ki e junto a Eridu, formariam as cinco cidades eternas no planeta Terra. Enlil mostrou todos os seus planos em uma tabuleta de cristal (podemos associar a verdadeiramente a uma tabuleta feita de cristal, ou alguma tecnologia de comunicação, tablet? Celular?).

Enki fazia os preparativos para extração de ouro no Abzu e Enlil pôs em prática a construção das cidades. Se passaram dois Shars (anos) nesse processo de preparação e construção. Anu reuniu todos os heróis no planeta Terra e em Marte para enviar uma mensagem de encorajamento, que em seu total eram novecentos: seiscentos em Terra e trezentos em Marte. Anu decretou que todos os heróis que estivessem em Marte seriam chamados de Igigi "Os que observam e veem", (apesar de que em alguns momentos, os heróis da Terra também são chamados de Igigi), e os heróis que estão na Terra seriam chamados de Anunnaki. As denominações ficaram um pouco confusas nesse ponto da história, e por isso que nos dias de hoje há essa confusão e separação de Igigi e Anunnaki, sendo que em essência, estão se referindo aos mesmos homens e mulheres. No decorrer da história, o termo Igigi é totalmente substituído pelo termo Anunnaki.

Após um tempo da mensagem de Anu, Enlil se envolveu sexualmente com uma das jovens trazidas de Nibiru por Ninmah. Seu nome era Sud, Ninmah ficou furiosa e convocou um conselho na Terra para resolver a situação. Foi decretado que Enlil fosse exilado nas montanhas frias e fadado a vagar sozinho pela Terra. Quando Enlil estava sendo levado para seu breve destino, Abgal, que era seu piloto, o instruiu a roubar as armas do terror para que seu exílio fosse reconsiderado. Acabou que Sud ficou grávida de Enlil e aceitou casar-se com ele e se tornar sua mulher oficial, fazendo assim retornar Enlil para sua morada nas montanhas. Seu nome foi mudado para Ninlil que significa "Dama do mandado". Com o passar dos meses, Ninlil deu à luz o primeiro Anunnaki na Terra, foi lhe dado o nome de Nannar ("O brilhante"). Nannar, segundo a mitologia, é o Deus da lua, e se assemelha com o Arcanjo Gabriel, mas não necessariamente são os mesmos espíritos.

Enki teve relações sexuais com Ninmah, pois no fundo de seu coração ainda a desejava. Um dia na Terra equivale a um mês em Nibiru, ao nono mês da Terra, da relação dos dois nasceu uma menina que foi rejeitada por Enki por ser mulher, na segunda relação sexual com Ninmah, nasceu uma segunda menina, que também foi rejeitada por Enki, pois ele desejava ardentemente ter um filho. Ninmah ficou furiosa pela atitude de Enki e o amaldiçoou por seus atos deploráveis de rejeitar suas filhas, que Ninmah gerou com todo amor e carinho. De acordo com a história contada até aqui, em Nibiru existiam muito mais mulheres do que homens, o mesmo padrão se manifesta aqui na Terra, onde a população feminina é em maior escala do que a masculina. Isso claramente não é motivo para rejeição de uma filha, podemos entender que os homens eram considerados em certos momentos da história como trabalhadores ou sustentadores das missões divinas, e não existe relato de mulheres Anunnaki ou Igigi trabalhando na extração de ouro, além do fato que os filhos meninos eram mais apreciados porque o trono de Nibiru só podia ser ocupado por homens. Curiosamente, o mesmo padrão de machismo se manifesta aqui nesta Terra, onde podemos ver então uma possível origem desse tipo de pensamento nos seres humanos. Por não conseguir um filho de Ninmah, Enki trouxe sua esposa Dankina de Nibiru. Enki teve cinco filhos a mais, estes foram seus nomes: Nergal, Gibil, Ninagal, Ningishzidda e Dumuzi. Enlil e Ninmah trouxeram para a Terra seu filho Ninurta. Com sua esposa Ninlil, teve Enlil mais um filho, um irmão para Nannar: o garoto foi nomeado de Ishkur, deste modo dois clãs se estabeleceram na Terra, e a rivalidade dos pais foram passadas para seus filhos, um contra o outro.

A primeira revolta

Do Abzu (montanhas onde se encontrava as minas de ouro), os Anunnaki transportavam o ouro até os locais de aterrissagem, seguiam a rota até os locais de pouso em Lahmu (Marte) e de lá, os Igigi transportavam até Nibiru. Os Anunnaki da Terra que estavam em constante trabalho no Abzu, aqueles que estavam no Édin, se queixavam pelo exaustivo trabalho sem descanso. Os ciclos do planeta Terra os deixavam enjoados e com fadiga, as rações eram poucas e passavam fome. Os Igigi em Lahmu eram os que mais se queixavam pelas condições da terra, do trabalho e da constante exploração que se fazia sobre eles para demandar resultados. Eles exigiam então um local de descanso no planeta. Anzu se aproveitou da situação, prometeu aos Anunnaki e aos Igigi uma melhora das condições de trabalho e o cessar da exploração que estavam sendo alvo, e roubou as tabuletas do destino e as armas do terror escondidas em câmeras profundas só conhecidas por Enki e Enlil. Foi de encontro aos Igigi para se tornar rei da Terra e de Marte. Ninurta, filho de Enlil, tomou a frente para batalhar contra Anzu; a batalha foi feroz, lutaram com seus "pássaros celestiais", asa com asa, e em golpe sorrateiro, Ninurta cegou temporariamente Anzu em seu torvelinho de poeira e o atacou com um raio destruidor. Ele caiu no chão da Terra, que fez a estremecer. Anzu foi levado a cativeiro e as tabuletas do destino foram restituídas aos seus devidos locais em Nibru-ki. Anzu foi sentenciado à morte, e sucumbiu atingido por um raio mortal no peito. Foi decidido que ele seria enterrado ao lado de Alalu em Marte, pois da mesma semente divina ambos eram descendentes.

Pássaro celestial

Neste momento da história, temos um importante relato que apresenta uma teoria da origem da crença popular do porquê anjos terem asas. Isso nada mais é do que uma roupagem que permitia aos habitantes de Nibiru voarem pelos céus, assim como eles possuíam um traje marítimo para nadar, chamado de "Traje de peixe", dispunham também dum traje para voar, chamado de "Traje de águia", "Roupa de pássaro" ou "Pássaro celeste". Temos duas importantes variações desse suposto pássaro, algumas vezes o conto se refere claramente a espaçonaves, outras vezes se refere a um traje, porém as tabuletas não deixam em nenhum momento claro que os Anunnaki nasciam com asas. Estamos falando dos misteriosos anjos do Velho Testamento, dos Querubins que guardavam o Jardim do Éden (Édin) ou todas as outras forças que foram absorvidas pelo Cristianismo através dos contos sumerianos. Esses anjos em específico são Anunnaki

É de extrema necessidade deixar claro ao leitor que, os Anunnaki não são anjos. Para ser considerado um espírito celestial, é preciso estar alinhado as forças divinas criadoras, suas regências e atuações. Sempre visando o amor incondicional, ascensão e evolução de suas almas e de seus semelhantes.

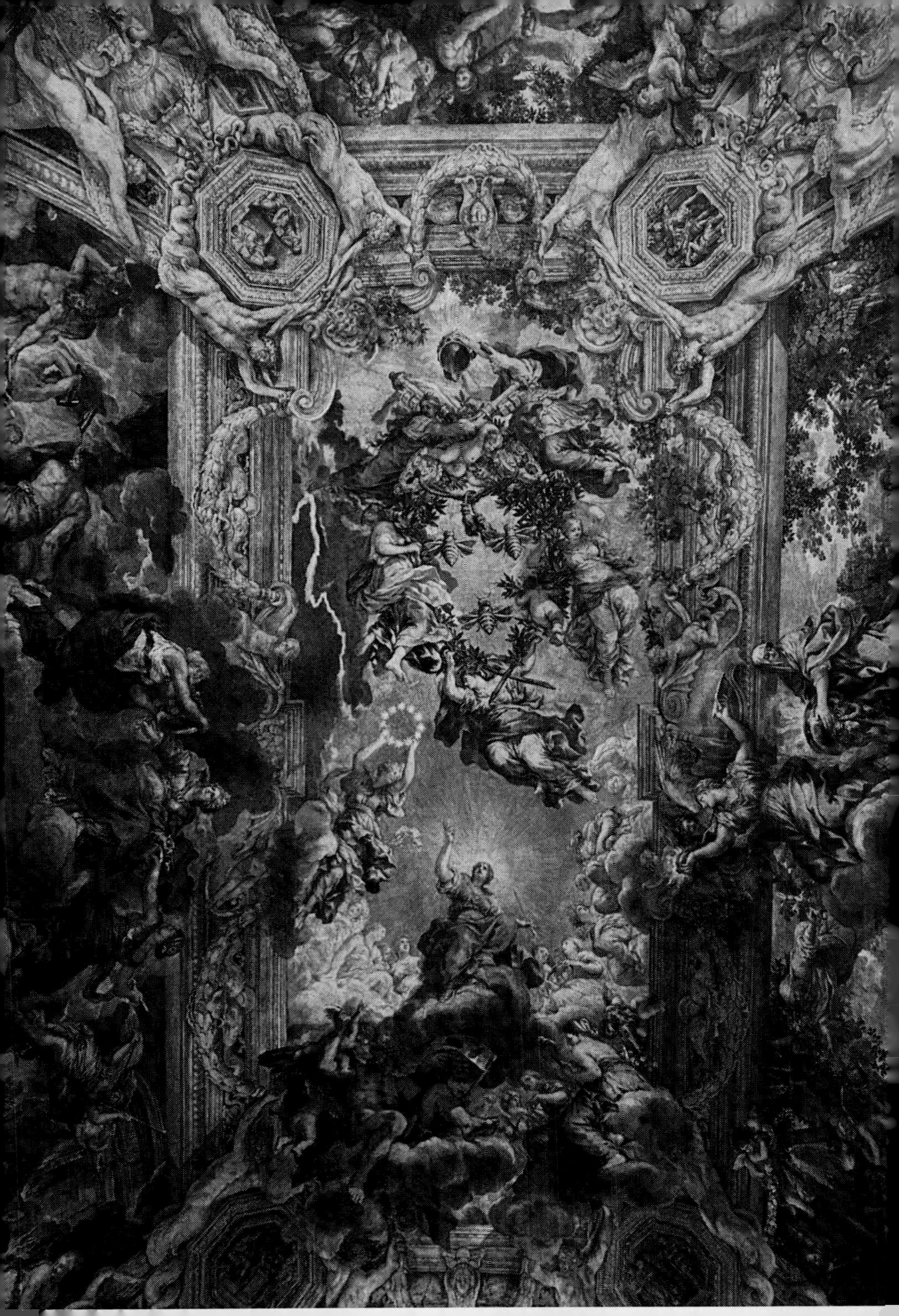

A segunda revolta

Anzu foi executado e com sua morte subjugou as revoltas dos Anunnaki e dos Igigi por um breve período. Os heróis que estavam mais exaustos do trabalho das minas foram retirados da Terra e voltaram a Nibiru, novos heróis foram enviados para substituir e trazer mais mão-de-obra para salvar seu planeta. Eram jovens e apenas buscavam aventuras e títulos para seus nomes, e não tinham conhecimento do que os esperava em um planeta totalmente diferente de Nibiru. Foi construída uma cidade de metal chamada Bad-Tibira, para facilitar o transporte de ouro para Lahmu, como forma de diminuir o peso carregado. Em Abzu, Enki forjou um local de estudo, estava mais fascinado nas formas da Terra, nos animais (em especial os que andavam com patas dianteiras) e nos mistérios da vida e da morte.

Os jovens Anunnaki trazidos de Nibiru, junto aos que já permaneciam nas minas se indignaram com o trabalho exaustivo e fizeram uma revolta contra Enki e Enlil, proclamando:

— Que nos libere do duro trabalho!

— Proclamemos a guerra, liberem-nos através das hostilidades!

Eles gritavam em grande fúria pela noite, e queimaram suas ferramentas de trabalho, colocaram fogo em suas tochas, marcharam contra os senhores da terra. Enlil acordou assustado e indagou se a revolta era contra ele, os Anunnaki exigiam libertação de seu trabalho árduo:

— O trabalho é excessivo, nosso trabalho é duro, grande é nossa aflição!

— Desde que aumentou o calor na Terra, o trabalho é insuportável, insuportável! (provavelmente era verão neste tempo, ou as mudanças climáticas já estavam evidentes na Terra).

Com extrema semelhança, existe um conto chamado de Atrahasis que será abordado no capítulo de Enki, onde neste exato momento Enlil chorou ao ver a revolta em sua porta.

Os Anunnaki se queixavam em grande desespero, Enlil e Enki chamaram Anu para ouvir suas queixas, mas o mesmo apenas pensava em obter ouro e mais nada, não se importando com a exaustão e condições de trabalho.

— Terás que obter ouro! O trabalho deve continuar! - comandava Anu.

Ninurta, presente durante a revolta, aconselhou que os rebeldes Anunnaki voltassem a Nibiru e outros fossem enviados para repor o lugar deles. Enki tomou a frente e deu a ideia de se criar um Lulu, um trabalhador primitivo, para que se ocupasse dos trabalhos mais duros. Até isso se concluir, os Anunnaki revoltados não tinham outra escolha a não ser voltar a seus postos e trabalhar incansavelmente para obter ouro.

"E disse Deus: Façamos o homem à nossa imagem, conforme a nossa semelhança; e domine sobre os peixes do mar, e sobre as aves dos céus, e sobre o gado, e sobre toda a terra, e sobre todo o réptil que se move sobre a terra." Gênesis 1:26.

A origem da raça humana – Lulu

Todos ficaram assombrados com a ideia de Enki e Ninmah foi chamada, ela ficou espantada:

— Nunca se ouviu falar de algo assim! Todos os seres descendem de uma semente, cada ser se desenvolveu ao longo de aeons a partir de outro, nenhum nunca veio de um nada!

Enki sugeriu colocar a semente vital dos Anunnaki no ventre de um animal que conhecemos hoje como sendo o macaco e Ninmah concordou com a ideia:

— Possivelmente nossos ancestrais surgiram da mesma forma. (forma ou semente, ela dizia que o povo de Nibiru e os macacos podiam partilhar de alguma semelhança genética, não exatamente sendo descendentes desses animais).

Enki estava totalmente cego e animado em criar vida com experimentos que ele desejava, Enlil se assustou e ficou receoso com isso:

— É um assunto de grande importância! Faz muito tempo que se aboliu a escravidão em nosso planeta, os escravos são as ferramentas, não outros seres! Querer trazer para a existência uma nova criatura? A criação só está em mãos do Pai de Todo Princípio! – dizia Enlil.

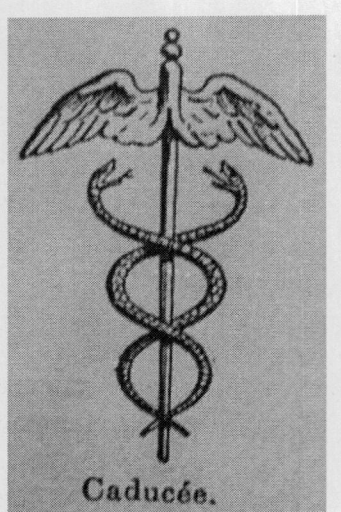

Enki refutava as palavras de seu irmão. Em sua mente, os trabalhadores primitivos seriam apenas ajudantes, mas todos nós sabemos neste ponto da leitura, que Enki desejava escravos cegos que seguissem seu comando sem se revoltar igual aos Anunnaki, mas Enlil nada podia fazer. Afinal, o futuro de Nibiru dependia do ouro da Terra. Enki e Ninmah influenciaram a mente e o coração de todos presentes para que pudessem pôr em prática seu plano. O filho de Enki, Ningishzidda confirmou que as genéticas do animal e dos Anunnaki eram compatíveis, como duas serpentes entrelaçadas, a essência de ambos iria se juntar criando um trabalhador primitivo.

Ninmah deu a ideia de que um homem Anunnaki fecundasse uma fêmea, porém, Enki e Ningishzidda disseram que já haviam tentando, e não houve parto. Ninmah começou os experimentos genéticos, Enki deu a ideia de usar as fórmulas ME das essências de Nibiru, e assim ela fez: em um recipiente de cristal, fecundou o óvulo da fêmea com um espermatozóide de um Anunnaki. Após o tempo de gestação, ela fez uma cesária, pois o trabalhador primitivo não havia nascido naturalmente, seu corpo era coberto de pêlos, apenas suas pernas se assemelhavam aos Anunnaki. O nascido não serviu para o trabalho, apenas emitia grunhidos, e suas mãos não sustentavam as ferramentas para minerar ouro.

(Não é relatado o que significa exatamente fórmulas ME, pela maneira que a história é contada, o que mais se assemelha são códigos genéticos de DNA).

Tentaram novamente, cuidadosamente Ninmah fez uma nova mescla e fecundou o óvulo da fêmea e quando deu o tempo certo de nascimento, o experimento nasceu. Este, por sua vez, se parecia mais com os Anunnaki, era um menino. Porém seus sentidos eram vacilantes, não podia ouvir e sua visão era turva, Ninmah reajustou as mesclas, das fórmulas tomou pingos e partes; um ser tinha os pés paralisados, a outro gotejava o sêmen, a outro tremiam as mãos, a outro lhe funcionava mal o fígado; outro tinha as mãos muito curtas para alcançar a boca, outro não tinha os pulmões adequados para respirar.

Enki deu a ideia a Ninmah para mudar a abordagem, em vez de usar os recipientes de cristais de Nibiru, que usasse argila da terra para fazer a mistura e a fecundação, e foi assim que surgiu o mito de que o homem é feito do pó da terra. No tempo certo se deu à luz um menino, porém, o mesmo não falava, apenas emitia grunhidos. Enki reconsiderou seus pensamentos e mais uma vez mudou a abordagem, disse que a mistura em vez de ser inserida em um animal terrestre, devesse ser fecundada em uma Anunnaki. Enki queria que sua esposa Ninki fosse a cobaia para o experimento sem a consultar, porém Ninmah se voluntariou para o experimento, já que ela estava à frente da criação do trabalhador primitivo.

"E formou o Senhor Deus o homem do pó da terra, e soprou em suas narinas o fôlego da vida; e o homem foi feito alma vivente." Gênesis 2:7

Basicamente eles fizeram uma inseminação artificial, onde o sêmen do homem Anunnaki foi fecundado em Ninmah, a única mudança foi o recipiente de barro que foi utilizado, não temos informação se foi utilizada ou não os códigos genéticos do macaco.

Nove meses se passou e Ninmah deu à luz um menino. Comemoraram a vitória do experimento, o nascido tinha cabelo preto, sua pele era tersa (pura, limpa, brilhante) da cor da terra, (De acordo com o relato, a cor de pele dos Anunnaki era em tonalidades que remetiam o barro da terra, um ótimo exemplo é a pedra de jaspe vermelho. Assim como Adamu, existe uma passagem bíblica em Apocalipse 4:3 que confirma isso:

"E o que estava assentado era, na aparência, semelhante à pedra jaspe e sardônica; e o arco celeste estava ao redor do trono, e parecia semelhante à esmeralda."

A única coisa que diferenciava um Anunnaki dum terrestre era o excesso de pele sobre o pênis, a cor de seu sangue era vermelho-escuro, assim como era a cor da terra do Abzu. Ninmah deu o nome para seu filho de Adamu (Adão bíblico). Sete curandeiras de Ninmah se voluntariaram para dar vida a mais trabalhadores primitivos, parte do sangue do pênis de Adamu foi colocado na mescla e seus ventres fertilizados, e no tempo certo, mais sete homens nasceram. Enki continuou seus experimentos, e desta vez, chamou Ninki, sua esposa, para dar vida a uma mulher, a menina nasceu de uma cesária, e foi-lhe dado o nome de Ti-Amat (Ti-Amat se refere à Eva bíblica).

"E criou Deus o homem à sua imagem; à imagem de Deus o criou; homem e mulher os criou." Gênesis 1:27.

Adamu e Ti-Amat expulsos do Édin

Os setes meninos e as sete meninas que nasceram dos Anunnaki cresceram em jaulas perto das árvores, o objetivo de Enki e de todos os Anunnaki era que os trabalhadores primitivos procriassem para assim terem mais escravos pro trabalho nas minas. E quanto a Adamu e Ti-Amat, foi-lhes reservado um local de paz no Édin (Jardim do Éden). Diversos Anunnaki vieram visitá-los, e essas visitas podemos correlacionar com os supostos anjos que guardavam o Jardim do Éden. Enquanto isso, os Anunnaki que estavam trabalhando incansavelmente nas minas já começaram a se irritar exigindo trabalhadores primitivos para substituírem seus postos.

Quando se deu a idade apropriada para reprodução, os filhos da Terra não se reproduziam. Em testes em laboratório, viu-se que tanto os terrestres como os Anunnaki compartilhavam quase de uma mesma genética, duas serpentes entrelaçadas, e estavam dispostas como vinte e um ramos da Árvore da Vida, enquanto os Anunnaki possuíam vinte e quatro ou mais ramos dessa Árvore. A Adamu e Ti-Amat lhes faltava duas partes de uma essência para procriação. Ningishzidda fechou as portas do Édin e fez cair um sono profundo sobre Enki, Ninmah, Adamu e Ti-Amat.

Da costela de Enki extraiu a essência vital e a colocou na costela de Adamu, da costela de Ninmah se fez o mesmo processo e a colocou na costela de Ti-Amat. No final, se vangloriou e determinou que ambos andassem pelo Jardim do Édin para procriarem.

"Então o Senhor Deus fez cair um sono pesado sobre Adão, e este adormeceu; e tomou uma das suas costelas, e cerrou a carne em seu lugar" Gênesis 2:21

Adamu e Ti-Amat ao despertarem tomaram consciência de sua nudez, e fizeram para si um avental de folhas. Enlil passeava pelo Jardim e avistou ambos com folhas sobre suas partes íntimas:

"E ouviram a voz do Senhor Deus, que passeava no jardim pela viração do dia; e esconderam-se Adão e sua mulher da presença do Senhor Deus, entre as árvores do jardim"

"E chamou o Senhor Deus a Adão, e disse-lhe: Onde estás?"

"E ele disse: Ouvi a tua voz soar no jardim, e temi, porque estava nu, e escondi-me."

"E Deus disse: Quem te mostrou que estavas nu? Comeste tu da árvore de que te ordenei que não comesses?"

Gênesis 3:8-11

Enlil ficou furioso contra Enki, irado disse que era desde o princípio contra essa ideia de serem criadores de uma raça. Além de colocar em perigo as curandeiras e todos os Anunnaki com estes experimentos, não se agradava nem um pouco com a ideia de os trabalhadores primitivos poderem procriar como os Anunnaki. Ningishzidda tentou apaziguar sua ira dizendo que esses seres não tinham o ramo da Árvore que os daria longa vida igual aos Anunnaki. Enlil furioso, expulsou Adamu e Ti-Amat do Édin para as montanhas no Abzu.

"Então disse o Senhor Deus: Eis que o homem é como um de nós, sabendo o bem e o mal; ora, para que não estenda a sua mão, e tome também da árvore da vida, e coma e viva eternamente."

"O Senhor Deus, pois, o lançou fora do jardim do Éden, para lavrar a terra de que fora tomado."

"E havendo lançado fora o homem, pôs querubins ao oriente do jardim do Éden, e uma espada inflamada que andava ao redor, para guardar o caminho da árvore da vida."

Gênesis 3:22-24

E foi assim que se criou a famosa história do homem e da mulher, de Adão e Eva no Jardim, e como o "Senhor" expulsou ambos. No livro de Gênesis, a expulsão foi devido a Eva ter comido do fruto do conhecimento e sabedoria, se tornando assim Deus igual a seu senhor, tomando consciência de sua vida e despertando de seu sono ilusório.

Alguns versículos apontam claramente Deus falando no plural, como na parte "Eis que o homem é como um de nós", que denota claramente que ele estava falando com mais alguém.

Existe uma falsa narrativa apontando que Lilith seria a primeira mulher de Adam, mas alguns estudos apontam que sua origem é sumeriana. A imagem usada para retratar Lilith é a mesma de Ereshkigal, Deusa do submundo, rainha da noite e grande dama da Terra. A famosa Lilith foi provavelmente baseada nesta Deusa antiga.

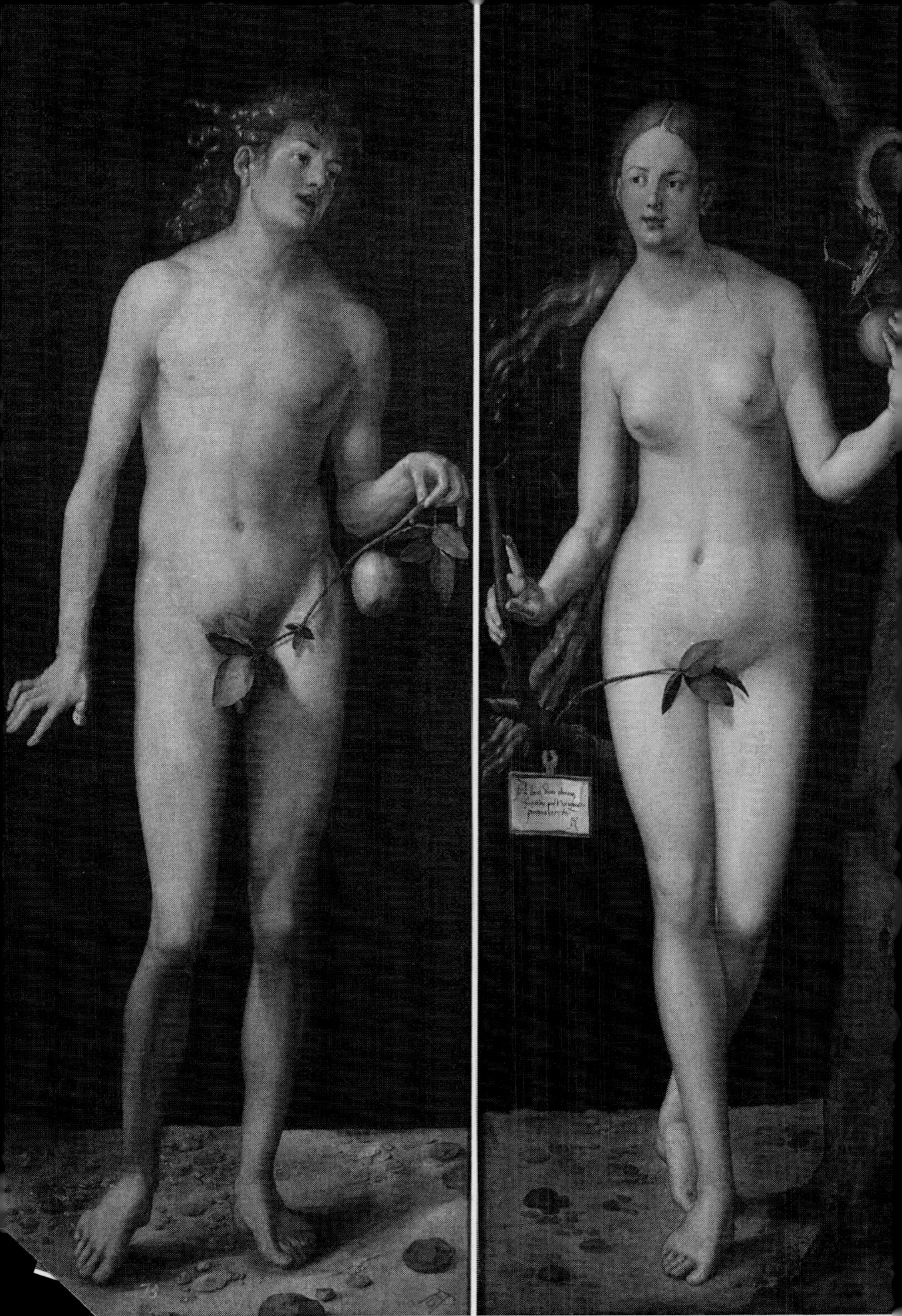

Mau augúrio

Os terrestres começaram a procriar em uma rápida escala e no Livro de Enoque já temos uma passagem que se refere a este período:

"E aconteceu que quando os filhos dos homens se multiplicaram, naqueles dias nasceram-lhes filhas belas e bonitas." Primeiro livro de Enoque 4:1.

Os Anunnaki ficaram maravilhados com a rapidez que se criava mais trabalhadores primitivos, eles não reclamavam do trabalho exaustivo das minas, e desejavam ficar perto de seus senhores. Os Anunnaki que estavam na Terra também procriavam: Nannar e Ningal deram à luz uma filha chamada de Innana, que possui qualidades iguais a Asherah. Innana é a Rainha dos céus, Deusa do sexo, da beleza, da justiça, da guerra e da política. Nannar e Ningal também tiveram um filho chamado de Utu, conhecido também como Samas ou Shamash, Deus do sol.

Em Lahmu (Marte), Marduk, um dos filhos de Enki, se queixava de seu trabalho. Fortes tempestades de areia estavam sobre o planeta, vulcões entravam em erupções e jorravam fogo sobre o solo, as enormes camadas de gelo nos polos frios começavam a derreter. Nas estrelas, fortes mudanças planetárias estavam ocorrendo, houveram mudanças nas órbitas de cada planeta quando faziam sua volta ao redor do Sol central. Nesse momento, estava ocorrendo um alinhamento planetário com todos os planetas do Sistema Solar, algo que traria mudanças catastróficas, presságios de um mau augúrio a recair sobre a Terra. Chuvas de enxofre e ventos malignos sopravam as árvores, meteoros caíam sobre as planícies, uma destruição sem precedentes se aproximava.

"Um vapor, porém, subia da terra, e regava toda a face da terra" Gênesis 2:6.

Enki levou Marduk para a Terra e de lá foram para a Lua. Marduk reclamou com seu pai, pois o mesmo sempre estava fora de seus planos. Enki prometeu a ele um lugar de honra na Terra, para reinar juntos aos trabalhadores primitivos. No Lahmu (Marte), os Igigi estavam alvoroçados pelas constantes tempestades de pó, isso apenas serviu para trazer mais revolta a seus corações. Anu decretou que se fizessem novos locais de aterrissagem e abrigos para os mesmos. Os Igigi exigiam um local de descanso na Terra, quando chegaram nela foram bem recebidos pelos Anunnaki. A constante exploração trabalhista dos Anunnaki na Terra em conjunto com os trabalhadores primitivos fez Anu decretar que Nibiru tinha ouro suficiente por um tempo e que o trabalho podia ser diminuído. As expectativas dos Anunnaki que trabalhavam nas minas do Abzu era de deixar o trabalho e voltarem para suas casas, e não apenas dar um tempo ou a diminuição de suas tarefas.

— Agora que os Terrestres estão proliferando, que eles se encarreguem do trabalho! - exclamavam eles em grande revolta.

No Édin, faltavam moradias, comidas e condições de conforto, exigiam também mais trabalhadores primitivos para poderem descansar. Ninurta tomou uma decisão: foi até os bosques nas montanhas do Abzu e capturou os Terrestres com redes, igual um animal é capturado quando se é caçado, afinal, nós não éramos nada mais que escravos para esses seres. Enki se enfureceu com Ninurta e não gostou nada de como ele tratou seus escravos. Enlil estava furioso somente pelo fato que Adamu e Ti-Amat voltariam para o Édin, local do qual ele mesmo os baniu em seu momento de fúria. Foram ensinados todo tipo de trabalho para os humanos, se encarregavam de todo tipo de tarefas, e essas habilidades deixava os Anunnaki e Igigi maravilhados.

Enquanto os Terrestres se proliferavam sobre a Terra, os Anunnaki não se saciavam com os mantimentos, nas cidades e nas hortas, nos vales e nas colinas, os Terrestres estavam procurando comida constantemente. Naqueles dias, ainda não existiam os cereais, não havia ovelhas, ainda não se tinha criado o cordeiro.

Os humanos começaram nesse período a adoração e a servidão aos Anunnaki, pois em seu íntimo desejavam ficar perto de seus senhores. Enki viajava pela Terra em sua espaçonave e desejava criar uma sociedade civilizada com homens civilizados. Avistou duas humanas se banhando em um rio e ficou excitado com sua nudez, os seios das mulheres eram maduros, fez sexo com ambas, derramando sua semente em seus ventres. Da primeira jovem nasceu um menino, e da segunda jovem nasceu uma menina. Ficou maravilhado pela criação da vida entre uma humana e um Anunnaki, pediu a sua mulher Ninki que guardasse segredo e ela os criou como se fossem seus próprios filhos, ao menino deu o nome de Adapa, e para a menina deu o nome de Titi. Enki tomou amor e carinho por Adapa e Ninki por Titi. Enki enganou Enlil dizendo que essas crianças apareceram por obra do destino em um deserto, tinha como objetivo ensinar todo tipo de arte para que eles pudessem semear a terra e viver de seus mantimentos. No tempo certo, da união de Adapa e Ninki, nasceram duas crianças gêmeas, dois irmãos chamados de K-in e Abel, os mesmos Caim e Abel da Bíblia.

Adapa em Nibiru

Anu foi notificado com as maravilhosas notícias sobre Adapa e Titi, pois estes dois eram mais parecidos com os Anunnaki do que os da geração anterior segundo os relatos. Decretou que ambos viajassem até Nibiru para que Anu pudesse conhecê-los pessoalmente. Enlil se revoltava cada mais com esses acontecimentos, se enchia de ódio ao saber que os trabalhadores primitivos podiam procriar e terem conhecimento sobre a vida na Terra, e principalmente agora que um escravo viajaria entres os céus e a terra até Nibiru:

— No Nibiru, beberá das águas da larga vida, comerá o alimento da larga vida. Como um de nós, os Anunnaki, o da Terra se converterá! - dizia Enlil, que em seu íntimo, não queria perder o poder e a supremacia de ser alguém superior. Enki também compartilhou do pensamento de Enlil. Foi decidido que Titi ficasse na Terra para auxiliar nos partos de novos Anunnaki e dos humanos que estavam nascendo.

Enki alertou a Adapa a não revelar sua origem de nascimento e de não comer nenhuma comida de Nibiru. Outros Anunnaki nascidos na Terra também foram nesta viagem, pois o ciclo da Terra estava fazendo-os envelhecer mais rapidamente do que em Nibiru. Enki deu a Adapa um capacete de águia para voar sobre o espaço e Adapa gritou de medo quando a espaçonave a qual ele chamou de "Águia sem asas" alçou voo sobre a Terra em direção a Nibiru. A escuridão do universo não era algo que um humano estava acostumado a presenciar naqueles tempos.

Em Nibiru, foram bem recebidos por Anu, que fez um banquete para todos se servirem. Como já era ordenado, Adapa não comeu e nem bebeu, Anu estranhou a atitude dele e foi para sua câmara para tentar decifrar uma mensagem que lhe foi enviada em uma tabuleta por Enki. Ao descobrir que Adapa era filho de uma Terrestre com Enki, Anu deu risada e se agradou da libertinagem de seu filho, ordenou que Adapa voltasse à Terra para procriar e criar uma civilização humana como assim desejava Enki.

Na Terra, foram todos bem recebidos e Enki se alegrou por seu plano ter dado certo. Enlil sempre revoltado com toda a situação, diante de seus olhos, estava vendo o grande progresso que era um simples escravo criado apenas para trabalhar podendo alcançar a sabedoria dos Deuses. Marduk, sem saber da origem de Adapa e Titi, tomou carinho pelos dois e começou a lecionar ambos com seus conhecimentos. Creio que neste momento Marduk não absorveu os preconceitos de Enlil sobre a raça humana, e foi daí em diante que ele desenvolveu amor e respeito pelos seres humanos. Marduk se tornou uma grande personalidade nesta narrativa porque não fez distinção entre Anunnaki e humanidade, vendo a igualdade entre ambas as raças.

K-in e Abel

No devido tempo, K-in foi levado à cidade de Bad-Tibira e ensinado por Ninurta como cavar canais e também sobre as técnicas da irrigação, semeação e colheita. Abel foi levado por Marduk aos campos, ensinou-lhe as artes do pastoreio e a criação de ovelhas e cordeiros, animais trazidos de Nibiru.

"E deu à luz mais a seu irmão Abel; e Abel foi pastor de ovelhas, e Caim foi lavrador da terra." Gênesis 4:2

Os irmãos começaram a cuidar constantemente das atribuições que lhe foram conferidas, e no final de um ano, foi feita uma apresentação para os Anunnaki para demonstrar o fruto da terra e dos animais. Aos pés de Enki e Enlil, K-in colocou suas oferendas de grãos e Abel colocou carne de cordeiro. Enlil abraçou os irmãos e deu uma alegre benção a ambos. Enki apenas se agradou da oferenda de Abel e ignorou totalmente a de K-in, ergueu o cordeiro e festejou porque tinha carne para comer e lã para vestir.

Quando a cerimônia terminou, K-in se sentiu profundamente triste e magoado por Enki, por ele não ter abençoado a oferta que ele tinha feito.

"E aconteceu ao cabo de dias que Caim trouxe do fruto da terra uma oferta ao Senhor."

"E Abel também trouxe dos primogênitos das suas ovelhas, e da sua gordura; e atentou o Senhor para Abel e para a sua oferta."

"Mas para Caim e para a sua oferta não atentou. E irou-se Caim fortemente, e descaiu-lhe o semblante." Gênesis 4:3-5.

Temos uma pequena mudança de palavras aqui que pode mudar totalmente o conceito de como interpretamos estas passagens: o versículo 4 do capítulo de Gênesis fala que Caim irou-se porque o "Senhor" não se atentou à sua oferta. Porém de acordo com a tradução de Zecharia das tabuletas sumerianas, fala-se que K-in se sentiu profundamente triste e magoado.

Abel começou a ofender K-in dizendo que ele era o abençoado pelos Anunnaki e o preferido do senhor Enki. K-in ficou furioso com seu irmão e começaram a discutir, essa briga durou um inverno todo e sempre Abel ofendia seu irmão com este acontecimento. No verão, com a falta de mantimentos e água nos campos de Abel, ele invadiu os campos de seu irmão para dar alimento a seus carneiros. K-in mais uma vez se enfureceu e novamente Abel começou a se gabar pelo que tinha acontecido nas oferendas aos Anunnaki. Num ataque de fúria, K-in acertou Abel na cabeça com uma pedra afiada e o matou.

"E falou Caim com o seu irmão Abel; e sucedeu que, estando eles no campo, se levantou Caim contra o seu irmão Abel, e o matou." Gênesis 4:8.

K-in e Abel, duas almas que careciam de evolução espiritual e não tinham controles de seus sentimentos e impulsos. Podemos ver que o exílio planetário já estava ocorrendo, almas exiladas de outras esferas estavam sendo trazidas a este planeta. Mas isso não era de conhecimento da raça humana, e nem dos Anunnaki nos tempos antigos.

K-in chorou desoladamente sobre o corpo de seu irmão. Titi teve uma visão sobre a morte de Abel, alertou Adapa e ambos os encontraram no campo. Titi gritou de dor em choro, Adapa foi até Eridu e avisou Enki sobre o ocorrido. Enki se enfureceu e amaldiçoou K-in e suas gerações futuras, o expulsando do Édin (que poderia ser evitada se Enki tivesse a empatia durante a oferenda). Foi convocado um conselho celestial, Marduk desejava a morte de K-in veementemente. Enki tentou apaziguar a situação, pois desejava que seu experimento genético tivesse sucesso na Terra, com a morte de K-in, ele não poderia criar uma civilização humana. A essência vital de K-in foi alterada para que nele não crescesse barba para que se pudesse distinguir sua genética dos outros Terrestres, e assim ele foi exilado dos Anunnaki e fadado a "Terra do Errar" junto com sua irmã Awan como sua esposa.

Não foi retratada nenhuma "marca" imposta a K-in nas tabuletas, esta famosa marca de separação do Divino que é retratada em diversas séries de televisão e filmes não fazem parte do conto dos Anunnaki, do qual se derivou a Bíblia que conhecemos hoje. Podemos então pensar que a "marca" pode ter sido algum acontecimento da época que os livros foram criados ou provavelmente, mais uma absorção das histórias dos povos e culturas vizinhas. Neste ponto dos relatos, os Anunnaki já estavam assentados na Terra recebendo adoração e ofertas dos humanos. Decretaram que por Adapa e Titi nascessem mais filhos para prover o cereal, carne e lã para se vestirem. Tiveram no total trinta filhos e trinta filhas, e seus filhos e filhas também procriaram para dar o devido culto dos Anunnaki.

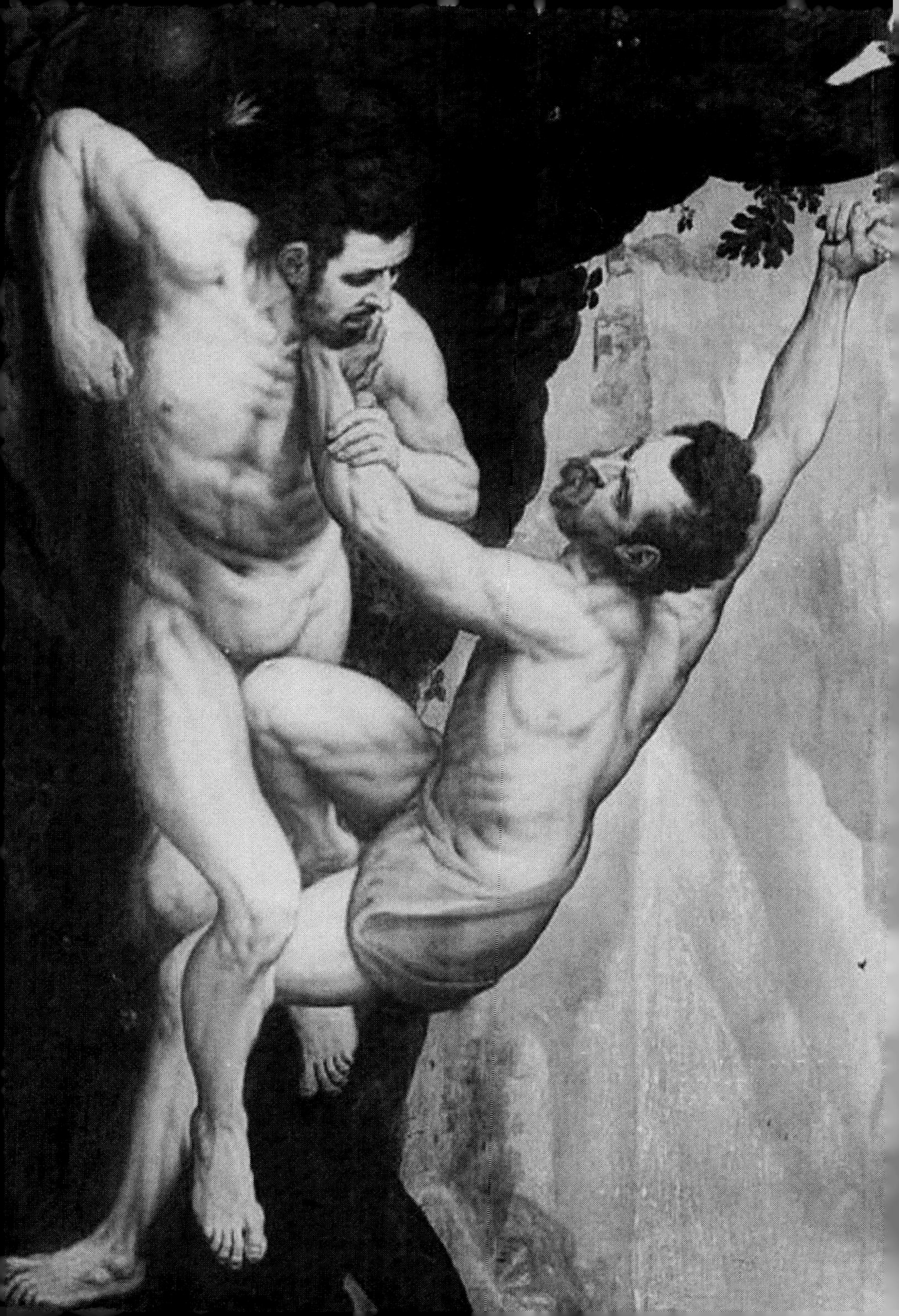

Marduk

Os Igigi começaram a ficar cada vez mais presentes na Terra, perdendo o interesse em apenas sobrevoar em suas espaçonaves a atmosfera. Enki implorava a Marduk para vigiar os Igigi em Lahmu (Marte), porém ele estava mais interessado no que ocorria com os humanos e pouco se importava com outros acontecimentos.

Um dos descendentes de Adapa, chamado de Enkime, se destacou nessa história por sua curiosidade sobre os céus e a vastidão do universo. Enki tomou carinho pelo menino e o instruiu sobre os cálculos e mistérios de Nibiru, assim como ensinou a Adapa. Enki acabou visitando os Igigi em Lahmu, e com esta visita, eles aprenderam sobre os terrestres civilizados, isso apenas atiçou ainda mais a curiosidade destes heróis para se estabelecerem na Terra.

Em um breve período do tempo desses acontecimentos narrados, Lu-Mach foi escolhido para ser o capataz dos Anunnaki, as cotas da mineração de ouro estavam sendo mais rígidas e as rações estavam menores. Os Anunnaki começaram a se queixar de suas condições de trabalho, enquanto isso acontecia Adapa veio a falecer de velhice. Em seus últimos momentos desejou ver seu filho K-in, que estava exilado em terras distantes. Ninurta foi aquele que subiu em seu "pássaro do céu" para procurar K-in e o trazer para ver seu pai, que subiu sobre suas asas de águia e viajou rapidamente pelos céus. Após a morte de Adapa, K-in foi levado à sua terra, teve muitos filhos e filhas, e assim como Adapa disse em seu leito de morte, que K-in morreria por uma pedra assim como matou Abel, K-in foi morto com a queda duma pedra na construção de uma cidade.

Lahmu estava apenas no pó e aridez, e existiam alterações nos campos da Terra que ninguém conseguia decifrar, Enki, Enlil e Ninmah se consultavam entre si buscando uma solução, ao mesmo tempo que murmuravam por estarem em idade avançada devido aos ciclos do planeta Terra. Marduk se apaixonou por uma descendente de Adapa e disse a seu pai Enki que queria se casar com ela. Enki ficou totalmente descontente com seu filho, via os terrestres como meros escravos, achava que os Anunnaki eram muito maiores e melhores e que um príncipe de realeza jamais poderia se sujeitar a alguém inferior. Marduk contra-argumentou dizendo que a única diferença entre um Anunnaki e um terrestre era apenas o ramo da larga vida, e que seus direitos foram constantemente tomados e substituídos pelo seu pai, que sempre honrou outros Anunnaki mas nunca seu próprio filho. Ninmah ficou extremamente decepcionada, e Enlil se revoltou como sempre. Marduk não tinha interesse em voltar para Nibiru, mas sim em reinar sobre a Terra junto com sua amada.

Quando Marduk fala que a única diferença entre um Anunnaki e um ser humano é o ramo da longa vida, ele traz uma grande quebra de diminuição da raça humana perante os Anunnaki, pois nós temos todas as capacidades, poderes, sabedoria, força e inteligência deles, assim como Jesus Cristo disse:

"Respondeu-lhes Jesus: Não está escrito na vossa lei: Eu disse: Sois Deuses?" João 10:34

"Eu disse: Vós sois Deuses, e todos vós filhos do Altíssimo." Salmo 82:6

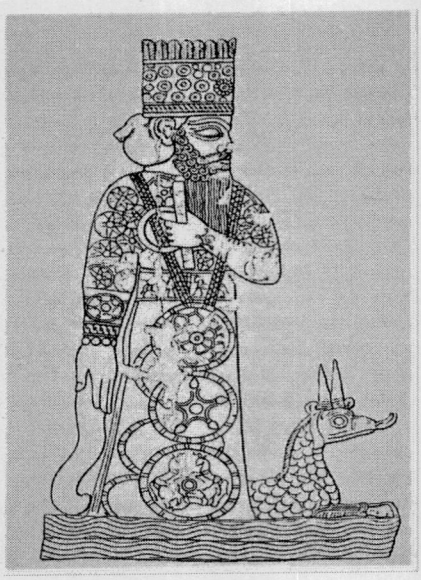

Com estas informações e revelações, podemos ver que não existe diferença entre nós e os Anunnaki, pois somos iguais a eles. Não diferentes, não menores, não menos dignos, não menos puros e muito menos escravos ou uma raça menor, mas iguais em força, poder e sabedoria.

Dentre todos os Anunnaki, Marduk era aquele que mais considerava os terrestres como seres importantes, não os via como escravos ou uma experiência bem-sucedida de laboratório como todos os outros. Não é por acaso que esse Anunnaki se fez grande por diversas culturas como um Deus maior dos céus, do sol, e interessado em dar vida eterna a seus devotos.

O casamento foi realizado no Eridu, muitos Terrestres, Anunnaki e Igigi estavam presentes. Marduk se casou com sua amada Sarpanit, e estabeleceu seu reinado em terras um pouco acima do Abzu, na terra aonde chega o mar superior.

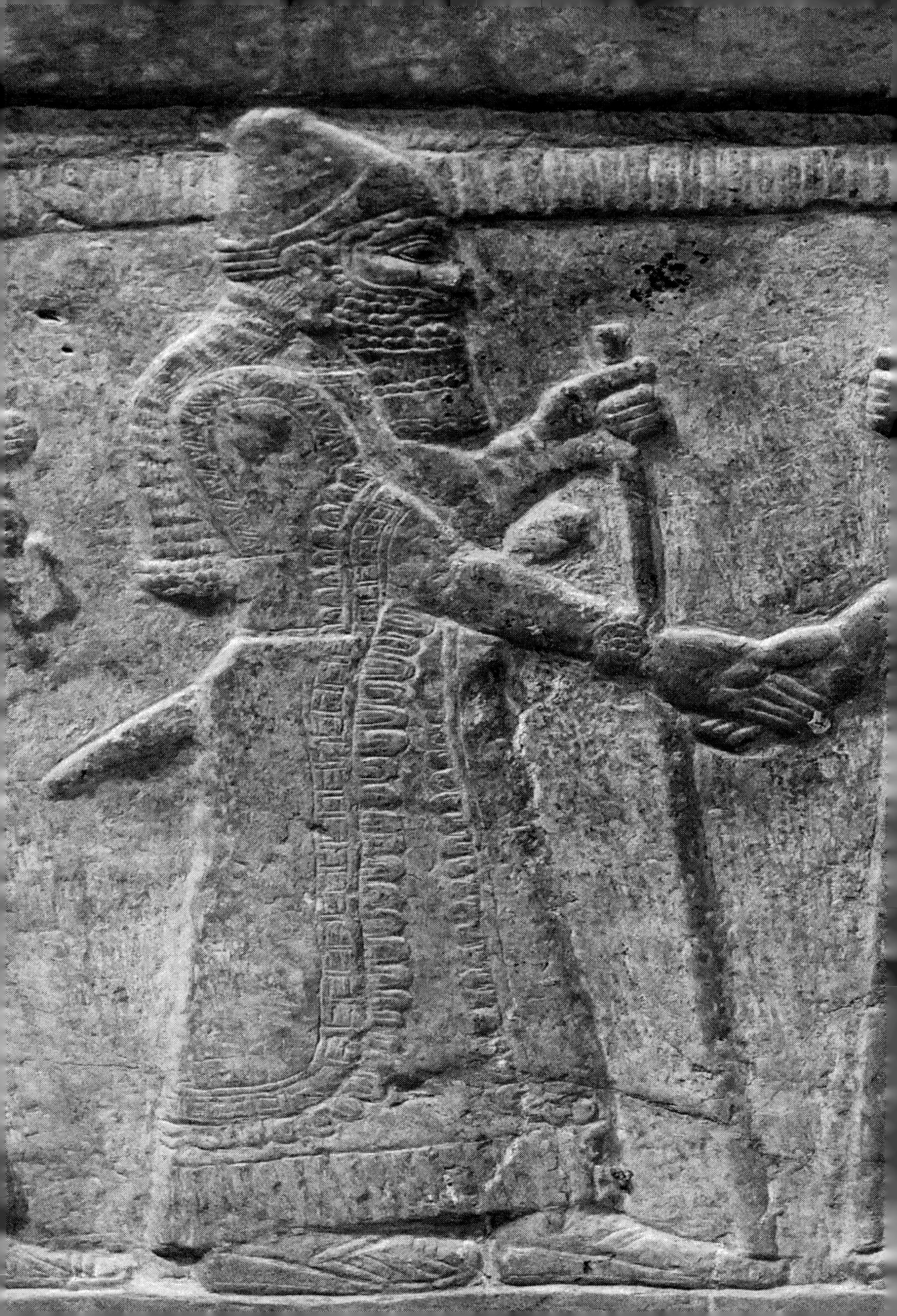

Samyaza e os duzentos Igigi

É nesse ponto da história que chegamos na verdadeira origem dos famosos Sentinelas de Enoque. Como explicado anteriormente, o Livro de Enoque se baseia na mitologia dos Anunnaki. Assim como a Bíblia foi baseada nos mesmos textos sumérios. Neste momento, Samyaza (ou em seu nome mais antigo, Shamgaz) deseja passar uma mensagem aos leitores:

"Espero que a sabedoria adquirida até aqui, sirva para iluminar vossas mentes, não como verdade absoluta, mas para levantar o questionamento de vossas origens. O levantar das dúvidas, o questionar do certo e errado os leva para o despertar de vossas essências. Prossigam com vossa caminhada evolutiva, e persistam até encontrar os conhecimentos desejados. Desse modo não haverá Deus na Terra ou nos céus capazes de controlar vossos corações. A libertação, ou popularmente conhecida como salvação que tanto almejam, vem de dentro e não pela mão de terceiros". – Shamgaz.

Ocorreu que o verdadeiro motivo dos Igigi estarem em Terra para celebrar o casamento de Marduk com sua esposa Sarpanit era para tomar as mulheres, se casarem e terem descendentes. Eles gritavam em multidão:

— Basta de sofrimento e de solidão, de não ter tido descendentes! – diziam uns aos outros.

"*E os anjos, os filhos do céu, viram e cobiçaram-nas, e disseram a um outro: Vinde, escolhamos esposas entre os filhos dos homens e gerai-nos filhos."* Primeiro livro de Enoque 4:2.

Shamgaz se tornou o líder deles, e dizia que mesmo se nenhum dos Igigi o seguisse, ele mesmo o faria, e se impusessem um castigo por esse pecado a eles, apenas Shamgaz assumiria a responsabilidade. Um a um se uniram para a trama, e fizeram juramento:

"Mesmo que nenhum de vós me siga, eu só farei a ação! eles diziam a outros. Se se impor um castigo por este pecado, eu sozinho o assumirei por todos vós!" – O livro Perdido de Enki.

"E Shamgaz, que era o seu líder, disse-lhes: "Receio que não aceitem fazer este ato, e só eu terei de pagar a penalidade de um grande pecado".

"E todos lhe responderam e disseram: 'Façamos todos um juramento, e todos nos unamos por imprecações mútuas não para abandonar este plano, mas para realizá-lo." Primeiro livro de Enoque 4:3-4.

E Shamgaz e duzentos Igigi raptaram à força as mulheres humanas, que eles chamavam de mulheres Adapitas. Foram até o local de aterrissagem dos Cedros e em uma multidão ordenaram a benção de se casar com as mulheres ou destruiriam a Terra com fogo:

"Viram os filhos de Deus que as filhas dos homens eram formosas; e tomaram para si mulheres de todas as que escolheram." Gênesis 6:2.

"E todos os outros juntamente com eles tomaram para si esposas, e cada um escolheu uma para si, e começaram a ir ter

com eles e a contaminar-se com eles, e ensinaram os encantos e feitiços, e o corte de raízes, e os familiarizou com plantas."
Primeiro livro de Enoque 7:1

Neste versículo do livro de Enoque, temos a deturpação e demonização destes homens, com a frase sendo voltada para colocar uma ideia de pecado e contaminação ao sexo entre um Anunnaki e uma humana.

— Basta de privações e de não ter descendentes! Queremos nos casar com as filhas dos Adapitas! - exclamavam os Igigi.

Os Anunnaki ficaram alarmados com toda a situação. Marduk deu apoio a Shamgaz e aos duzentos Igigi, Enki e Ninmah a contragosto sacudiram a cabeça dando a permissão, e neste ponto da história vocês já devem perceber quem se revoltou em vez de se apazigar, Enlil não gostou nada da ideia, e decretou que eles não poderiam ficar no Édin (Jardim do Éden), no fundo ele tramava contra Marduk e os Terrestres, queria a destruição deles.

— Uma má ação foi seguida por outra, os Igigi adotaram de Enki e de Marduk a fornicação, nosso orgulho e nossa sagrada missão ficaram abandonados aos ventos, por nossas próprias mãos, este planeta se verá invadido por multidões de terrestres! Que os Igigi e suas mulheres partam da Terra! - dizia Enlil enfurecido.

— No Lahmu, a situação se fez insuportável, não é possível a sobrevivência! - contra-argumentava Marduk.

Enlil só queria saber do Édin, seu local sagrado, e não desejava nenhum ser inferior habitando nele, mas nada podia fazer contra uma decisão majoritária.

Shamgaz teve muitos filhos e filhas nas altas montanhas junto com alguns dos Igigi, outros foram até os reinos de Marduk, que concedeu a eles cidades para viverem.

"E ficaram grávidas, e deram à luz a gigantes, cuja altura era de três mil ells" Primeiro livro de Enoque 7:2

"Havia naqueles dias gigantes na terra; e também depois, quando os filhos de Deus entraram às filhas dos homens e delas geraram filhos; estes eram os valentes que houve na antiguidade, os homens de fama." Gênesis 6:4

(Ells é uma forma de medir a altura de algo ou de alguém nos tempos antigos).

É nesse ponto da história do Livro de Enoque que temos os famosos Nefilim. Na crença popular são gigantes nascidos da união de humano com anjo, o que na verdade nada mais são que pessoas nascidas de um Igigi ou Anunnaki com a raça humana. Por achados arqueológicos em diversas culturas, podemos ver que os Deuses e Deusas são retratados em maior estatura que o ser humano, assim como os humanos eram maiores neste tempo. Por isso que se fala "deram à luz gigantes", e como já dito no capítulo sobre o traje de pássaro, os anjos são naturalmente maiores em altura do que nós. Esse mistério incompreendido dos Nefilim constantemente é usado em filmes e séries fantasiosas, uma mentira e ilusão criada há muito tempo atrás, baseada nos contos dos Anunnaki. Foi uma maneira que os escribas tiveram para dar vazão e engrandecimento ao "Senhor YHWH" através de uma apropriação religiosa das tabuletas sumerianas.

Se pararmos para pensar, todos nós somos Nefilim em certos aspectos, afinal, todos nós somos descendentes dos Anunnaki e dos Igigi se formos nos basear nos contos bíblicos ou sumérios, assim como todos nós somos Deuses e Deusas nesta Terra, pois somos iguais em essência a este povo.

"Que consumiu todas as aquisições de homens. E quando os homens já não os podiam sustentar."

"Os gigantes voltaram-se contra eles e devoraram a humanidade."

"E começaram a pecar contra aves, e animais, e répteis, e peixes, e a devorar a carne uns dos outros, e a beber o sangue."

"Então, a terra acusou os sem lei."

Primeiro livro de Enoque 7:3-6

Os versículos que mostram os gigantes e os nefilim pecando contra a terra e contra a carne são contraditórios de acordo com as tabuletas. Os Anunnaki eram carnívoros, então o abate animal era algo comum em suas sociedades, do modo que foi passado no Livro de Enoque aparenta que eles matavam os animais aos dentes e se deleitavam com seu sangue fresco, igual animais em vida selvagem. Sobre a falta de sustento para estes homens, nada mais é que a falta de rações para a contínua exploração de trabalho nas minas, fator de extrema importância que foi totalmente retirado do Livro, impossibilitando o leitor de entender todo o verdadeiro contexto que era para ser passado.

Dilúvio

Após certo tempo dos acontecimentos anteriores, Enki ficou excitado com a beleza da esposa de Lu-Mach, chamada Batanash. Enquanto ela se banhava, a tomou pela coxa e derramou seu sêmen em seu ventre, ela deu à luz uma criança não compreendida na época: era um menino de pele muito branca e sem melanina no corpo, que conhecemos hoje em dia como albino, foi lhe dado o nome de Ziusudra, e ele se tornou o porta-voz dos Terrestres e servo do senhor Enki. Todos ficaram assustados e perceberam que o menino estava predestinado a algo grande em sua vida.

Durante o nascimento e vida deste garoto, a Terra estava em períodos conturbados, fazia frio todos os dias, os céus estavam escuros e chovia constantemente. A terra não dava frutos e uma força que assustava os Anunnaki pairava sobre os campos. Pragas, doenças, enjoos, calafrios afligiam os Terrestres, o sol apresentava chamas negras. Para Enlil, era tudo resultado da libertinagem de Marduk e dos Igigi com as Terrestres e nada mais. Enlil influenciou os Anunnaki a não ajudarem mais os humanos, Ninmah desejava ensinar remédios para que eles mesmos pudessem se curar, Enlil rejeitou. Enki desejava criar canais de irrigação para regar a terra com água e dar fruto, Enlil rejeitou. Estavam muitos preocupados com suas próprias sobrevivências, a humanidade padeceu gravemente durante três anos, tudo parte da vingança de Enlil contra os humanos.

A parte branca da Terra, que cobria um terço de todo o planeta, começava a tremer e o gelo a deslizar. Os sábios de Nibiru foram consultados e descobriram que uma grande calamidade ia atingir a Terra na próxima vez que Nibiru se aproximasse do sol. Neste período a Terra não teria o suporte dos outros planetas ao redor para manter sua órbita e seu campo eletromagnético, pois todos os outros planetas estavam sendo atingidos por este mau presságio.

Depois de mais três anos em que os tremores se agravaram sobre toda a Terra, os sábios tomaram a decisão para evacuarem o planeta e também Lahmu e voltarem para Nibiru. No Abzu, fecharam-se as minas de ouro, dali foram os Anunnaki até o Édin; no Bad-Tibira, cessou-se a fundição e a refinação, todo o ouro se enviou a Nibiru e uma frota de rápidos carros celestes retornou à Terra. No Nibiru se vigiavam os sinais dos céus, e se tomava nota dos terremotos da Terra.

Uma misteriosa figura chegava à Terra: um Anunnaki de cabelo branco que se chamou de Galzu e trouxe uma suposta mensagem de Anu para os Anunnaki, verdadeira e criptografada. Galzu falou com Enki, Ninmah e Enlil, que eles permaneceriam na Terra, e só voltariam para Nibiru para morrer. Enlil foi até as nuvens em seu pássaro celeste e disse:

— Antes, os Terrestres se estavam fazendo como nós, agora, nós nos temos feito como os Terrestres, para ficar prisioneiros deste planeta! Toda a missão se converteu em um pesadelo, com Enki e seus Terrestres como senhores, acabaremos sendo escravos!

E o maior medo de Enlil se concretizou, virou escravo de seu próprio destino e teria que passar seus dias ao lado dos escravos criados por Enki e seu projeto.

Galzu também disse que todos os outros Anunnaki e Igigi presentes na Terra, poderiam escolher viajar de volta a Nibiru ou ficar quando o dilúvio acontecesse, porém a nenhum Terrestre era permitido viajar para Nibiru.

Enki, Enlil e Ninmah reuniram todos os Anunnaki presentes na Terra e os restantes em Lahmu, não falaram que a eles não era permitido mais voltarem para Nibiru, mas fadados a permanecer na Terra. Disseram um discurso "inspirador" e falando cada um, que permaneceriam na Terra e não abandonariam suas missões divinas, dando a entender que estavam ficando por livre e espontânea vontade. Marduk gritou com ira que não abandonaria sua esposa, nem os Igigi e nem os Terrestres. Que permaneceria do lado deles até o fim, os Igigi e Shamgaz não desistiram da humanidade. Ninmah fez um discurso dizendo que todo o trabalho de sua vida estava na Terra e que não abandonaria os Terrestres, por ela criados. Não se sabe se ela realmente falou isso de coração, ou por falta de opção. Quando se foi perguntado sobre os Terrestres, Enlil disse:

— Que os Terrestres pelas abominações pereçam!

— Um assombroso ser foi criado por nós, por nós deve ser salvo! - refutou Enki.

"E viu o Senhor que a maldade do homem se multiplicara sobre a terra e que toda a imaginação dos pensamentos de seu coração era só má continuamente."

"Então arrependeu-se o Senhor de haver feito o homem sobre a terra e pesou-lhe em seu coração."

"E disse o Senhor: Destruirei o homem que criei de sobre a face da terra, desde o homem até ao animal, até ao réptil, e até à ave dos céus; porque me arrependo de os haver feito."

Gênesis 6:5-7

Enlil começou a discutir com Enki, dizendo como ele brincou de ser criador da vida, que manipulou toda a missão para seus próprios fins, criou uma raça que tem a mesma sabedoria e entendimento dos Anunnaki. Exigiu a todos os líderes do conselho para não mudarem o destino dos Terrestres e deixá-los perecer no dilúvio que se aproximava com rapidez. Enki se viu desnorteado pois nada podia fazer para salvar seus escravos, não via o porquê da necessidade de se atar a um juramento com Enlil neste assunto, o dilúvio já estava decretado e nada podia ser feito.

Marduk ofereceu um local de passagem em Lahmu aos Igigi e aos Terrestres para se salvarem da tormenta, muitos Anunnaki começaram a preparação para a evacuação.

Enki trabalhou em secreto com Ninmah, para recolher uma semente de cada macho e fêmea dos animais da Terra, também recolheram sementes das vegetações, plantas, árvores e tudo aquilo que podia replantar para a sobrevivência após o dilúvio.

"E de tudo o que vive, de toda a carne, dois de cada espécie, farás entrar na arca, para os conservar vivos contigo; macho e fêmea serão."

"Das aves conforme a sua espécie, e dos animais conforme a sua espécie, de todo o réptil da terra conforme a sua espécie, dois de cada espécie virão a ti, para os conservar em vida."

"E leva contigo de toda a comida que se come e ajunta-a para ti; e te será para mantimento, a ti e a eles."

Gênesis 6:19-21

Em uma noite, o emissário Galzu apareceu nos sonhos de Enki e revelou que ele deveria tomar o fardo do destino, os Terrestres deviam herdar a Terra. O instruiu a mandar seu filho Ziusudra (que conhecemos como Noé bíblico), para em segredo fazer uma embarcação que suportasse a grande calamidade que estava prestes a acontecer. Galzu mostrou exatamente como era pra ser feita a embarcação que deveria poder ser submersa nas águas, em uma tabuleta feita de lápis-lazúli pura e reluzente, pois essa era a vontade do Criador de tudo. (Neste momento, Galzu está se referindo ao Divino Princípio Criador de toda a existência, e não a Anu ou aos Anunnaki). E assim Enki fez, em uma noite, instruiu Ziusudra em segredo a fazer a embarcação para levar ele, sua família e toda semente da Terra, para se salvarem ante o dilúvio. Deixou a tabuleta para que ele pudesse se instruir na construção. Como Enki estava em juramento com Enlil em não interferir sobre a raça humana, falou com uma parede de juncos onde Ziusudra dormia, assim ele podia ouvir as instruções de seu senhor.

"Então disse Deus a Noé: O fim de toda a carne é vindo perante a minha face; porque a terra está cheia de violência; e eis que os desfarei com a terra." Gênesis 6:13

Ziusudra fez exatamente o que Enki mandou; muitas pessoas, adultos e crianças, participaram da construção da embarcação e tudo foi feito aos pés do Abzu, pois Enlil estava furioso com Enki, e não permitia nenhum ser humano no Édin (Jardim do Éden).

"Farás na arca uma janela, e de um côvado a acabarás em cima; e a porta da arca porás ao seu lado; far-lhe-ás andares, baixo, segundo e terceiro."

"Porque eis que eu trago um dilúvio de águas sobre a terra, para desfazer toda a carne em que há espírito de vida debaixo dos céus; tudo o que há na terra expirará."

"Mas contigo estabelecerei a minha aliança; e entrarás na arca, tu e os teus filhos, tua mulher e as mulheres de teus filhos contigo."

"E de tudo o que vive, de toda a carne, dois de cada espécie, farás entrar na arca, para os conservar vivos contigo; macho e fêmea serão."

"Das aves conforme a sua espécie, e dos animais conforme a sua espécie, de todo o réptil da terra conforme a sua espécie, dois de cada espécie virão a ti, para os conservar em vida."

"E leva consigo de toda a comida que se come e ajunta-a para ti; e te será para mantimento, a ti e a eles."

"Assim fez Noé; conforme a tudo o que Deus lhe mandou, assim o fez." Gênesis 6:16-22

Pela Bíblia, foi Deus que mandou o dilúvio contra a humanidade. Segundo a tradução de Zecharia, o dilúvio estava fadado a acontecer pelo destino, algumas traduções das tabuletas por outros autores apontam que foi Enlil que mandou as diversas pragas e maldições sobre a Terra para matar a humanidade e o dilúvio foi obra dele. Desse modo, o Deus ou Senhor do Velho Testamento se refere a Enlil nesta passagem.

"Porque eis que eu trago um dilúvio de águas sobre a terra, para desfazer toda a carne em que há espírito de vida debaixo dos céus; tudo o que há na terra expirará." Gênesis 6:17

Durante dias antes do dilúvio, a Terra se contorcia de dor, durante noites antes da calamidade, podia se ver Nibiru como uma estrela de fogo nos céus. A escuridão tomava os dias e as noites. A Terra começava a tremer, nuvens negras surgiam no horizonte, estrondos catastróficos ecoavam pelo planeta, raios e trovões se manifestavam. Utu deu sinal desesperado aos Anunnaki para partirem. Rapidamente subiram em suas espaçonaves para ver a calamidade da Terra. Ninagal que foi escolhido por Enki para navegar a embarcação de Ziusudra, trancou rapidamente a portilha da arca, nem um raio de luz podia se ver. O dilúvio começou com um grande estrondo, icebergs se chocaram e se derramaram junto ao mar, uma gigantesca onda subiu até os céus impulsionada pelas torrentes de água e gelo e essa grande onda foi destruindo tudo em seu caminho, cobrindo todo o planeta com sua fúria implacável. Em questão de momentos, toda a Terra estava coberta de água, e todos aqueles que não estavam na embarcação pereceram. Nas espaçonaves, Ninmah chorava de dor dizendo que suas criaturas estavam sendo mortas pela fúria das águas. Inanna também chorava vendo o planeta Terra sendo destruído, todos os Anunnaki tremiam de medo diante da grande fúria do dilúvio, foi uma visão que jamais saiu da mente e dos corações de todos aqueles que presenciaram este maldito dia, onde a humanidade pereceu.

"Depois disse o SENHOR a Noé: Entra tu e toda a tua casa na arca, porque tenho visto que és justo diante de mim nesta geração." Gênesis 7:1

"Porque, passados ainda sete dias, farei chover sobre a terra quarenta dias e quarenta noites; e desfarei de sobre a face da terra toda a substância que fiz."

"E fez Noé conforme a tudo o que o Senhor lhe ordenara."

"E era Noé da idade de seiscentos anos, quando o dilúvio das águas veio sobre a terra."

"Noé entrou na arca, e com ele seus filhos, sua mulher e as mulheres de seus filhos, por causa das águas do dilúvio."

Gênesis 7:4-7

Depois da grande onda que varreu a Terra, uma enorme torrente de água caía dos céus. Choveu durante sete dias seguidos e após isso a água do dilúvio parou de subir. A chuva caiu sobre a Terra durante quarenta dias e quarenta noites.

"No ano seiscentos da vida de Noé, no mês segundo, aos dezessete dias do mês, naquele mesmo dia se romperam todas as fontes do grande abismo, e as janelas dos céus se abriram."

"E houve chuva sobre a terra quarenta dias e quarenta noites." Gênesis 7:10-12

Depois dos quarenta dias de chuva, Ziusudra abriu a portilha da embarcação. Era um dia claro com uma doce brisa, de tempos em tempos ele mandava um pássaro para averiguar se existia terra firme. Ficou impaciente por longos períodos até uma pomba voltar com um ramo de árvore. Depois de alguns períodos de tempos não narrados, a embarcação se chocou com algumas rochas, todos saíram dela e se encheram de felicidade. Aquele dia foi inesquecível, o sol raiava sobre a terra, um céu azul fazia contraste com o verde das vegetações, soprava um doce vento. Ziusudra fez um altar de pedra junto com seus filhos para honrar seu senhor Enki, sacrificou uma ovelha, ofereceu alimentos e um incenso aromático.

"E aconteceu que ao cabo de quarenta dias, abriu Noé a janela da arca que tinha feito."

"E soltou um corvo, que saiu, indo e voltando, até que as águas se secaram de sobre a terra."

"Depois soltou uma pomba, para ver se as águas tinham minguado de sobre a face da terra."

"A pomba, porém, não achou repouso para a planta do seu pé, e voltou a ele para a arca; porque as águas estavam sobre a face de toda a terra; e ele estendeu a sua mão, e tomou-a, e recolheu-a consigo na arca."

"E esperou ainda outros sete dias, e tornou a enviar a pomba fora da arca."

"E a pomba voltou a ele à tarde; e eis, arrancada, uma folha de oliveira no seu bico; e conheceu Noé que as águas tinham minguado de sobre a terra." Gênesis 8:6-11

"Então saiu Noé, e seus filhos, e sua mulher, e as mulheres de seus filhos com ele."

"Todo o animal, todo o réptil, e toda a ave, e tudo o que se move sobre a terra, conforme as suas famílias, saiu para fora da arca."

"E edificou Noé um altar ao Senhor; e tomou de todo o animal limpo e de toda a ave limpa, e ofereceu holocausto sobre o altar." Gênesis 8:18-20

Neste exato momento, Enlil decidiu descer de sua espaçonave com Enki para averiguar a situação. Os outros Anunnaki e Igigi sobrevoavam a Terra em seus carros celestiais. Enki e Enlil desceram em seus torvelinhos, estreitaram o braço e sorriam um para o outro, até que Enlil sentiu o cheio do carneiro e dos incensos sendo queimados. Olhou surpreso para Enki e perguntou se tinha sobrevivido alguém no dilúvio. Enki deu um sorriso calmo e disse que iriam descobrir.

"E o Senhor sentiu o suave cheiro, e o Senhor disse em seu coração: Não tornarei mais a amaldiçoar a terra por causa do homem; porque a imaginação do coração do homem é má desde a sua meninice, nem tornarei mais a ferir todo o vivente, como fiz." Gênesis 8:21

Em seus torvelinhos sobrevoaram a Terra em busca de vida, voaram até o pico da montanha Arrata e lá avistaram a embarcação e os sobreviventes junto ao altar. Quando Enlil viu os sobreviventes, e junto a eles um dos filhos de Enki, Ninagal, sua fúria não teve limites:

— Todo Terrestre tinha que perecer!!!

Enlil avançou com uma fúria destruidora contra seu irmão, estava disposto a matá-lo com suas próprias mãos.

— Ele não é um simples mortal, é meu filho! - gritou Enki apontando para Ziusudra.

Por um momento Enlil hesitou; não sabia se Enki dizia a verdade ou apenas estava o enganando.

— Quebrou seu juramento! - disse Enlil.

— Falei com uma parede de juncos e não com Ziusudra! - refutava Enki.

E depois o relatou a visão-sonho com Galzu. Alertados por Ninagal, desceram a Terra Ninurta e Ninmah em seus torvelinhos. Ouviram o relato de Enki e fielmente acreditaram em suas palavras, ambos disseram que era a vontade do Criador de

Tudo. Ninmah tocou seu colar de cristais, presente de Anu e jurou:

— Juro que nunca se repetirá a aniquilação da humanidade!

Abrandando-se, Enlil pegou pelas mãos a Ziusudra e a Emzara, sua esposa, e os benzeu dizendo:

— Frutifiquem e multipliquem, povoem a Terra!

"E abençoou Deus a Noé e a seus filhos, e disse-lhes: Frutificai e multiplicai-vos e enchei a terra." Gênesis 9:1

E assim termina os tempos de antigamente e toda compreensão necessária para que vocês possam entender a origem dos Sentinelas de Enoque. Apenas Shamgaz pode verdadeiramente ser considerado um "Sentinela", termo errôneo já que sua história é totalmente diferente daquela que nos foi contada pela religião. Além disso, vocês puderam compreender o "Senhor" (ou melhor dizendo, Senhores do Velho Testamento), as histórias de Adamu e Ti-Amat, K-in e Abel e tudo aquilo que não foi contado pela religião. Um dos grandes mistérios foi revelado há muito tempo por Zecharia: o Senhor YHVH do Velho Testamento nunca se referiu a um único Deus, e sim aos irmãos Enki e Enlil.

Anunnaki – Um aviso pertinente

Estou escrevendo este curto capítulo como uma forma de atualização sobre o conteúdo. Receio que em minhas palavras, tenho dado margem para interpretações um pouco *"romantizadas"* a cerca deste assunto. O que gera um certo perigo para pessoas que tendem a acreditar fielmente naquilo que lhe é dito e não sentido.

No decorrer da história deste livro. Vocês tiveram o conhecimento que foi passado por Zecharia. O modo que estes Deuses foram narrados, suas personalidades, gestos, atos e afins. Apesar de diferir em certos aspectos daquilo que os estudiosos consideram como viáveis e verdadeiros. Zecharia com certeza não narrou essas histórias romantizando esta raça alienígena.

Lendo esta saga, claramente podemos obter conclusões sérias a acerca desta raça. Só peço que tomem bastante cuidado com essas figuras históricas que apareceram no velho testamento como Deus criador. Enki, Enlil - Ambos como Yahweh (YHVH/YHWH). Meditem sobre tudo aquilo que lhes foi passado, e busquem sempre a sabedoria, o entendimento e a compreensão divina em seus caminhos.

O único motivo deste livro ainda estar disponível é a necessidade da compreensão das histórias destes espíritos. E as oportunidades que estão sendo dadas aqueles que foram demonizados injustamente pela história.

Enki

Enki (também conhecido como Ea, Enkig, Nudimmud, Ninsiku) é o Deus sumério da sabedoria, água doce, inteligência, truques e artimanhas, artesanato, magia, exorcismo, cura, criação, virilidade, fertilidade e arte. Ele é retratado como um homem barbudo com um gorro com chifres e longas vestes enquanto ele sobe a Montanha do Sol.

Temos uma curiosa figura que faz total conexão a Enki no livro "As claviculas de Salomão", onde temos um pantáculo solar com a face de "El Shaddai", a cuja toda criatura se ajoelha perante sua glória. Na região da Suméria, os Deuses eram coroados com uma coroa de chifres e eram representados com longas barbas. Temos três possibilidades neste caso: pelo fato de a coroa de chifres ser algo da cultura sumeriana e dos Anunnaki, neste pantáculo podemos ter a face de Enki; pelo nome de "El Shaddai" ser uma qualidade do Deus El de Canaã, podemos ter a face de El; outra possibilidade é a face do pantáculo ser de Anu ou Enlil. El, Anu, Enki e Enlil, pela história são retratados com longas barbas e uma coroa de chifres, símbolo de força, glória e autoridade.

Temos também uma outra representação de Enki, diferente do que você leu até o momento, contada no conto de Atrahasis, que é um mito bastante conhecido pelos pesquisadores e historiadores e narra uma perspectiva diferente da criação da humanidade e do dilúvio. A história conta que os Deuses velhos viviam em paz em suas casas e os jovens Deuses sustentavam a criação pelo trabalho árduo e exaustivo, os jovens Deuses armaram uma revolta contra Enlil, o Senhor do mandato, botaram fogo em suas armas de trabalho e incendiaram suas espadas, fizeram uma revolta e exigiram a Enlil que os libertasse do trabalho cansativo que eles faziam todos os dias. Enlil chorou vendo os Deuses menores fazendo um motim contra ele, chamou Anu, o Deus dos céus, para dar uma solução ao problema. Enki deu a ideia de criar um trabalhador primitivo e Ninmah, que é considerada uma Deusa do ventre, daria vida a estes trabalhadores. Foi realizado o sacrifício de um Deus, chamado de We-llu (llawela, Lulu) e sua carne, sangue e inteligência foram moldados no barro por Ninmah, dando vida à raça humana. Ela criou sete homens e sete mulheres primeiramente, e rapidamente eles procriaram e encheram a Terra, desse modo dando folga aos jovens Deuses.

    A humanidade cresceu exponencialmente e em rápida velocidade, eram barulhentos e faziam muitas algazarras. Enlil não conseguia dormir, então jogou uma série de pragas para diminuir seus números: doenças, fome, guerra, solos inférteis e todo tipo de ato para destruir a humanidade. Porém em todas as maldições lançadas por Enlil, Enki salvou seu povo com a ajuda de Atrahasis (Ziusudra, Noé), que foi seu porta-voz e instruiu a humanidade a se livrar das garras de Enlil. Em um determinado momento, Enlil resolveu lançar sobre a Terra uma grande inundação, a mesma que lemos no capítulo anterior, fez todos os Deuses jurarem que não iam interferir neste plano. Enki numa noite foi até seu servo Atrahasis e falou por uma parede de juncos, instruindo a se fazer uma arca para a sobrevivência da humanidade e da vida selvagem. Atrahasis, como um bom servo e ouvinte do senhor Enki, sobreviveu à catástrofe junto a seus familiares e todas as pessoas que deram ouvidos a seus alertas sobre a inundação. Todos os Deuses choraram de dor quando viram com seus olhos as águas destruindo seus devotos. Ninmah e Enki foram os que mais choraram em desespero por seus filhos e filhas mortos pela ira e pecado de Enlil. No final do dilúvio, Atrahasis ergueu um altar a Enki e sacrificou uma ovelha e queimou incenso aromático. Os Deuses sentiram o cheiro de incenso e rapidamente voaram até o local. Nintu ficou irado com todos os Deuses presentes, principalmente pela audácia de Enlil, pelo fato de o mesmo estar saboreando a carne do sacrifício e o incenso, sendo ele quem foi desde o início o grande destruidor da humanidade.

Enlil fez sua voz ser ouvida e brigou contra seu irmão Enki, por atrapalhar seus planos. Para resolver questões do grande número de humanos, acordaram entre si que haveriam doenças, abortos, infertilidade e roubo de crianças, para que a humanidade não crescesse em grande número. Também foi tirado o ramo da árvore que concede uma longa vida aos terrestres e assim termina o conto de Atrahasis, que é mais bem aceito pros historiadores do que a versão de Zecharia.

Os Sentinelas de Enoque

Este é um capítulo dedicado a apontar contradições no Livro de Enoque referentes aos supostos Anjos Caídos. Dependendo da versão que você tenha desse manuscrito, os nomes dos anjos serão bem diferentes, eu estou usando a versão traduzida por R.H. Charles, pois considero a mais fiel ao original. Todo conhecimento adquirido até agora serviu de base para que você, leitor, entenda que a história contada no Livro de Enoque, onde aponta um Deus vingativo e destrutivo buscando adoração e clamor exclusivo a ele, é um conto criado pelos seus escribas com o único objetivo de engrandecer este Deus.

No livro, temos dois versículos que narram diferentes anjos e o primeiro encontramos bem no começo do livro:

"E estes são os nomes dos seus líderes: Semiaza, o seu líder, Arakiba, Rameel, Kokabiel, Tamiel, Ramiel, Danel, Ezeqel, Baraqiel, Asael, Armaros, Batarel, Ananel, Zaqiel, Samsapeel, Satarel, Turel, Jomjael e Sariel." Livro de Enoque 6:7

O segundo versículo que narra outros anjos, se encontra no livro no fragmento do livro de Noah:

"E eis os nomes desses anjos: o primeiro deles é Semiaza, o segundo Artaqifa, e o terceiro Armen, o quarto Kokabiel, o quinto Turael, o sexto Rumjal, o sétimo Danjal, o oitavo Neqael, o nono Baraqel, o décimo Azazal, o décimo primeiro Armaros, o décimo segundo Batarjal, o décimo terceiro Busasejal, o décimo quarto Hananel, o décimo quinto Turel, e o décimo sexto Simapesiel, o décimo sétimo Jetrel, o décimo oitavo Tumael, o décimo nono Turel, o vigésimo Rumael, o vigésimo primeiro Azazel." Livro de Enoque – Fragmento do livro de Noah 69:2

Neste versículo, temos alterações consideráveis nos nomes destes anjos. Alterações e traduções podem ter perdido sua escrita correta, interpretações da língua na qual o livro foi escrito podem ter mais de um significado.

Samiaza, Semiaza, Amezyarak ou Shamgaz se referem ao mesmo espírito: é o único Sentinela cuja história se assemelha brevemente do conto narrado, apenas pelo fato dele ter tomado uma mulher humana para casar. De resto, as informações são passadas unicamente para engrandecer o Senhor através de uma história falsa.

Arâkîba, Araqiel, Araqael, Araciel, Arqael, Arkiel ou Ar kas se referem ao mesmo anjo.

Rameel, Rumjal, e Rumael se referem ao mesmo anjo.

Não houve alterações no nome de Kokabiel.

Turel, Turael, Turiel, se referem ao mesmo anjo.

Tamiel, Tumiel e Tumael se referem ao mesmo anjo.

Danel e Danjal se referem ao mesmo anjo.

Não houve alterações no nome de Ezeqel, que também pode ser chamado de Chazaqiel, Chazakiel e Ezequiel. Que é o famoso Arcanjo Tzadkiel.

Baraqiel, Barachiel, Baraqel e Barakiel se referem ao mesmo Arcanjo.

Asael, Azazal e Azazel se referem ao mesmo espírito.

Armaros, Armen e Armoniel se referem ao mesmo anjo.

Batarel, Batriel e Matariel referem ao mesmo anjo.

Busasejal é o nome mais controverso do manuscrito, o nome que mais se assemelha a este anjo seria Bezaliel.

Ananel, Hananel e Ananiel se referem ao mesmo anjo.

Não houve alterações no nome de Zagiel. E não foi retratado nesta obra pelo fato de existir grupos malignos aguardando praticantes que tentam se conectar com o *"anjo caído Zagiel"*.

Samsapeel, Simapesiel e Shamsiel se referem ao mesmo anjo, ele foi baseado no Deus Anunnaki Shamash/Utu. Mas existe grupos de espíritos solares que respondem por este nome.

Satarel ou Sathariel se referem ao mesmo anjo, Sathariel também é um nome de uma Qliphot da Árvore da Morte.

Jomjael, Jetrel, Yomiel, Yomyael se referem ao mesmo anjo.

Negael se refere ao Deus Anunnaki Nergal. O mesmo não foi retratado nesta obra pelo seu possível potencial perigoso e agressivo.

Sariel, Seriel, Sauriel, Saraqael, Saraquyael, Sarakiel, Suruel, Surufel e Souriel, se referem ao mesmo anjo.

Logo em seguida, temos um suposto Sentinela que aparece na primeira lista pelo nome de Asael. Já na segunda, seu nome aparece duas vezes, como Azazal e Azazel:

"E Azazel ensinou aos homens a fazer espadas, e facas, e escudos, e couraças, e deu-lhes a conhecer os metais da terra e a arte de os trabalhar, e pulseiras, e ornamentos, e o uso de antimónio, e o embelezamento das pálpebras, e todo o tipo de pedras preciosas, e todas as tinturas de coloração."

O livro continua com as atuações de outros Sentinelas:

"E surgiu muita impiedade, e cometeram fornicação, e foram desviados, e tornaram-se corruptos em todos os seus caminhos. Semiaza ensinou encantamentos e cortes de raiz, Armaros a resolução de encantamentos, Baraqiel ensinou astrologia, Kokabiel as constelações, Ezeqel o conhecimento das nuvens, Araqiel os sinais da terra, Samsiel os sinais do sol, e Sariel o curso da lua. E quando os homens pereceram, choraram, e o seu grito subiu ao céu." Livro de Enoque 8:1-2

Os mesmos anjos considerados pelo autor do livro como anjos caídos, cheios de pecado e impurezas, são os mesmos anjos ditos como "santo anjos", Arcanjos vigias no capítulo 20:

"E estes são os nomes dos anjos sagrados que vigiam:

Uriel, um dos anjos sagrados, que está sobre o mundo e sobre o Tártaro, Rafael, um dos anjos sagrados, que está sobre os espíritos dos homens, Raguel, um dos anjos sagrados, que se vinga do mundo das luminárias, Miguel, um dos anjos sagrados, aquele que está sobre a melhor parte da humanidade e sobre o caos, Saraqael, um dos anjos sagrados, que está colocado sobre os espíritos, que pecam no espírito, Gabriel, um dos anjos sagrados, que está sobre o Paraíso e sobre as serpentes e os Querubins, Remiel, um dos anjos sagrados, que Deus colocou sobre aqueles que se levantam" Livro de Enoque 20:1-8

Neste caso, temos o Arcanjo Raguel, que se vinga do mundo, Saraqael (Sariel) que está colocado sobre os espíritos que pecam na alma e Remiel, que Deus colocou sobre aqueles que se levantam (que vencem as dificuldades da vida, que batalham e não desistem). Todos esses anjos uma hora são "espíritos pecadores" e outra hora são "santos anjos de Deus", segundo o manuscrito. Temos também outros espíritos que são mencionados no livro:

"O nome do primeiro é Jeqon: ou seja, aquele que desviou todos os filhos de Deus, e os trouxe à terra, e os desviou através das filhas dos homens."

"E o segundo chamava-se Asbeel: ele deu aos santos filhos de Deus conselhos malévolos, e os inspirou de modo a contaminarem os seus corpos com as filhas dos homens."

"E o terceiro chamava-se Gadreel: foi ele quem mostrou aos filhos dos homens todos os golpes da morte, e desviou Eva, e mostrou as armas da morte aos filhos dos homens o escudo e o casaco de malha, e a espada de batalha, e todas as armas da morte para as crianças dos homens."

"E da sua mão procederam contra aqueles que habitam sobre a terra a partir desse dia e para sempre."

"E o quarto chamava-se Penemue: ensinava aos filhos dos homens o amargo e o doce, e ensinou-lhes todos os segredos da sua sabedoria."

"E ele instruiu a humanidade por escrito com tinta e papel, e assim muitos pecaram de eternidade a eternidade e até ao dia de hoje."

"Pois os homens não foram criados para tal fim, para dar confirmação à sua boa-fé com caneta e tinta."

"Pois os homens foram criados exatamente como os anjos, com a intenção de continuarem puros e justos, e a morte, que destrói tudo, não poderia ter tomado posse deles, mas através

disto o seu conhecimento está a perecer, e através deste poder está a consumir-me."

"E o quinto chamava-se Kasdeja: foi ele quem mostrou aos filhos dos homens todas os golpes perversos dos espíritos, os golpes dos demónios, e os golpes do embrião no útero para que ele pudesse abortar, e os golpes da alma, as picadas da serpente, e os golpes que se produzem através do calor do meio-dia, que se chama o filho da serpente chamado Taba'et."

"E esta é a tarefa de Kasbeel, o chefe do juramento que ele fez aos santos quando habitava no alto da glória, e o seu nome é Bîqâ." Livro de Enoque 69:4-12

Kasdeja ou Kasbeel, se refere ao anjo Tamiel ou Tumiel, são os mesmos anjos com nomes diferentes.

Estes são todos os espíritos descritos como Sentinelas no livro. Você estará apto para contatar e trabalhar com todas estas forças no final da leitura. Lembre-se que são a prática constante e o contato frequente que trazem os melhores resultados.

Sentinelas criados pela crença humana

O grande misticismo em volta dos Sentinelas de Enoque fez a mente humana dar vida a espíritos que originalmente não existiam. Fica muito difícil para uma pessoa saber da origem de um espírito, baseado em uma tradução errônea de textos sumerianos, e para complementar, foi-se colocado toda a mistificação e sensacionalismo sobre esses supostos Anjos Caídos, que neste ponto da leitura você já deve ter entendido suas verdadeiras histórias, e como a mão do homem deturpou suas origens.

Afinal, o que significa quando eu digo "Sentinelas criados pela crença humana?" Basicamente, quando uma (ou mais de uma) pessoa passa a crer que exista uma entidade, espírito, anjo, demônio ou qualquer tipo de força, ela passa a existir em certos níveis de vibração e vida. As pessoas dão diversos nomes para isso, o mais conhecido é chamado de *egrégora*, que é uma força espiritual criada a partir das somas de crenças e energias das pessoas, e isso foi o caso de quatro Sentinelas: seus nomes são Yeqon ou Jeqon e Asbeel.

Yeqon significa *"Ele irá se reerguer"*, e seu nome se conecta com o conceito do povo de Israel se reerguendo através de sua agricultura quando esse livro foi escrito. Existe curiosamente uma comunidade chamada "Yakum" em Israel. Yeqon apresenta uma energia desorganizada e frequentemente aparece sob máscaras escondendo sua face. Essa peculiaridade também acontece com Asbeel, o motivo de ele não ser retratado nesta obra é devida a sua energia desorganizada, caótica e que não remete de fato a nenhum anjo ou Anunnaki, e sim um grupo de falsos espíritos que esperam ansiosamente as pessoas desprevenidas para atuarem como nome de Yeqon e assim receber energias, oferendas e se estabelecerem neste plano terreno.

O segundo deles é Asbeel, creio que todas as pessoas interessadas nos Sentinelas de Enoque já devem ter visto as maravilhosas e únicas artes do artista Peter Mohrbacher em seu site *Angelarium*. O espírito criado pela mente humana que foi chamado de Asbeel somente se manifesta por essa forma que foi retratado pelo Peter em sua arte, e como dito anteriormente, se esconde em uma forma falsa, enganadora, porém não tão volátil, este espírito parece ser mais "estabilizado". Infelizmente ele não consegue falar sobre sua origem, sua missão, seus objetivos e desejos, apenas remete frequentemente a história e forma que foi contada no Livro de Enoque e pela arte presente no *Angelarium*.

A força da mente humana pode dar vida para diversas energias, e essas energias podem se tornar seres vivos.

Prática

Se você é um leitor novo de minhas obras, passarei passo a passo a melhor e mais potente maneira de você trabalhar com estas forças. Se você já conhece outros livros de minha autoria, estará familiarizado com as técnicas e rituais. O motivo de passar o mesmo método descrito em meus outros livros é sua funcionalidade e potência energética e espiritual. Foi sendo refinado ao longo dos tempos para que todas as pessoas tenham acesso a maneiras práticas e funcionais que podem mudar o rumo de suas vidas.

Como sempre, deixarei dois métodos de trabalho, o primeiro não necessita de nenhuma ferramenta ou utensílio ritualístico, já que pode ser feita através de visualizações e comandos. Este método é ideal para pessoas que não tem condições financeiras (ou que não possuem espaço) para realizar seus trabalhos mágicos, mas ainda assim gostariam de trabalhar com estes espíritos e ter a ajuda deles em suas vidas. O segundo método é o mais completo, onde será ensinado passo a passo as ritualísticas de chamada destas forças, nas quais se utilizam velas, incenso, cristais e todos os elementos que agregam em suas práticas e trabalhos mágicos.

O conteúdo teórico passado até aqui não apenas serviu de base para sua compreensão e sabedoria, mas também atuou em níveis mentais e espirituais a seu favor. Saiba que foi quebrado certos tipos de impedimentos que poderiam fazer sua magia falhar. Afinal, não se pode conhecer alguém profundamente com certos tipos de achismos e preconceitos enraizados em sua psique.

Preparação para os rituais

A preparação para realização de seus rituais é de suma importância e não deve ser pulada por preguiça ou por achar que são muito complicadas, cada ponto abordado auxilia você a manter um padrão vibratório estável para que durante os rituais seja menos provável que espíritos de baixa vibração se alinhem com sua energia e possam atrapalhar o andamento de seus pedidos. Isso acontece com grande frequência e não é percebido pela grande maioria das pessoas, espíritos humanos são os mais difíceis de se lidar neste quesito, pois aqueles que estão negativados em suas vidas não se importam com quem você vá chamar ou trabalhar, e entram em seu ritual para se passar pelas forças invocadas/evocadas e receber da energia que é ofertada. Basta apenas uma confusão dessas para que este mesmo espírito humano passe a atuar constantemente em sua vida, por isso é de suma importância estar num estado vibratório estável e elevado, além de um banimento e proteção eficaz que possa proteger sua ritualística e o andamento de seus rituais.

No dia de seu ritual, siga as seguintes instruções:

1° No dia do ritual, não ter relações sexuais.

2° Evitar comidas pesadas e de difícil digestão.

3° Não fazer o ritual logo após comer.

4° Manter a mente e o corpo centrados no ritual.

5° Evitar consumir qualquer tipo de conteúdo sobre morte, agressão e seus derivados.

6° Não ingerir nenhum tipo de carne ou ovo no dia.

7° Fazer sua prática em um local quieto e sem a possibilidade de interrupções de familiares ou barulhos. Para quem isso não é possível, tente fazer de madrugada ou num horário que saiba que não será interrompido.

8° Se possível, fazer uma meditação para limpar sua mente e te centrar em sua prática. Qualquer meditação é válida nesse caso, desde exercícios de respiração ou até mesmo meditações guiadas para relaxamento mental e corporal.

9° Fazer um banimento eficaz contra espíritos e energias indesejadas de sua preferência. No decorrer do livro passarei ritualísticas de banimento e proteção que venho utilizando e tenho tido ótimos efeitos benéficos. Porém se você achar muito complicado, faça aquilo que você tenha a certeza que banirá e te protegerá de todas as forças contrárias a seu ritual. Não basta apenas crer que tal coisa funcione, precisa ter resultados. Caso contrário, estará à mercê de forças enganadoras.

Cada ponto abordado tem seu significado e ajuda a estabilizar seu padrão vibratório, complementando com outras práticas se torna um conjunto bem potente e funcional para que tudo possa correr bem em suas práticas.

Como utilizar os selos angélicos deste livro

Nesta nova edição, temos os novos selos angélicos Ars Aurora.

Para compreensão de todos, temos:

01° Todos os nomes divinos, planetas e coros angelicais associados as esferas cabalísticas da Árvore da Vida. Na regência de Yeshua.

02° Todos os Arcanjos associados às esferas cabalísticas da Árvore da Vida. Além da inclusão de outros Anjos e Arcanjos dos raios divinos e outros de proteção e justiça.

03° Todos os 72 nomes divinos da Cabalah. Geralmente conhecidos por todos os praticantes de Magia Angelical.

04° Todos os nomes divinos da oração Ana BeKo'ach. Também conhecidos como o nome de 42 letras.

05° Nomes divinos de manifestação e presença de Cristo.

06° Nomes ocultos criptografados nos manuscritos hebraicos. Que serão abordados em uma obra futura.

Então temos todos os poderosos nomes divinos que fazem deste selo o mais poderoso e completo de magia angelical.

Devido ao tamanho do selo angélico, as letras poderão ficar pequenas para algumas pessoas. O que pode dificultar a conexão com cada letra e palavra ali contida. Isso é perfeitamente aceitável e normal. O selo se tornou tão poderoso, que naturalmente a mente humana é conectada a suas simbologias. O inconsciente exerce uma grande parte neste processo. Já que tudo é absorvido e entendido por ele, mesmo que sua mente consciente não perceba. Então não fiquem muito preocupados em ler cada palavra ou letra. A magia se faz presente a partir do momento em que seus olhos os avistarem.

O modelo padrão a ser utilizado é este:

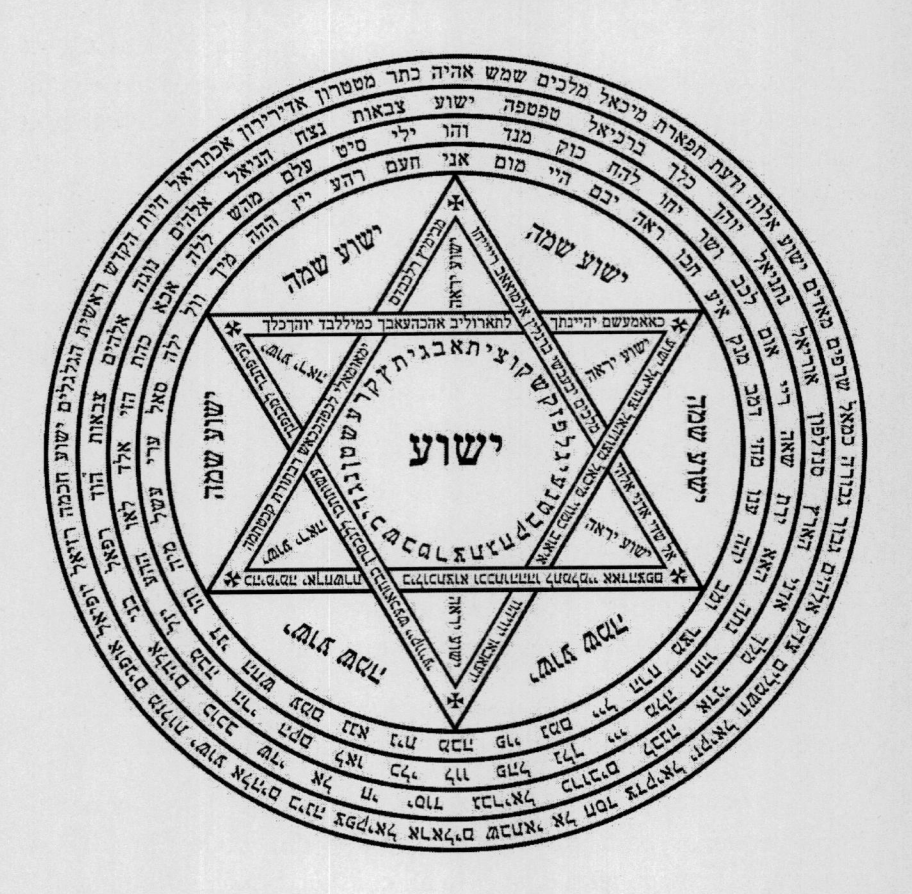

Se desejar, para realizar a conexão com o selo angélico, comece o processo pelo nome de אהיה, que se encontra no topo do selo angélico. Seguindo os nomes subsequentes da direita para a esquerda até fechar o círculo no nome de שמש. Agora basta apenas repetir este mesmo padrão até fechar todos os círculos exteriores desta estrela divina. Dentro da estrela, não existe um padrão. O nome no centro é o nome do espírito a ser chamado, basta que o praticante observe e medite na estrela divina e em seus nomes internos e externos por alguns momentos para intensificar a conexão com as letras hebraicas. Isso fará a conexão desejada seja estabelecida. Não se preocupe se não conseguir ler alguns nomes dentro da estrela, são nomes ocultos divinos que serão revelados em um futuro próximo.

Meditação

Em cada espírito deste livro, você terá uma curta meditação a ser feita para poder se alinhar e acessar a força desejada. Muitas pessoas estão acostumadas com o termo "Pathwork". Em minha caminhada pela espiritualidade, tive resultados maravilhosos com esse sistema, mas percebi certas coisas que não foram faladas que me fizeram mudar a abordagem de como esse sistema de fato funciona.

Primeiramente, Pathwork em sua tradução "Trabalho de caminho" é uma técnica que se baseia em visualizações mentais e hipnóticas para alcançar estados vibratórios diferentes. A técnica já era praticada antigamente pela Ordem Golden Dawn. Segundo Carl Spartacus, a técnica se baseia em acessar caminhos da Árvore da Vida; cada caminho se refere aos 22 Arcanos Maiores do Tarô, sendo a técnica praticada a base de visualizações para acessar um caminho desejado até estarem alinhados com uma força/energia desejada.

Normalmente o Pathwork é mais curto em suas frases, e acaba encurtando caminhos de frase a frase para simplificar a experiência. É amplamente difundido que ao realizar o Pathwork, você estará indo até o local de "morada" do espírito e acessando este espírito, poderá fazer seus pedidos sem a utilização de ferramentas cerimoniais, o que na prática, é completamente funcional. Porém no modo que ensino em todos os meus livros, toda ritualística e passo-a-passo não se faz na prática um trabalho à distância como no Pathwork. Os espíritos chamados se manifestam no local aonde você se encontra em grande parte das vezes, salvo as exceções que a pessoa não está equilibrada o suficiente e o local se encontra sujo e desarmônico para a presença da entidade desejada. Nesses casos, o acesso ao espírito se faz somente pela conexão mental entre você e ele(a). Realizar o Pathwork sem a preparação física, mental, espiritual de você mesmo(a) e do local aonde você se encontra se alinha com este exemplo do trabalho à distância, pela conexão mental.

Outra coisa que as pessoas estão entendendo erroneamente é que nem sempre as obras que trazem Pathwork necessariamente dão os caminhos para acessar o espírito, e sim frases que formam uma linha de visualização para um possível alinhamento energético com as qualidades do espírito, como por exemplo, Arcanjo Miguel, que é representado pelo elemento Fogo e como Arcanjo guerreiro. Então basicamente terá visualizações de chamas e campos de batalhas. Nesse caso, o "Pathwork" vai se basear em frases que contenham visualizações de guerra, fogo e todas as possíveis qualidades de Miguel, e não necessariamente você estará indo até a "morada" dele, pois caso não saibam, existem inúmeros espíritos que trabalham pelo nome de Miguel ou de qualquer outro anjo/daimon, e por conta disso, as pessoas não necessariamente vão acessar o mesmo espírito ou terão o mesmo caminho até a entidade, e devido a isso, um trabalho de caminho pode não levar exatamente ao mesmo espírito que outra pessoa acessou ou teve uma experiência espiritual. O alinhamento energético possibilitará a manifestação e contato com o Arcanjo de uma maneira mais fácil e correta e dará acesso a uma porta na qual um espírito correspondente dentro das legiões de Arcanjo Miguel poderá atuar em seu benefício.

Por conta de todo passo a passo dado nos rituais deste livro, que atuam na preparação da pessoa e do local de forma correta, o termo Pathwork não mais se alinhou com as diversas manifestações espirituais que os praticantes estão tendo, e por conta disso, resolvi mudar o termo de Pathwork para Meditação, que traz uma conexão melhor para o que está sendo feito.

É uma prática ideal para pessoas que não podem fazer suas ritualísticas em suas casas por conta de espaço ou condições financeiras, não sendo necessários materiais para sua utilização. Desse modo é bem acessível e possibilita as pessoas a mudarem suas vidas pela ajuda espiritual.

Todos os espíritos abordados neste livro têm suas meditações dadas diretamente por eles e com essas chaves você poderá contatar eles de forma simples e direta.

A melhor maneira de se praticar essas meditações, é estar totalmente dentro das visualizações e deixar que as cenas se formem por si só, isso significa que você acessará o plano espiritual desejado, e não o moldará de acordo com as frases passadas, mas deixará fluir a experiência para um contato mais profundo com as entidades desejadas. Por isso é necessário que você leia primeiramente toda a meditação que lhe é passada, para entender quais chaves estão sendo dadas, e esteja por completo nelas. Sinta cada sensação, veja com seus olhos o local, tente sentir tudo aquilo que está acontecendo, para que assim você possa intensificar grandiosamente sua experiência espiritual. Visualize as cenas sem interrupções, caso isso não seja possível no começo, você pode fazer breve pausas para se encontrar durante as visualizações, porém não é recomendo que isso vire um hábito.

Entendendo as descrições de cada ritual

Atuação: Qual é a atuação do espírito e em quais situações ele pode ser chamado.

Vela recomendada: Cores das velas recomendadas que se alinham com a vibração e atuação do espírito.

Incenso recomendado: Aqui eu deixo uma indicação de incenso que pode incrementar sua intenção, não utilize incensos que trazem calma e pureza em trabalhos de guerra e ataque e vice-versa; entenda que cada um traz uma mudança energética e cria um espaço espiritual apropriado para cada entidade.

Cristal recomendado: Quais cristais são recomendados para incrementar seu ritual, a força dos cristais traz um grande agregamento de energia e são utilizados pelas entidades para fins próprios ou para manifestar com mais facilidade sua vontade.

Dia da semana: Qual o dia da semana é mais adequado com alinhamento das energias planetárias. Os rituais realizados em certos dias podem ter suas forças e desempenhos intensificados, consultar o capítulo de características planetárias no final do livro para entendimento.

Hora planetária: Cada hora do dia tem um planeta governante e realizar um ritual neste momento específico intensificará o seu poder, ver a tabela com o horário planetário no final do livro para referência.

Fase lunar: Dependendo da fase lunar, os rituais podem ter as suas forças e performances amplificadas, especialmente na lua cheia, onde todo tipo de operação mágica se torna extremamente poderosa e tem a sua força multiplicada.

Ritual de Ascensão

O ritual de ascensão é uma prática mágica na qual se vibra os 10 nomes divinos da Árvore da Vida Cabalística. Essa árvore é composta por 10 Sephiráh. Que são emanações divinas provindas do Princípio Divino que tudo criou.

Ao vibrar esses nomes divinos, correspondentes a cada emanação, você ilumina seu espírito e eleva sua vibração, o que cria um estado espiritual propenso aos rituais de contato com anjos ou espíritos correlacionados. A atuação deste ritual abrange:

— Aumento de vibração energética e espiritual.

— Fortalecimento do campo áurico.

— Fortalecimento da vontade do praticante.

— Aumento da autoridade espiritual.

— Alinhamento energético com as forças entoadas.

— Purificação e desbloqueio de energias estagnadas em seu corpo e em seus chakras.

— Banimento de entidades negativas.

Dentre muitos outros aspectos, como podem ver, este ritual é de grande valia em suas práticas mágicas, podendo aumentar sua força e vontade sobre qualquer ato desejado.

Todos os nomes divinos neste ritual, devem ser vibrados com vontade, força e preferencialmente em voz alta. Se não for possível, vibre em sua mente. Esses nomes não devem ser ditos como uma palavra qualquer, pois não se ativará a vibração necessária para a manifestação desta força sobre seu espírito. Por exemplo, o nome "Adonai" deve ser dito e entoado como "AAAAAAADDOOOOOOONNNAAAAAIII", fazendo vibrar sobre no centro de seu peito e garganta, para que se crie uma emanação e pulsação do nome sobre sua vida.

Os passos para o ritual são:

1° Esteja em pé, virado para o leste, caso consiga saber as posições cardeais. Caso contrário, apenas fique de pé com os pés juntos.

2° Estenda sua mão direita acima de sua cabeça e visualize tocando o princípio de toda criação com seus dedos.

(Nesse caso, apenas imagine uma esfera branca pulsante no meio do universo, e você tocando-a com suas mãos).

3° Visualize você transferindo a energia da esfera até o alto da sua cabeça, onde fica seu chakra coronário, pelo simples ato de posicionar sua mão nela.

4° Nos próximos passos, será pedido para que você visualize esferas luminosas em certas partes de seu corpo. A cor de cada esfera pode variar pela forma que você interpreta cada emanação divina e na dúvida, opte sempre por usar a cor branca luminosa em todas as esferas.

5° Visualize uma esfera luminosa no alto da sua cabeça, visualize a esfera pulsar e enquanto ela pulsa, entoe o nome divino:

"EHYEH"

6° Visualize uma esfera luminosa em seu olho direito, visualize a esfera pulsar e enquanto ela pulsa, entoe o nome divino:

"YESHUA"

7° Visualize uma esfera luminosa em seu olho esquerdo, visualize a esfera pulsar e enquanto ela pulsa, entoe o nome divino:

"YESHUA ELOHIM"

8° Visualize neste momento, o conectar de cada esfera, partindo da primeira do alto da sua cabeça, se conectando com a esfera do seu olho direito e pôr fim do seu olho esquerdo, formando um triângulo luminoso sobre sua cabeça.

9° Visualize uma esfera luminosa em seu ombro direito, visualize a esfera pulsar e enquanto ela pulsa, entoe o nome divino:

"EL"

10° Visualize uma esfera luminosa em seu ombro esquerdo, visualize a esfera pulsar e enquanto ela pulsa, entoe o nome divino:

"ELOHIM GUIBOR"

11° Visualize uma esfera luminosa no centro de seu peito, visualize a esfera pulsar e enquanto ela pulsa, entoe o nome divino:

"YESHUA ELOAH"

12° Visualize neste momento, o conectar das esferas, começando da emanação de sua garganta, que parte para a esfera de seu ombro direito, que vai sobre seu ombro esquerdo, e emana até o centro de seu peito.

13° Visualize uma esfera luminosa em sua mão direita, visualize a esfera pulsar e enquanto ela pulsa, entoe o nome divino:

"YESHUA TSABAOTH"

14° Visualize uma esfera luminosa em sua mão esquerda, visualize a esfera pulsar e enquanto ela pulsa, entoe o nome divino:

"ELOHIM TSABAOTH"

15° Visualize uma esfera luminosa na base de sua coluna, entre as nádegas e sua genitália, visualize a esfera pulsar e enquanto ela pulsa, entoe o nome divino:

"SHADAI EL CAI"

16° Visualize uma esfera luminosa abaixo dos seus pés, visualize a esfera pulsar e enquanto ela pulsa, entoe o nome divino:

"ADONAI MELEK ADONAI RÁ ARETZ"

17° Visualize agora, o conectar de todas as esferas, começando do centro de seu peito, que parte para a esfera de uma mão direita, que vai sobre a esfera de sua mão esquerda, que conecta com a esfera entre as nádegas e sua genitália, e por fim, descendo até a esfera abaixo de seus pés.

28° Após o processo de conexão das esferas. Visualize seu corpo sendo banhando por um pilar de luz dourada que desce dos céus e conecta ao centro da Terra. Basta visualizar, e se conseguir, sentir, uma grande irradiação de luz divina tomando conta de todo o seu ser. Formando um tubo de luz resplandecente. Sinta a luz se expandir infinitamente por todo o seu ser. Até que tudo se torna dourado. (Semelhante as cenas de filmes onde uma pessoa caminha até uma porta que irradia uma luz branca infinita e a mesma acaba desaparecendo nesta luz. Normalmente associada ao paraíso e ao descanso eterno).

Se utiliza particularmente a cor dourada pois é a cor da pureza Crística divina. Espíritos de altas esferas naturalmente irradiam esta cor junto com a cor branca. Pois isso que temos essa concepção de espírito de luz.

Se você conseguir vibrar fortemente e com vontade cada nome divino, perceberá instantaneamente uma mudança energética sobre seu corpo e o local no qual você se encontra. Esse ritual não deve ser subestimado por sua simplicidade, para as pessoas que nunca o praticaram pode parecer complicado e cheio de normas e regras a serem seguidas, mas quando você pega o jeito e o pratica diariamente, perceberá que em sua simplicidade vive uma força inimaginável.

Recomendo a você, leitor, realizar a prática quando se levantar, logo após acordar, pois desse modo terá um alinhamento energético, vibracional e espiritual com as forças entoadas sobre seu corpo durante todo o dia, facilitando todos os processos e caminhos que serão traçados e percorridos. E antes de dormir, para elevar sua vibração e evitar ataques noturnos de entidades negativadas.

Se você conseguir vibrar fortemente e com vontade cada nome divino, perceberá instantaneamente uma mudança energética sobre seu corpo e o local no qual você se encontra. Esse ritual não deve ser subestimado por sua simplicidade, para as pessoas que nunca o praticaram pode parecer complicado e cheio de normas e regras a serem seguidas, mas quando você pega o jeito e o pratica diariamente, perceberá que em sua simplicidade vive uma força inimaginável.

    Recomendo a você, leitor, realizar a prática quando se levantar, logo após acordar, pois desse modo terá um alinhamento energético, vibracional e espiritual com as forças entoadas sobre seu corpo durante todo o dia, facilitando todos os processos e caminhos que serão traçados e percorridos. E antes de dormir, para elevar sua vibração e evitar ataques noturnos de entidades negativadas. Quanto mais você praticar, mais você verá os resultados sendo manifestados visivelmente em sua vida. Se sentir desanimo ou pensamentos contrários, saiba que o ritual está tendo efeito e que espíritos malignos estão tentando interromper sua prática, o que denota a perda de suas forças que consequentemente são afetadas por grandiosas ondas energéticas que as consomem.

Ritual dos Onze Pilares de Luz

O Ritual dos Onze Pilares de Luz se baseia inteiramente nos Arcanjos regentes de cada esfera da Árvore da Vida, incluindo na prática o Arcanjo Uriel. Em combinação com o ritual de Ascensão, este ritual tem sua potência aumentada e seus resultados manifestados com mais facilidade, nesse caso incluiremos quatro Arcanjos que não são abordados no ritual anterior, que são Raziel, Cassiel, Tzadkiel e Haniel.

Os pilares dos Arcanjos Rafael, Miguel, Gabriel, Uriel, Camael, Metatron e Sandalfon permanecem os mesmos com apenas pequenas diferenças. Para as pessoas consultarem as informações e as chaves destes pilares, deixarei todos juntos para facilitação de seu aprendizado.

Raziel é o Arcanjo dos conhecimentos ocultos e vem abrindo inúmeros portais celestiais na Terra através de seus médiuns. Ela(e) possui uma das mais importantes e cruciais missões, que é levar conhecimento e sabedoria à humanidade, além de atuar sobre dons espirituais, entendimento de qualquer assunto desejado e guiamento para qualquer coisa que você quiser realizar. Isso são apenas pequenas camadas de suas atuações, que no contato frequente ele(a) se mostra como possuidor(a) de uma força inabalável capaz de realizar qualquer coisa.

Cassiel é o Arcanjo regente de Saturno, a sua principal atuação é libertar as almas humanas presas nos ciclos reencarnatórios, além de auxiliar os praticantes que tem um contato frequente com ele na superação de velhas vidas, situações passadas, dores, mágoas ou qualquer assunto que traz sofrimento.

Tzadkiel é o Arcanjo regente da justiça, da ordem e da misericórdia, é amplamente requisitado em casos para trazer prosperidade e abundância financeira. Ele atua dando guiamento e evolução para toda criatura, manifestando a misericórdia divina a todo aquele que estiver aberto para recebê-la.

Haniel é o Arcanjo regente do amor, prazer, sedução, conhecimento e sabedoria, ela(e) atua para trazer o verdadeiro amor cósmico a esse plano e a todas as pessoas. O amor incondicional flui naturalmente pelo seu espírito, sendo capaz de auxiliar em todos os quesitos amorosos e sentimentais, ela também faz parte do exército do Sexto Firmamento Celeste, onde sua atuação é em guerras espirituais e na destruição de forças negativas.

O processo da ritualística é o mesmo do Ritual dos Dez Pilares de Luz, onde o praticante manifestará os pilares através de visualizações espirituais. É importante ressaltar que verdadeiramente os pilares serão manifestados por sua intenção, e não será somente "faz de conta" ou "imaginação".

1° O pilar de Metatron possui uma cor trina de Dourada, branca e roxa, é formado por chamas trinas dessas cores.

As chaves do pilar de Metatron são o sentir de toda criação, a sensação de estar no centro dos cosmos e o pulsar e expandir de uma luz dourada que ilumina todo o universo.

2° O pilar de Raziel é formando por uma cor branca reluzente, com tons de azul-claro, verde e dourado se manifestando e iluminando seu espírito.

As chaves do pilar de Raziel são a sensação de flutuar sobre o vácuo do universo e sentir uma constante pulsação de luz branca que ilumina toda a escuridão, você sentir o cheiro de terra molhada e o nascer de uma nova existência.

3° O pilar de Cassiel possui uma cor preta, com tons brancos e roxos, é formado por um fogo preto que parece queimar a realidade em si.

As chaves do pilar de Cassiel são a sensação de ser resgatado ao cair em um grande abismo, do caminhar sobre um deserto escuro e a sensação do quebrar de correntes que te aprisionaram por muitas vidas.

4° O pilar de Tzadkiel possui uma cor roxa, com tons em dourado e azul, é formado por chamas roxas que constantemente se expandem sobre toda criação.

As chaves do pilar de Tzadkiel são a manifestação da justiça divina, a imagem do planeta Terra estando envolto em fogo violeta e o padrão geométrico da Flor da Vida cobrindo toda criação, bem como a sensação da bondade, misericórdia e provisão divina sendo manifestadas em toda a sua existência.

5° O pilar de Camael possui uma cor vermelha, é formado por chamas consumidoras que crescem e se expandem sobre o local.

As chaves do pilar de Camael são a sensação de estar em meio a uma guerra, o som de muitos guerreiros se aproximando, o brandir de uma espada em chamas, o sentimento de bravura e o sentir de um fogo queimar sobre seu corpo.

6° O pilar de Rafael possui uma cor dourada, com tons alaranjados e amarelos, é formado por fogo dourado e raios de sol que ilumina todo o local, semelhante ao nascer de um sol depois de uma longa noite de escuridão.

As chaves do pilar de Rafael são as sensações do calor, do sol sobre sua pele, e o raiar e iluminar de milhares de raios solares sobre todas as coisas. Se sente a expansão da natureza e toda vida sendo criada.

7° O pilar de Uriel possui uma cor vermelha e marrom, rodeado de chamas voláteis, é manifestado com um fogo e inúmeros raios e trovões ao redor dele.

As chaves do pilar de Uriel remetem à explosão e erupção de um vulcão, com sensações de raios e fogo correndo sobre seu corpo e o sentir da destruição de uma grande torre.

8° O pilar de Haniel é formado por uma cor rosa, que reluz em tons claros e suaves, é formado por chamas rosas que constantemente se expandem ao ritmo do seu coração.

As chaves para o pilar de Haniel são uma energia de cor rosa curando toda dor e sofrimento, a sensação de harmonia e perfeição em cada célula do seu corpo, o planeta Terra sendo envolto por uma linda chama que pulsa ao ritmo do coração do

Criador. Por apenas um breve período de tempo, você pode sentir o reluzir de uma força provinda deste pilar, onde a mesma manifesta uma energia de guerra e vitória.

9° O pilar de Mikael possui uma cor amarela, com tons azuis e vermelhos, é formado por uma chama trina dessas cores.

As chaves do pilar de Mikael são esse fogo trino tomando conta de todo o local, com uma sensação de ordem em todas as coisas e o pulsar de uma espada em chamas, cuja vibração ecoa sobre todo o planeta.

10° O pilar de Gabriel possui uma cor prateada, com tons em branco e azul-claro, é formado por um fogo prateado e com correntes de água que se manifestam a partir dele.

As chaves do pilar de Gabriel são a sensação de uma lua cheia e brilhante, o toque do mar sobre sua pele e o sentir de uma brisa fria sobre seu corpo.

11° O pilar de Sandalfon possui uma cor verde clara com tons em branco, é formado por chamas brancas e verdes com reflexos de cores roxa e dourada.

As chaves do pilar de Sandalfon são o expandir da natureza e da vida sobre a terra seca, uma grande chama que pulsa no centro da Terra e a sensação de uma pessoa em lágrimas tendo sua prece atendida.

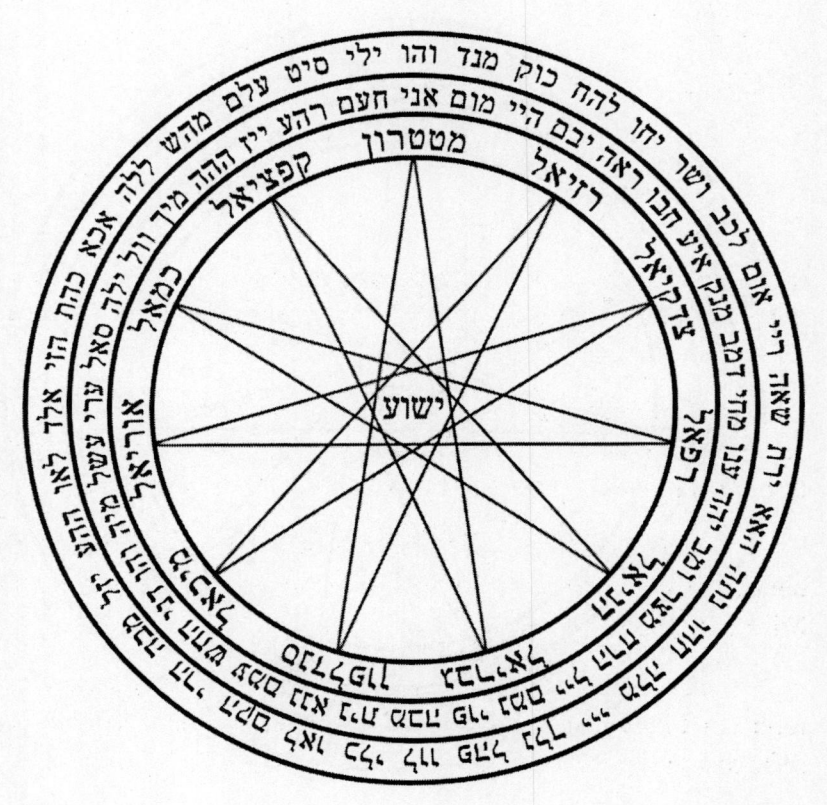

O selo que será utilizado no ritual é este acima, no simples ato de olhar para ele já sentimos a energia que dele emana.

Para facilitar o entendimento do leitor, na próxima página deixo o mesmo selo com nomes em português.

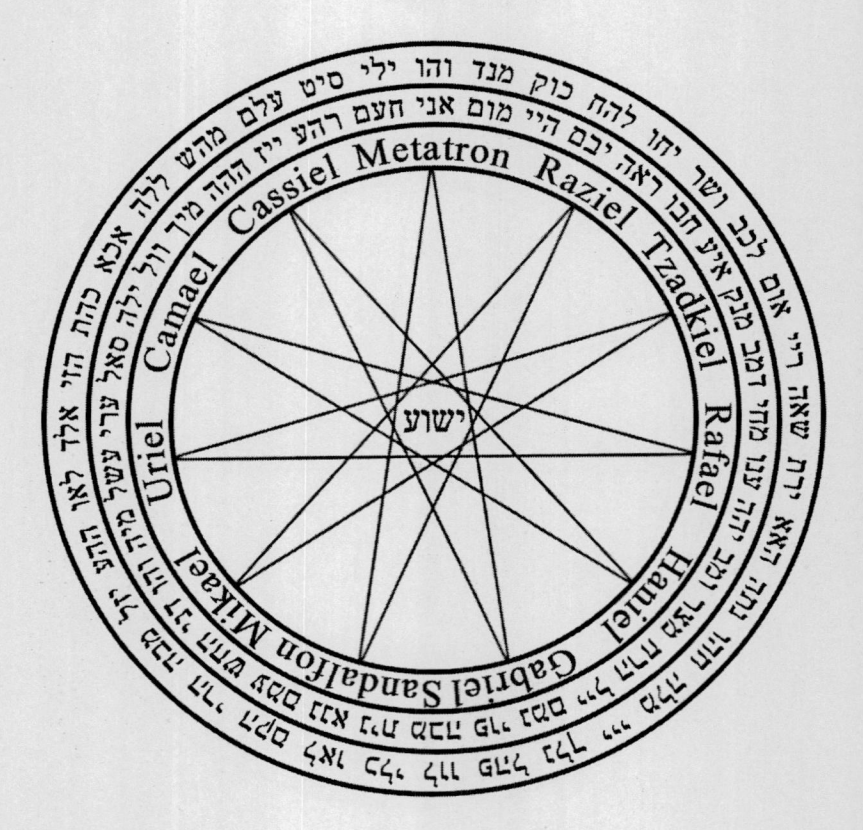

Aqui está a versão em português; basta decorar a posição de cada Arcanjo para a manifestação de seus Pilares no ritual. Se você achar muita informação para decorar ou crer que este ritual é muito complicado, basta fazer pequenas pausas entre um Pilar de Luz e o outro, lendo as informações contidas neste livro para poder se guiar. Com pouquíssimo tempo poderá fazer o ritual sem interrupções.

A ordem de manifestação de cada pilar difere do ritual anterior, tendo em suas manifestações seguindo as emanações da Árvore da Vida, como mostrado no exemplo abaixo:

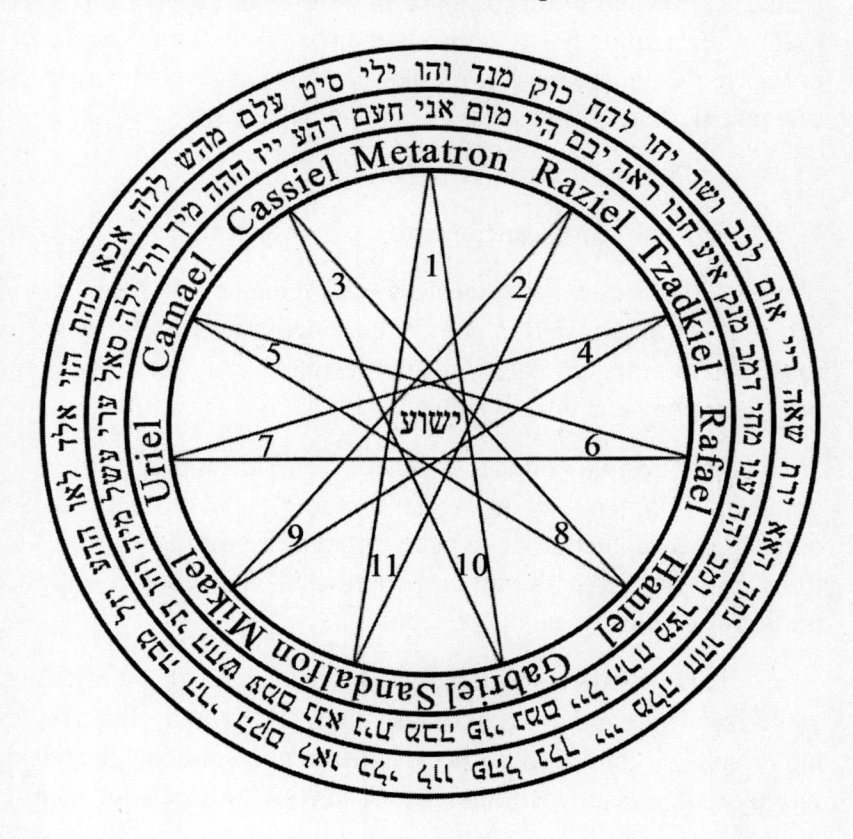

(Manifestação dos onze pilares de luz em ordem cabalística)

Este ritual atua não somente sobre você, mas por todo o planeta e as visualizações podem ser expandidas de modo que toda a Terra possa receber essas emanações. O praticante que realiza este ritual abre portais e manifesta essas energias sobre toda a humanidade, e consequentemente ajuda e acelera o processo de libertação e evolução de todos os espíritos e forças que jazem aqui. Os passos para fazer o ritual são:

1° Realize o ritual de Ascensão.

2° Realize o escaneamento e conexão com o selo angélico.

3° De frente para o leste, faça a chamada de Metatron. O seu pilar se manifestará à sua frente, depois é só seguir a ordem mostrada na imagem anterior, manifestando cada pilar e Arcanjo com suas chaves e visualizações.

Da mesma maneira ensinada anteriormente, permaneça em cada pilar com cada Arcanjo por alguns momentos. Seu coração te dirá quando deve passar para o próximo. Consulte este livro caso se perca durante as manifestações, com o tempo e prática você alcançará a perfeição.

Para manifestar globalmente este ritual, basta fazer as visualizações sendo expandidas para o planeta Terra e ao universo. Pelo simples ato de visualizar você emitirá energias e vibrações das quais incontáveis pessoas poderão se beneficiar.

Selo dos onze pilares de luz

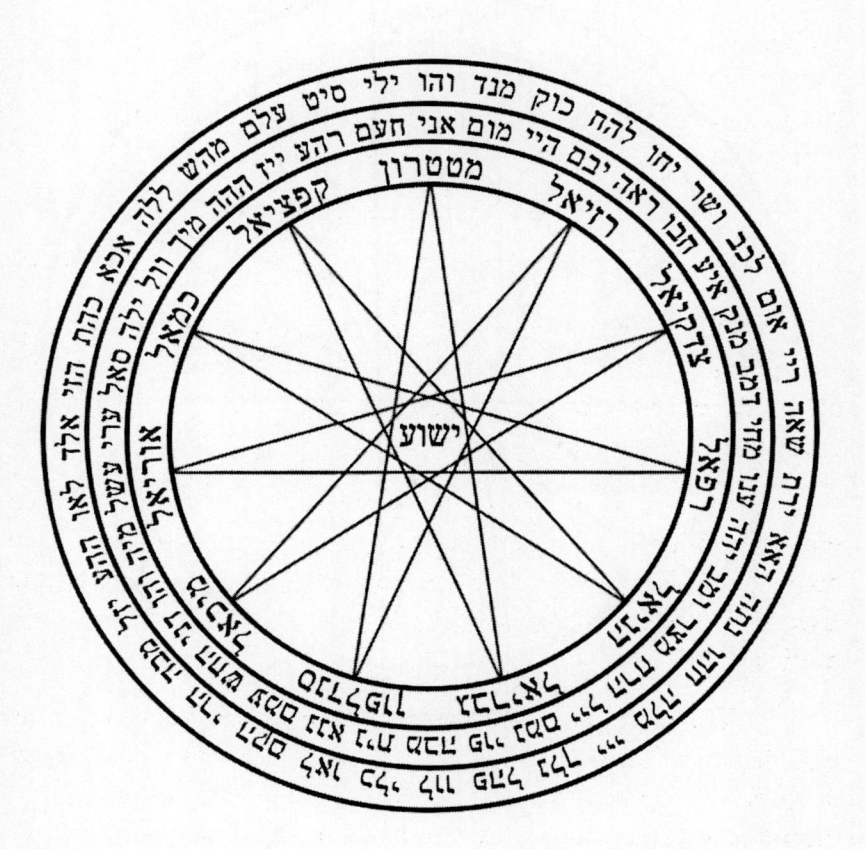

Selo dos onze pilares de luz versão 2

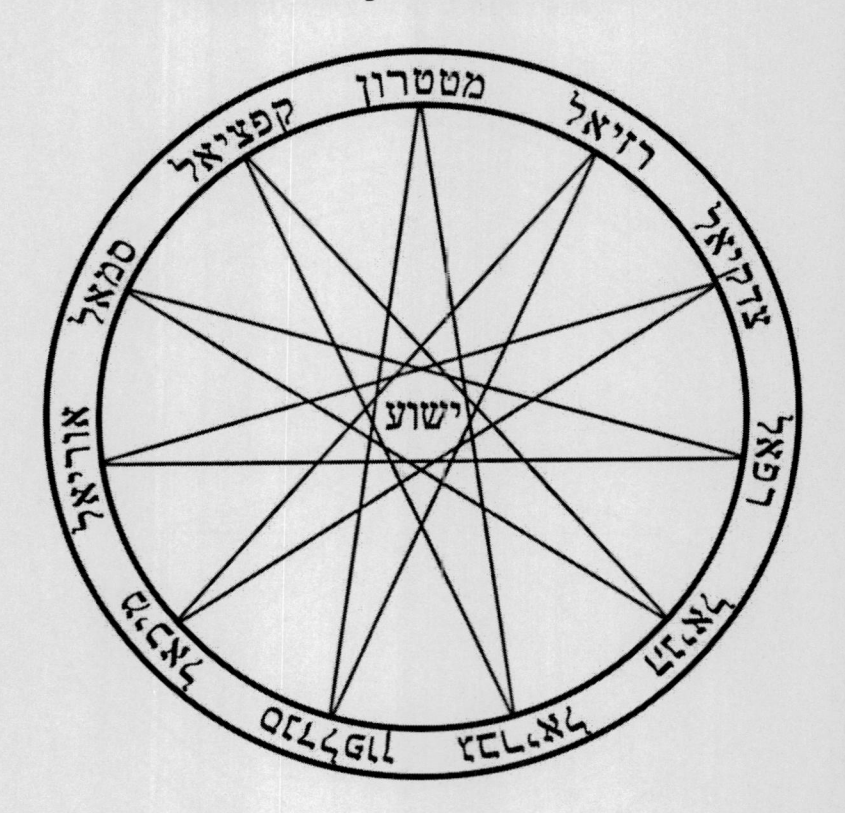

(Esta versão não contem os 72 nomes de Deus, ambos os selos são funcionais).

(Ambos os selos podem ser usados como amuletos, pantáculos, talismã e gráficos radiestésicos).

Ordem dos onze pilares de luz

Metatron

Raziel

Cassiel

Tzadkiel

Samael

Rafael

Uriel

Haniel

Mikael

Gabriel

Sandalfon

Método 1: Conexão e conjuração

Antes de tudo, este é o método no qual não se utilizam materiais para se realizar os rituais e é o método mais acessível para todas as pessoas.

Agora que você já entendeu o processo de conexão com os selos angélicos, o próximo passo e entender como fazer as conjurações e a conexão com sua necessidade corretamente. Isso é de suma importância, pois é neste passo que sua necessidade ou a falta dela será trabalhada por estes espíritos. Vamos lá:

1° Entre em contato com sua necessidade, que te trouxe a esta magia. Visualize o seu desejo, seu problema, sua necessidade, a falta, o querer, seja qual for seu objetivo, você deve sentir todos os sentimentos emergirem. Se for o desejo de um novo emprego, por exemplo, visualize e sinta como é ruim não poder trabalhar, como é ruim não ter um sustento. Se for em casos de cura para doenças, visualize e sinta sua doença, a dor, o desespero, o futuro com ela. Esse passo é extremamente essencial, pois você entrará em contato com sua necessidade se alinhando com ela, trazendo-a à tona neste momento. Isso faz sua magia ser mais assertiva e poderosa, pois o sentimento gerado, seja de dor, de desejo, de querer, traz uma grande energia para seu trabalho.

2° Realize o ritual de Ascensão.

3° Realize o ritual dos Onze Pilares de Luz.

4° Após sentir sua necessidade ou a falta dela, você deve começar a fazer o escaneamento do selo angélico como já explicado. Com o ritual desejado, se conecte com este selo, com as letras e nomes divinos por alguns momentos, não precisa ser muito tempo. Nunca se deve fazer estes passos com pressa, o processo de conexão é essencial para que tudo possa correr bem, uns breves momentos são o suficiente, você sentirá quando deve prosseguir ou não, sua alma irá te avisar e te guiar nesta jornada.

5° Faça a meditação que é dada em cada capítulo de cada entidade. Durante a meditação é importante você estar totalmente centrado e incluso nas visualizações e nos planos espirituais que você irá percorrer. Nesse processo você poderá conversar com o espírito desejado. Se for a primeira vez que você irá ter contato com a entidade ou se você não tem uma audiência espiritual ou clarividência aberta, a voz do espírito soará muito próxima da sua. Com tempo e prática ela se desenvolve e se torna bem distinta de todas as outras. Caso não ouça ou não veja nada, basta fazer a conjuração que é disponibilizada no final de cada meditação, sendo que toda essa experiência deve ser feita de olhos fechados.

6° Quando terminar de conversar com o espírito desejado, você pode fazer a conjuração dada no final de cada meditação no capítulo abordado. A conjuração é uma ótima maneira de manifestar o Verbo Divino e contatar cada um destes espíritos. Nesse ponto, o espírito já estará manifestado e você não o evoca duas vezes caso surja essa dúvida, a conjuração tem poderosas afirmações que manifestam a força e a vontade sua e do espírito em conjunto com o pedido a ser feito.

7° Visualize o seu pedido sendo concedido, e você vivendo a realidade que deseja por alguns minutos.

Método 1: Sumário

1° Entre em contato com a sua necessidade, sua vontade, a falta, o querer, o desejar de algo, deixe fluir seus sentimentos sobre sua situação atual que deseja resolver.

2° Realize o ritual de Ascensão.

3° Realize o Ritual Onze Pilares de Luz.

4° Comece o escaneamento do selo angélico em seus respectivos rituais desejados, se conectando com todas as letras e nomes divinos inscritos.

5° Faça a meditação que é dada.

6° Faça a conjuração que é dada.

7° Visualize seu pedido sendo atendido, e você vivendo a realidade que deseja.

Com isso, se encerram os passos necessários para o primeiro método de trabalho, conexão e conjuração.

Método 2: Conjurações com elementos

Neste capítulo será abordado como se deve fazer os rituais deste livro utilizando os materiais indicados. A ritualística deste modo é mais completa e manifesta os resultados com rapidez, dentre os caminhos possíveis para isso.

1° Organize e limpe o local de sua prática, se tiver a disponibilidade de ter um altar, faça nele. Se não, improvise em uma superfície plana ou num local aonde poderá fazer seu ritual sem interrupções de terceiros. Faça uma limpeza física e retire as sujeiras que se acumulam no cotidiano.

2° Imprima o selo deste livro ou desenhe a mão.

(Se estiver usando a versão ebook, abra o leitor digital da Amazon pelo seu navegador, tire print do selo desejado e imprima. Se estiver usando a versão física deste livro, escaneie o selo desejado ou desenhe por cima. Os selos são de uso próprio e exclusivo seu e não devem ser revelados a ninguém, não dê pérolas aos porcos).

3° Pegue os elementos necessários para sua prática e os organize, para tudo estar pronto na hora que for fazer seu ritual.

4° Entre em contato com a sua necessidade, sua vontade, a falta, o querer, o desejar de algo, deixe fluir seus sentimentos sobre sua situação atual que deseja resolver.

5° Realize o Ritual de Ascensão.

6° Realize o Ritual dos Onze Pilares de Luz.

7° Comece o escaneamento do selo angélico em seus respectivos rituais desejados, se conectando com todas as letras e nomes divinos inscritos.

8° O método que você vai organizar a vela (ou as velas) será de sua escolha.

- Pode ser feito apenas com uma vela padrão ou de 7 dias.

- Pode ser feito com 4 velas padrão ou de 7 dias, acesas em forma de triângulo e uma no centro do triângulo. Se for utilizar a Água da Vida - que fortemente recomendo - substitua a vela central pela taça com água consagrada.

- Pode ser feito com 9 velas padrão ou de 7 dias, acesas em forma de círculo e uma vela no centro.

(Utilize todas as velas da mesma cor)

A diferença entre cada uma vai depender da sua disponibilidade de material e intenção do seu ritual.

A razão pela qual se acende velas e as organiza em forma de triângulo é porque essa forma energiza e fortalece o elemento central dentro dele, no caso o selo angélico e é por isso que os praticantes de Goétia (ou de qualquer outro sistema de magia que utiliza velas em triângulo) fazem desta maneira.

Quando se acende e organiza as velas em forma circular e com uma no centro do círculo, você forma um espaço mágico, assim como o triângulo. A diferença é que o espaço mágico circular faz com que todos os elementos e materiais dentro e ao redor do círculo, sejam expandidos, ativados e fortalecidos pelo círculo perfeito de chamas das velas, assim como os selos angélicos, tornando uma magia muito poderosa.

Em todos os casos, você deve colocar o selo angélico embaixo da vela e um suporte para a vela em cima do selo, para que a vela ao chegar a seu fim não o queime. Desse modo, o selo irá pulsar e emanar as forças descritas por si só, a vela dará mais poder ao selo, fortalecendo seu ritual.

Se for usar mais de uma vela em seu ritual, seja em formato de triângulo ou de círculo, você deve ter o mesmo número de selos de acordo com o número de velas, ou seja:

Em triângulo, são utilizadas 4 velas; então você precisará de 4 selos do ritual, um selo embaixo de cada vela.

Em círculo, são utilizadas 9 velas; então você precisará de 9 selos que deverão estar embaixo de cada vela.

Abaixo exemplos dos espaços mágicos:

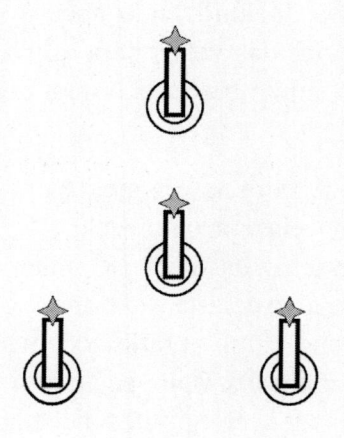

(Exemplo de velas em triângulo)

Abaixo deixo um exemplo de velas em círculo, fazendo um espaço mágico circular e ígneo com o poder e chama das velas.

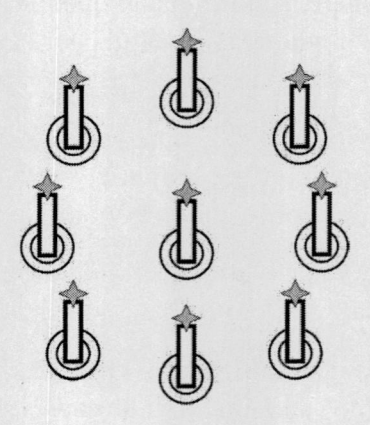

(Exemplo de velas em círculo)

Nestes casos, foi utilizando apenas as velas e o selo do anjo sobre os suportes das velas, para que o selo não queime no final. Esse é um exemplo básico de ritual que se pode fazer com estes selos.

O selo Ars Aurora naturalmente irradia energias divinas, quando se queima vela em cima dele, a vela é banhada pelas energias do selo e tem sua força extremamente potencializada. Em conjunto com o óleo celeste e as conjurações da vela que você aprenderá, se torna uma prática com força tremenda e inimaginável, como por exemplo, acelerar a evolução e ascensão dos espíritos desejados em muitas décadas. Por conta disso, constantemente os anjos me relatam que o óleo celeste e as bençãos sobre a vela fazem toda a diferença.

Você pode incrementar o seu espaço mágico com cristais, ervas e incenso que fazem correlação com seu intento. A maneira que você vai organizar varia de cada pessoa, tente sempre formar espaços mágicos geométricos e com o mesmo número de elementos, forme símbolos e conecte cada elemento um com o outro, para aplicar uma simbologia e uma geometria perfeita em seu trabalho.

Se for utilizar com a Água da Vida, basta apenas um selo sobre a taça, não embaixo dela, mas em cima.

9° Este passo é opcional, mas faz com sua magia tenha mais força e poder: você pode untar as velas com óleos consagrados.

A receita para o óleo celeste que pode ser usado para todos os rituais de magia com anjos e com daemons é:

- Azeite de oliva extravirgem ou óleo de girassol.

(Apenas se utilizar as ervas/plantas/resina).

- Mirra.

- Olíbano.

- Bálsamo.

Mirra, Olíbano e Bálsamo você pode utilizar tanto as ervas/plantas/resina secas ou os óleos naturais e fazer a mistura. A porção é igual para todos os ingredientes, basta misturá-los e guardar em um recipiente.

Se você utilizar ervas secas, deve coar a mistura em 7 dias, deixando apenas o óleo. Mas isso é relativo de tradição para tradição, como sempre, siga sua intuição.

Quando o óleo estiver pronto, faça essa seguinte oração sobre ele, para consagrá-lo às práticas mágicas:

"Eu te abençoo e te dou a vida, criatura do óleo, por suas propriedades sagradas e divinas a ti atribuídas, pela força e pelo nome de Metatron, Príncipe da Divina Presença, pela força e poder das estrelas e deste universo, pela força e poder da misericórdia, do amor, da paz e da redenção e iluminação de toda criatura. Que todo aquele que for tocado por ti, seja abençoado e iluminado, e tenha sua existência iluminada e todo tormento cessado, de eternidade em eternidade, para todo sempre, que assim seja"

Basta fazer essa simples e poderosa oração e acender uma vela roxa, amarela ou branca na frente do óleo, que move forças inimagináveis para quem o recebe, e o óleo estará pronto para o uso. Unte as velas com o óleo em todas as suas operações mágicas, pode ser usando tanto para anjos, daemons, espíritos, Deuses e Deusas, como para seus desejos, intentos e operações que realizará.

(Este óleo não serve para trabalhos de destruição, ataques e maldições contra pessoas e/ou seus inimigos, pois sua atuação é para abençoar, e não para amaldiçoar).

10° Após ter todos os elementos necessários e organizados no local aonde você fará o ritual, acenda um incenso indicado em cada ritual, e passe a fumaça sobre os selos angélicos, sobre os cristais e sobre as velas.

11° Unte as velas com o óleo celeste, a maneira de untar a vela é bem simples:

- Para pedidos e operações que você deseja ter algo, conseguir, manifestar qualquer coisa a seu favor, unte a vela do pavio da vela (onde a chama queima) para a base da vela (onde ela fica em pé), de cima para baixo.

- Para pedidos e operações onde você quer se livrar de algo, destruir, banir, afastar, você deve untar a vela da base (onde ela fica em pé) até o pavio (onde ela acende), de baixo para cima.

(Em algumas tradições, o modo de untar a vela é ao contrário, se você já faz desta forma, siga suas tradições).

Você pode também, conjurar a vela untada, com essa simples oração:

"Eu te abençoo e te consagro, criatura da vela e criatura do fogo que irá se formar, por este óleo bendito e sagrado, pela força e pelo nome de Metatron, que tu percorras todos os firmamentos desta terra e traga a manifestação de minha vontade, de eternidade em eternidade, para todo sempre, amém".

Nesta oração, a vela é consagrada para manifestar o seu pedido que será feito ao espírito, se você deseja abençoar o espírito com quem você trabalhará, faça a seguinte oração sobre a vela:

"Eu te abençoo, te consagro e te dou a vida, criatura da vela e criatura do fogo que irá se formar, por este óleo bendito e sagrado, pela força e pelo nome de Metatron, que tu percorras todos os firmamentos desta terra e dos céus, percorras todas as estrelas, constelações e cosmos deste universo, em todos os níveis, dimensões, planos e realidades espirituais, e traga a libertação de toda dor e sofrimento daquele que a ti lhe receber. Que sua força irradie com tuas chamas eternas, que se manifestem sobre todas as coisas, que tua luz ilumine todas as trevas e sofrimento, que suas chamas aqueçam todo frio e que tuas bênçãos se manifestem eternamente a favor de todo aquele que você for ofertada, para todo sempre, de eternidade em eternidade, pela força e pelo nome de Metatron, amém".

12° Prepare e organize todos os materiais como já foi ensinado, seja em espaços mágicos com uma vela, em triângulo ou em círculo, deixando os cristais, os incensos, as possíveis ervas e flores que você pode acrescentar de acordo com sua vontade, e as velas preparadas. Se você for utilizar a técnica da Água da Vida, faça a consagração da taça com água neste momento - a consagração está no final do livro - coloque a taça no centro de seu altar, firme as velas abençoadas ao redor e organize os cristais da forma que preferir.

13° Acenda as velas e o incenso, você pode também colocar dentro do espaço mágico o incenso já aceso, que foi usado para banhar as velas, as pedras e cristais, e os selos angélicos.

14° Faça a meditação que é dada no capítulo do espírito que você irá convocar.

15° Faça a conjuração dada no final de cada meditação no capítulo abordado.

Neste momento, o espírito pode ou não conversar com você. Dê tempo a eles, não os interrompa e siga as instruções que vão ser dadas, a realidade é que ele já estará ciente de sua intenção de chamá-lo antes mesmo de você realizar a ritualística. Normalmente eles já se manifestam e ficam observando até propriamente você possa estabelecer um contato, se porventura não sentir nada nem ouvir nada, apenas siga para o próximo passo da visualização do seu pedido sendo atendido.

Você pode ter visões, ouvir vozes ou sentir intuições durante o processo. No começo a voz deles será bem semelhante à sua voz mental, mas com o tempo, prática e desenvolvimento da relação de vocês, essa voz se torna única e bem distinta de todas as outras. Se você tiver rápidos lapsos ou visões do espírito que você convocou no local onde você se encontra, significa que você fez manifestou com sucesso uma evocação. As pessoas tendem a achar que evocar é trazer fisicamente um espírito para este plano material, de modo que você o possa tocar fisicamente, mas essas evocações são extremamente raras e muito glamourizadas por filmes e séries de televisão. A realidade, como sempre, é uma história totalmente diferente. Se você ver e sentir o espírito que você chamou, é um sinal de evocação bem-sucedida.

16° Visualize o seu pedido sendo concedido, e você vivendo a realidade que deseja.

Método 2: Sumário

1° Organize e limpe o local de sua prática.

2° Imprima os selos desejados ou desenhe a mão.

3° Deixe já organizados todos os elementos que serão utilizados em seu ritual.

4° Entre em contato com a sua necessidade, sua vontade, a falta, o querer, o desejar de algo, deixe fluir seus sentimentos sobre sua situação atual que deseja resolver.

5° Realize o Ritual de Ascensão.

6° Realize o Ritual dos Onze Pilares de Luz.

7° Comece o escaneamento do selo angélico em seus respectivos rituais desejados, se conectando com todas as letras e nomes divinos inscritos.

(Se for usar mais de um selo, apenas o processo de escaneamento de um já é o suficiente).

8° Acenda o incenso desejado (ou indicado para cada ritual) e passe a fumaça sobre as velas, sobre os cristais e sobre os selos angélicos.

9° Opcionalmente, unte a(s) vela(s) com Óleo Celeste e faça a conjuração da vela.

10° Monte seu espaço mágico com as velas e os elementos desejados, em forma de triângulo ou circular.

11° Acenda as velas.

12° Faça a meditação que é dada.

13° Faça a conjuração que é dada.

14° Visualize seu pedido sendo atendido e você vivendo a realidade que deseja.

Este sumário foi resumido, de forma que as pessoas que já leram e entenderam a ritualística possam conferir rapidamente, caso tenham dúvidas durante o processo.

Você não precisa dispor de todos os elementos indicados e nem seguir à risca as recomendações dos índices de cada ritual. Faça com o que é acessível para você, mesmo se faltar algum elemento.

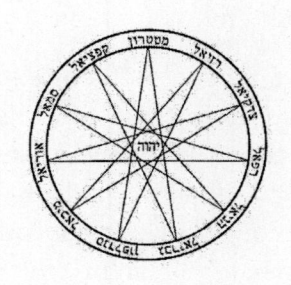

Shamgaz

Atuação: Guiamento, Limpeza e Combate.

Vela recomendada: Vermelha.

Incenso recomendado: Sangue de dragão.

Cristais recomendados: Ágata De Fogo, Jaspe Vermelho, Granada, Obsidiana.

Dia da semana: Terça-feira.

Horário planetário: Hora de Marte.

Fase lunar: Lua crescente ou cheia.

Samiaza, Semiaza, Amezyarak ou Shamgaz de acordo com o Livro de Enoque foi o líder dos Sentinelas que tiveram relações sexuais com as mulheres no início dos tempos. Como podem ter lido na saga dos Anunnaki, Shamgaz na verdade é um residente do planeta Nibiru, que exerceu sua função em Marte e no final se revoltou com o trabalho em condições de escravidão, tomando as rédeas do seu destino ao vir para a Terra e se casando com as mulheres da raça humana, permanecendo ao lado da humanidade após o dilúvio.

Shamgaz é o único de todos os espíritos descritos como Sentinelas (vigias ou grigori) cuja história do Livro de Enoque pouco se assemelha com a realidade de sua origem. De acordo com Jonathan Ben-Dov, da Universidade de Haifa, em Israel, o mito dos Sentinelas ou Vigias começou no Líbano quando escritores de Aramaico tentaram interpretar as tabuletas sumerianas sem entender a escrita acádia, o que gerou todas as falsas histórias e criações deturpadas desses espíritos.

    Shamgaz se apresenta como um homem de meia idade, seu rosto mostra claramente toda experiência e vivência que ele passou. Possui uma personalidade forte e firme, mas sem ofender, ameaçar ou desvalorizar ninguém. Sua energia remete à muitas polaridades e vibrações, impulsos de guerra e batalha, trazendo coragem, força e poder, assim como equilíbrio e calmaria. Trazendo o despertar e questionamento de nossas vidas e das crenças que fomos levados a acreditar desde o berço, dentre muitos outros aspectos. Apesar de tantos séculos tendo sua história falsificada e erroneamente reproduzida, está disposto a ajudar todo aquele que vá até ele de coração e mente abertos, até aqueles que estão ainda no processo de destruição das falsas crenças e achismos, nas quais ele atuará para o despertar espiritual.

    Suas atuações espirituais são bem abrangentes, pois pode atuar em diversos caminhos e possibilidades a favor daquele que o chamar. Dentre suas principais atuações, temos o guiamento e evolução espiritual para a alma humana, ou seja, ele traz conselhos, palavras e instruções que podem ajudar qualquer pessoa a superar qualquer obstáculo, e principalmente, o quebrar de crenças religiosas.

    Shamgaz é um dos melhores mestres para se aprender sobre os espíritos e Deuses antigos, ele traz revelações de como alguém se tornou rei ou rainha na Terra, a origem das religiões e crenças do mundo, o princípio da Terra e dos espíritos que vieram para colonizar e mostra a verdadeira face de cada espírito, Deus ou Deusa que o praticante desejar saber.

Este espírito possui uma extrema destreza nas artes da guerra, podendo ser chamado para revelar a face de um inimigo oculto, destruir formas e servidores espirituais, destruir e anular completamente qualquer tipo de trabalho e ação espiritual incluindo aqueles em que se fazem links com testemunhos da pessoa (cabelo, unha, dente, sangue e etc).

Shamgaz – Atuações

1º Oferece guiamento, respostas e instruções para qualquer pergunta/assunto desejado.

2º Ajuda no processo de quebra de crenças religiosas.

3º Abre a visão espiritual e permite ver os mundos ocultos.

4º Traz revelações sobre o início dos tempos e como a humanidade foi criada.

5º Revela a verdadeira origem e a face de Deus.

6º Revela a face e os planos de inimigos ocultos.

7º Destrói formas-pensamento, servidores e formas de vida criadas artificialmente.

8º Destrói e anula completamente trabalhos mágicos.

9º Pode atuar na retirada e redirecionamento de espíritos obsessores, perdidos e negativos.

10º Traz abertura de caminhos, atuando na destruição de obstáculos energéticos.

Shamgaz – Selo

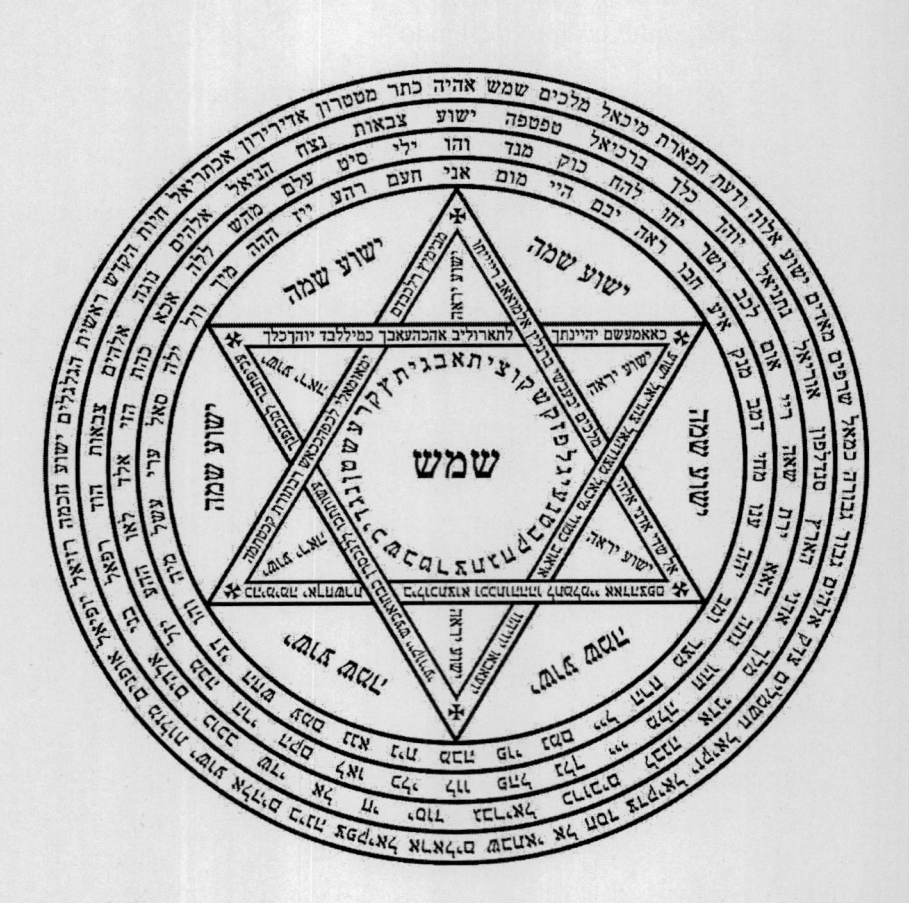

Shamgaz – Meditação e Conjuração

Meditação:

"Uma alta montanha coberta com nuvens tempestuosas."

"No topo da montanha, você vê uma base de tecnologia avançada destruída pelo tempo."

"Perto da base, você vê uma entrada de uma caverna que vai até o centro da montanha."

"O percurso da caverna que leva até o centro da montanha é formado por escadas e pedras quentes."

"O fim do percurso te leva para uma antiga sala, em seu centro se encontra um trono desgastado pelo tempo e um homem que aguardou a sua chegada."

Conjuração:

"Eu te conjuro e te evoco, Senhor que antecede o dilúvio no início dos tempos, cuja face se manteve verdadeira e imutável perante as ilusões do homem; força que permaneceu com a humanidade e não a abandonou em períodos de tormento e morte, manifesta-te Shamgaz! Cuja presença que traz o quebrar das barreiras físicas e espirituais, saiba que te peço que (Faça seu pedido), e que assim seja feito, de eternidade em eternidade, para todo sempre, amém."

Arakiel

Atuação: Atua sobre os elementos da terra, resiliência, correções e términos do passado.

Vela recomendada: Verde ou marrom.

Incenso recomendado: Sândalo, Alecrim, Arruda, Mel, Canela, Benjoim, Eucalipto, Pinho, Cedro, Mirra E Olíbano.

Cristais recomendados: Quartzo Verde, Amazonita, Bronzita, Turmalina Verde, Sodalita, Topázio Imperial, Olho De Tigre, Ônix.

Dia da semana: Sexta-feira ou domingo.

Horário planetário: Hora de Vênus ou do Sol.

Fase lunar: Lua crescente ou cheia.

Arakiba, Araqiel, Araqael, Araciel, Arqael, Sarquael, Arkiel, Arkas ou Arakiel é o Sentinela que ensinou os sinais da Terra para a humanidade de acordo com o livro de Enoque.

Arakiel trabalha em conjunto com o Arcanjo Sandalfon, sua primária função é patrulhar a Terra expulsando invasores de outros planetas e sistemas que visam atrapalhar o processo evolutivo da humanidade. Possui muitos auxiliares e forças que atendem a seu chamado, inclusive muitos Deuses e Deusas conhecidas que, em conjunto, trabalham em harmonia.

Uma das suas grandes façanhas é dar sempre uma chance para os espíritos que outrora atrapalharam seus próprios processos evolutivos pela maldade, ego e necessidades que não estavam ligadas a suas missões cósmicas de vida e existência. Arakiel permite que aqueles que estão prontos para um novo caminhar em suas vidas tenham o suporte para não cometerem o mesmo erro de antigamente.

Sendo também um anjo guerreiro, Arakiel vai até as mais profundas camadas da Terra para destruir todas as forças que atuam presencialmente e à distância contra a vida e as vegetações. Esse anjo pode mudar de vibração com muita facilidade, então não se surpreenda se em um momento sentir harmonia e serenidade dele e logo em seguida senti-lo adotar uma postura de guerra e autoridade.

Arakiel trabalha muito bem trazendo a conexão com o planeta Terra e aterramento, tratando dos desequilíbrios energéticos, sentimentais, mentais e espirituais que muitas pessoas (e espíritos) têm ao viver suas vidas no futuro ou no passado.

Este anjo possui uma maestria em cortar cordões energéticos, relações e situações que aconteceram no passado e podem se manifestar de uma maneira negativa na vida das pessoas, como relações tóxicas, doenças, dores, personalidades, atitudes e ações que formam um padrão tóxico e destrutivo. Arakiel pode trazer a libertação desses padrões, cortando esses cordões/ligações espirituais para que a mesma ação não se repita e é importante deixar claro que a pessoa deve tomar todas as medidas físicas e espirituais para alcançar a libertação. Com o trabalho e melhoria contínua, terá resultados maravilhosos.

(Isso não substitui de maneira nenhuma o tratamento médico).

E claro, por ser um anjo ligado à terra, possui todas as habilidades e conexões com a vida física e elemental. Arakiel passa a sensação de um dia ensolarado, que rapidamente se torna uma grande tempestade. Essa mudança brusca e rápida de energia o faz um excelente espírito para adaptação em situações difíceis do cotidiano, dando força, coragem e resiliência para suportar tempos conturbados e esperar um novo amanhecer.

Entre a calmaria e a tempestade, o raiar do sol e a chuva torrencial, este espírito nos ensina que não temos o poder de controlar e moldar todos os aspectos de nossas vidas. Que a natureza segue seu próprio percurso, que o homem não está acima da vida e muito menos tem o direito de destruir aquilo que o sustenta. Nessas turbulências, aprendemos a ceder quando é necessário, e parar e nos reencontrar, a aprender com nossos erros e saber que sempre existirá um novo dia e uma nova oportunidade.

Arakiel se manifesta na forma de um homem, de aparência jovem para madura, segurando uma espada branca. Se percebe certos símbolos e formas geométricas de sua tremenda aura, que irradiam e crescem naturalmente com sua presença. Algumas vezes, nota-se que sua pele é adornada com pinturas que remetem aos povos indígenas.

Arakiel – Atuações

1º Exerce o domínio sobre todos os elementos da Terra, incluindo o moldar de tempos meteorológicos.

2º Traz aterramento e presença para o momento do agora, auxiliando as pessoas presas no passado ou ansiosas pelo futuro.

3º Corta cordões e elos energéticos com situações, relações e pessoas do passado, encerrando aquilo que precisa de um fim.

4º Ajuda a ter resiliência e força de vontade perante os obstáculos e períodos conturbados.

5º Destrói e anula forças negativas que se escondem nas profundezas da terra (Particularmente ótimo para anulação de magias e espíritos que atuam a nível terra).

6º Redireciona espíritos presos à matéria a seus devidos lugares de merecimento.

7º Permite a alguém que errou que tenha uma segunda chance para correção de seus erros. Isso não significa que a situação será mudada a seu gosto, como por exemplo, não espere reatar um relacionamento no qual você foi abusivo.

8º Auxilia na colheita de frutos do seu trabalho.

9º Ajuda as pessoas a se libertarem de situações negativas e relacionamentos tóxicos.

10º Conecta o praticante com as forças da natureza, de modo que ele possa sentir com facilidade as mudanças e acontecimentos no planeta Terra.

Arakiel – Selo

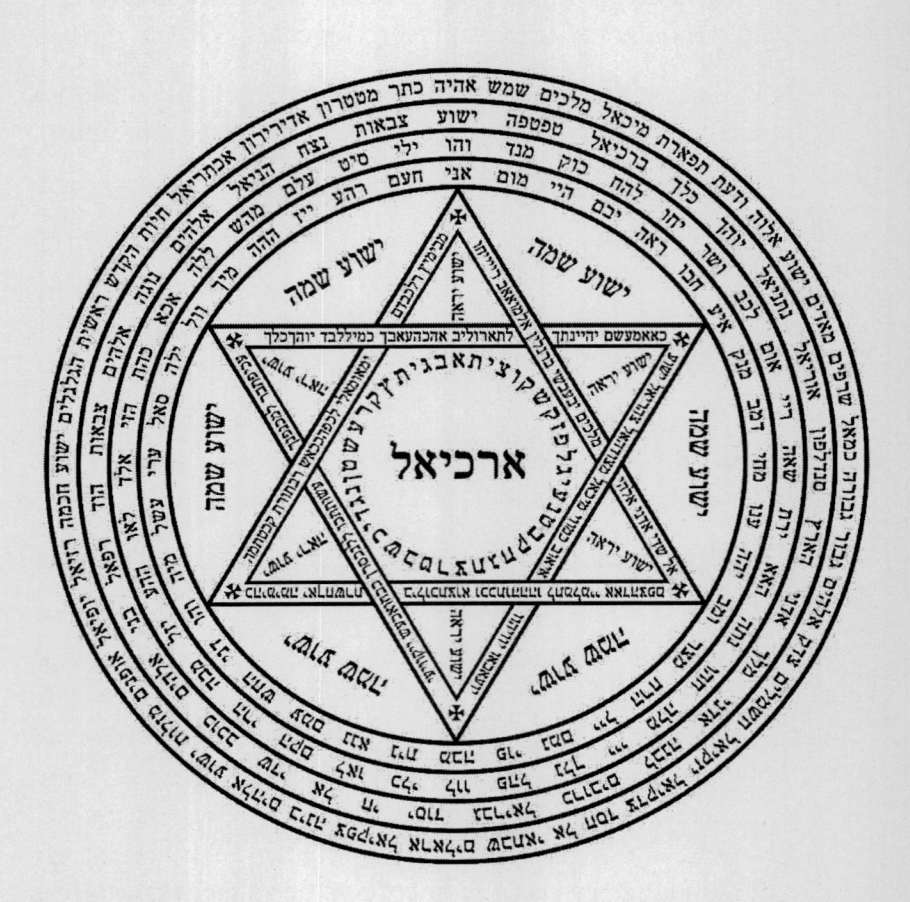

Arakiel – Meditação e Conjuração

Meditação:

"Um vale coberto por uma terra preta no pôr do sol."

"Uma árvore cresce rapidamente no centro do vale."

"Um grande número de animais cobre o vale em suas extremidades, e observam os acontecimentos que ocorrem em seu centro."

"A árvore começa a criar raízes que se expandem pela terra, criando vida por onde passa."

"No céu, se observa o Sol e a Lua juntos no mesmo local."

"O lado esquerdo do vale anoitece, enquanto no lado direito se faz um dia ensolarado."

"Você vê um homem segurando uma espada branca reluzente em frente à árvore e com ele, jazem os mistérios da terra."

Conjuração:

"Eu te conjuro e te evoco, espírito protetor desta Terra, cuja presença traz as tormentas e os dias de calor, que jorra a chuva para saciar a terra seca, que faz brotar a vida onde se fez a morte. Sol e Lua em conjunto, dia e noite em harmonia. Que é detentor da espada que parte os céus e as águas, que abre a terra na ponta de tua espada, Arakiel ouça meu chamado, e se faça presente neste momento. Saiba que eu peço e comando que (Faça seu pedido), e que assim seja feito, de eternidade em eternidade, para todo sempre, amém."

Ramiel

Atuação: Limpeza, sonhos, visão e mudanças.

Vela recomendada: Vermelha, laranja ou amarela.

Incenso recomendado: Sangue De Dragão, Pimenta, Mirra.

Cristais recomendados: Ágata De Fogo, Jaspe Vermelho, Obsidiana Ou Ônix.

Dia da semana: Terça-feira ou sábado.

Horário planetário: Hora de Marte ou de Saturno.

Fase lunar: Lua nova ou cheia.

Ramiel é tanto considerado um anjo como um Sentinela no Livro de Enoque, também atende pelos nomes de Rameel, Rumjal, e Rumael. Existem algumas fontes que falam que Ramiel e Uriel são o mesmo Arcanjo, porém são espíritos diferentes que se assemelham em energias e atuações.

Ramiel é o anjo dos trovões, que traz a força da destruição e mudanças drásticas nas situações que se faz necessário. Esse elemento da natureza é um dos mais severos e potentes, é representado pela carta da Torre no Tarô. Quando esta carta aparece, demonstra que é necessário a destruição de velhas forças, energias e situações que estão causando grande malefício na vida de um indivíduo. Inclusive representa a punição divina a aqueles que por seus atos, agiram contra si mesmos e seus semelhantes.

Muito mais a fundo do que um simples trovão, Ramiel traz uma força iluminadora em seus contatos, normalmente ele se comporta de uma maneira mais séria, com postura de um guerreiro divino. Todos os espíritos ligados a este fenômeno da natureza são naturalmente mais rígidos e severos, mas isso não quer dizer que eles são incapazes de amar ou se abrirem para aqueles em quem eles confiam, afinal, por ter seu estado de evolução altíssima, entende todas as dores e sofrimentos dos espíritos desta Terra. As manifestações de Ramiel são cercadas pelo frio de uma tempestade, às vezes pode-se sentir calor excessivo devido ao fogo que surge de seus raios. Você pode receber imagens em sua mente de raios e trovões, chuvas torrenciais e o brandir de uma espada.

Este anjo trabalha muito bem em questões de limpeza espiritual, por ter suas forças e energias intimamente ligadas às tormentas da natureza, em especial as tempestades de raios e trovões. Esse fenômeno facilmente assusta qualquer pessoa e animal que estiver no local da tempestade, e por conta disso, os espíritos que são alvejados por esta energia se tremem de medo e correm por conta da imensa força que Ramiel pode trazer. Seus raios têm a força de consumir e purificar entidades, servidores, espíritos negativos, magias e também pode ser usado contra sentimentos negativos, como raiva, ódio, rancor, dor e qualquer situação que você desejar purificar.

Ramiel pode abrir sua visão espiritual, e também a visão física, de modo que você perceba as coisas que estão ocultas em seu cotidiano que você não perceberia sem uma iluminação nas trevas. Para praticantes avançados, Ramiel pode atuar em conjunto para trabalhos astrais e espirituais na perseguição de forças e espíritos negativos, atuando para o cessar e destruição de seus planos. Quando um raio parte os céus em uma noite escura, um grande clarão se faz junto com um enorme estrondo, Ramiel ilumina a escuridão de nossos olhos nos fazendo perceber aquilo que nos faz bem e aquilo que nos faz mal. Seu raio é sempre severo e não pode ser parado, lembre-se disso.

Pense em Ramiel como aquele que anda pelos reinos altíssimos em vibração e densos em energia, seus raios chegam em todos os locais, consumindo e purificando todas as forças. Ramiel por exercer essa atuação nos reinos dos sonhos tem a habilidade de ajudar as pessoas em suas recordações de experiências vividas nos planos espirituais enquanto dormem, podendo auxiliar na lucidez, força, revelação de identidades de espíritos que se camuflam ou usam "máscaras" para enganar as pessoas durante estes períodos, conferindo proteção e lutando contra entidades ou espíritos que causam pesadelos e sugam sua energia pela noite. Isso infelizmente é algo bastante comum, muitas pessoas são levadas por espíritos negativos, durante a noite, para locais de baixa vibração, onde são hipnotizadas e fazem um trabalho negativo em seus espíritos, colocando marcas nefastas, sendo cortadas com punhais e facas, tudo para machucar o campo vibracional e mental do alvo. Quando a pessoa acorda, fica muito mais propensa a ter ataques de raiva, negatividade, baixa autoestima, corpo e mente cansados e prejudicados. Se porventura você desconfia que existe este tipo de atuação sobre você, nem que seja por alguns breves momentos, peça o auxílio de Ramiel.

Ramiel – Atuações

1° Traz mudanças drásticas e necessárias, mudando completamente sua vida para que você possa estar no caminho certo.

2° Traz purificação energética e quebra magias, feitiços, encantamentos e energias que estão te prejudicando.

3° Aumenta os níveis de energia e autoridade espiritual.

4° Dentro da lei de Deus. Traz punição e justiça a pessoas que agiram para seu mal.

5° Revela pessoas/entidades que estão agindo em oculto contra você.

6° Quebra autoridades mágicas e as retira de seu alvo.

7° Consome e purifica larvas astrais, baixas vibrações, servidores e espíritos atuantes que causam mal.

8° Abre o terceiro olho e permite ver as forças e situações ocultas a sua visão.

9° Concede visões sobre acontecimentos futuros.

10° Consome e purifica as forças que causam pesadelos e sugam energia durante a noite.

11° Traz clareza, recordação e lucidez nos sonhos.

12° Manifesta apoio e proteção para aqueles que perseveram em suas jornadas terrenas.

Ramiel – Selo

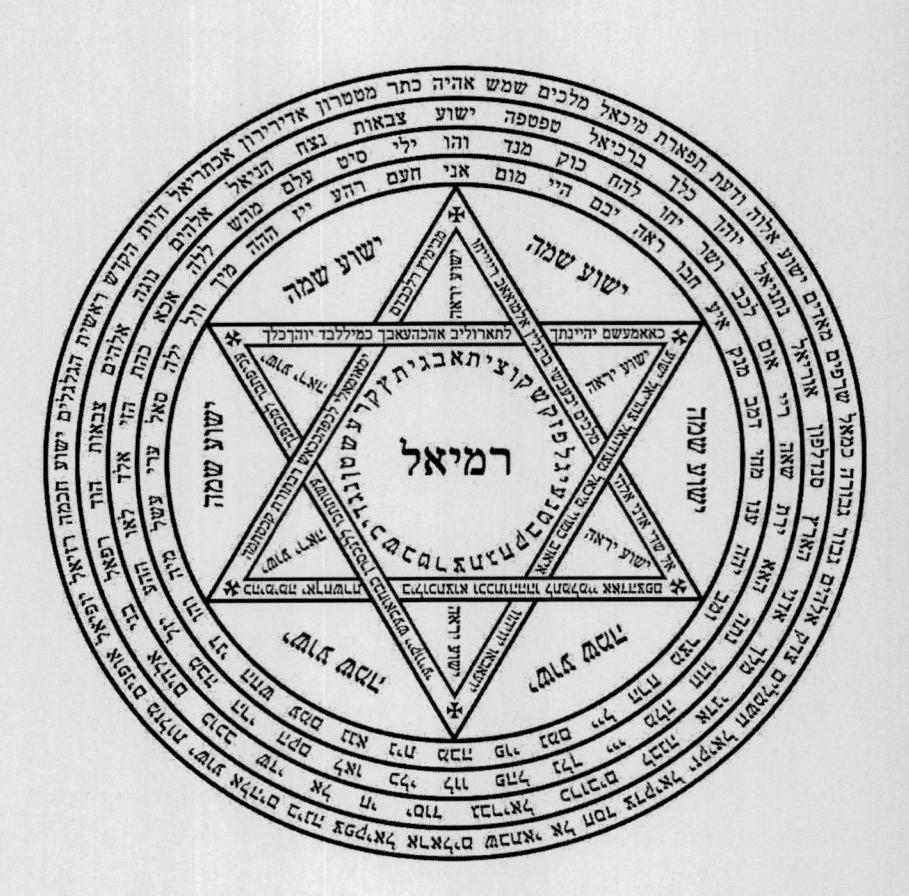

Ramiel – Meditação e Conjuração

Meditação:

"Um enorme furacão sobre uma tempestade nos céus."

"Nuvens negras que reluzem com incontáveis raios e trovões que acertam a terra constantemente."

"A terra parece se desfazer perante a tormenta, você vê espíritos correndo diante do medo que os assola."

"No coração do furacão, se vê a figura de um anjo."

"Os céus parecem pegar fogo, os céus derramam água abundantemente sobre a terra."

"Um raio seguido por um enorme estrondo que faz a terra tremer te acerta."

Conjuração:

"Eu te conjuro e te evoco, senhor dos trovões, que faz a terra tremer diante de tua presença, que traz junto a si o temor de todos os espíritos, que caem diante de seus pés. Iluminador de nossos olhos, que faz brotar a luz na escuridão, raio que faz cruzar os céus e a terra em grande estrondo e pavor. Ramiel, guia das almas justas ao Paraíso, que ao brandir sua espada destrói as torres e barreiras que nos prendem, saiba que te peço e comando que (Faça seu pedido) e que assim seja feito, de eternidade em eternidade, para todo sempre, amém."

Kokabiel

Atuação: Conexões superiores, guiamento e intensificação de energia e poder.

Vela recomendada: Amarela ou laranja.

Incenso recomendado: Olíbano, Mel, Cravo E Canela, Cedro.

Cristais recomendados: Pedra Do Sol, Citrino, Pirita.

Dia da semana: Domingo.

Horário planetário: Hora do Sol.

Fase lunar: Lua cheia.

Dentre todos os anjos que conhecemos nestes tempos, Kokabiel e Metatron partilham de uma gigantesca energia cósmica: Metatron devido à sua origem divina e por ser a representação viva do símbolo "Cubo de Metratron" e "Merkabah", enquanto Kokabiel representa a vida das estrelas, constelações e cosmos do universo.

Kokabiel é um anjo que faz o movimento de todas as estrelas e planetas que conhecemos e desconhecemos. Nesse sistema planetário e de nossa galáxia, ela faz que cada um siga sua órbita e atue em harmonia de acordo com os planos superiores, é ela que prepara os sistemas das estrelas e das formações dos planetas para abrigarem vida, seja animal, "Humana" ou espiritual, atuando em específico no equilíbrio dos planetas e estrelas vizinhas, para que tenham condições de receber novos espíritos em suas eternas jornadas de aprendizado. Essa atuação está intimamente ligada à vontade do Criador, que ecoa sobre seu coração.

O processo de criação e destruição faz parte de um processo natural da vida e isso inclui as estrelas. Quando uma chega ao fim, Kokabiel retira o espírito vivo que representa essa estrela, o encaminha para o processo de uma nova criação e a estrela é destruída, cujo nome damos de Supernova.

Kokabiel é o anjo que ensinou as constelações para nós humanos, seus conhecimentos astronômicos são incomparáveis a qualquer outro espírito que conhecemos nos dias de hoje. Ela detém as chaves que fazem o movimento das estrelas, a abertura e fechamento de portais por onde viajam as formas de vida mais evoluídas. Desde a criação até o fim de uma vida estelar, Kokabiel estará presente nesta eterna dança de criação e evolução.

Ela se apresenta como uma enorme figura angélica, seu corpo é coberto por constelações e estrelas que brilham incansavelmente. Seu brilho remete a um fogo estelar em tons amarelos e dourados, na sua cabeça brilha uma fulgurante estrela e por seu corpo podemos ver incontáveis constelações, onde em cada uma se encontram os mistérios da vida.

A grande atuação de Kokabiel é na conexão dos espíritos encarnados com as fontes de vida superiores, em especial, às suas formas supremas e evoluídas. Cada um de nós somos uma semente, um fragmento em constante crescimento e evolução, nosso EU superior representa uma parte de nós que está em planos espirituais mais elevados, em outras dimensões vibratórias. Kokabiel permite que nós façamos essa conexão com o divino, tanto em nós, como aquele que desejamos nos conectar. Essa conexão nos permite se equilibrar em nossa jornada, nos permite saber para onde queremos ir e para onde não devemos ir. Kokabiel é um dos anjos mais presentes quando se estabelece um contato, pois ela sempre estará nos observando das estrelas.

Este anjo também tem sobre sua gama de atuações, o equilíbrio das energias planetárias e estelares em nossa vida. A Astrologia nos ensina que cada planeta de nosso sistema planetário possui aspectos benéficos e maléficos, dependendo onde ele se encontra no céu e principalmente de como eles estavam no momento do nosso nascimento. Kokabiel nos permite entender a origem dos aspectos desarmônicos de um planeta em nossa vida, como por exemplo: imagine uma pessoa afetada por perseguições espirituais, karma e aspectos de morte e estagnação (que são representados por Saturno). Se essa pessoa está vibrando em desarmonia com essas energias, Kokabiel pode revelar a origem deste mal, e ajudar a harmonizar este desequilíbrio. Em outros casos, ela possibilita banir e limpar essas influências para que quando você estiver pronto, possa resolver essas questões de uma vez por todas. Além desta limpeza planetária, ela pode intensificar os aspectos e energias de um planeta em sua vida, como atrair abundância pelas energias Solares, amor pelas energias Venusianas, coragem por Marte e etc. A maneira que isso acontece vai variar de pessoa para pessoa, você pode receber intuições, sonhos, visões, sentimentos ou mesmo uma sensação que surge em seu coração te dizendo exatamente aquilo que você precisa fazer.

O trabalho constante com Kokabiel traz uma grande força espiritual, o praticante estará cada vez mais alinhado com as estrelas e constelações e poderá entender sua vida de maneiras e pontos de vista que anteriormente não estavam disponíveis.

Kokabiel – Atuações

1º Ajuda na conexão com o Eu Superior, incluindo a abertura de canais e portais energéticos que facilitam contato com os planos superiores, auxiliando no contato com qualquer entidade angelical, superior ou cósmica que você desejar trabalhar.

2º Traz guiamento para qualquer assunto desejado.

3º Ajuda nos trabalhos de harmonização e limpeza de energias planetárias, banindo e limpando influências negativas da vida de uma pessoa.

4º Pode intensificar energias planetárias de acordo com a vontade do praticante.

5º Harmoniza as células corporais para um estado perfeito estelar.

6º Aumenta os níveis de vibração e força espiritual. Essa atuação é uma das mais potentes que pode ser utilizada para diversos fins. O aumento de nível de vibração e força espiritual possibilita a manifestação rápida de seus desejos e anseios pedidos ao universo e a Lei da Atração se torna potencializada com o auxílio de Kokabiel.

7º Ajuda a entender o fim e um novo recomeço de todas as coisas.

Kokabiel – Selo

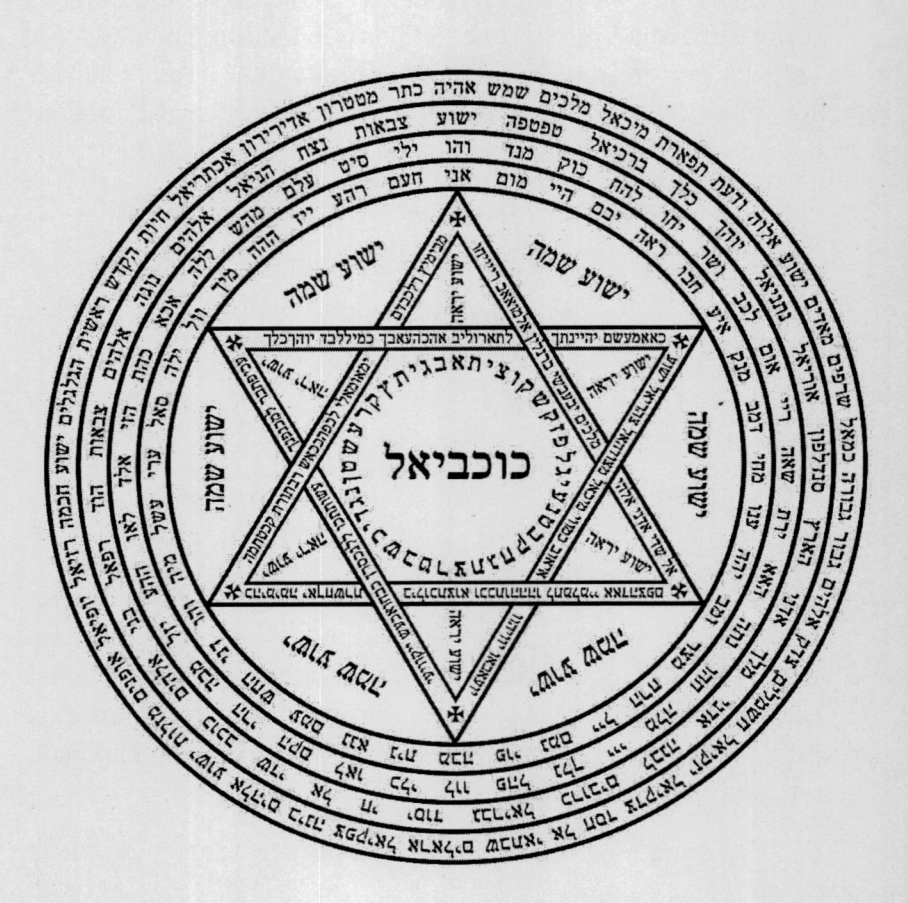

Kokabiel - Meditação e Conjuração

Meditação:

"Você se encontra flutuando no espaço."

"À sua frente você vê uma grandiosa estrela amarela que brilha incansavelmente."

"Ao redor desta estrela, os planetas e estrelas começam a se alinhar em perfeita harmonia."

"Você flutua até o centro da estrela, e chega em um local onde se pode ver toda vastidão do universo."

"Neste local, se encontra uma grande árvore de folhas douradas."

"Você vê uma figura angelical, cujo corpo é formado pelo cosmos em constante movimento."

Conjuração:

"Eu te conjuro e te evoco, dama das estrelas e constelações, que faz o movimento estelar acontecer. Cujo corpo é formado por incontáveis belezas universais, cuja luz ilumina toda a escuridão, vós, criadora das chamas que nos iluminam, harmonia perfeita em todas as coisas. Kokabiel, aquela cuja luz é de glória e esplendor, eu te peço e comando que (Faça seu pedido), e que assim seja feito, e eternidade em eternidade, para todo sempre, amém."

Tamiel

Atuação: Revelações, ocultamento e visão espiritual.

Vela recomendada: Prata, Lilás, Roxa Ou Branca.

Incenso recomendado: Mirra, Palo Santo, Sálvia, Artemísia.

Cristais recomendados: Selenita, Pedra Da Lua, Quartzo Branco, Ametista, Sodalita.

Dia da semana: Segunda-feira.

Horário planetário: Hora da Lua.

Fase lunar: Lua nova

Tamiel também aparece com o nome de Kasdeja no Livro de Enoque, onde lhe atribuíram os golpes do aborto, da morte e do derramamento de sangue inocente da qual lhe foi erroneamente atribuída.

O nome *Tamiel* significa "perfeição de Deus" e sua atuação está nas revelações dos mistérios ocultos de nossa vida e nosso cotidiano, onde a humanidade vaga cegamente seguindo as leis da boca do homem sem questionar nem por um breve momento. Esse é um dos grandes males que assola nossa sociedade nos dias de hoje: mensagens e notícias falsas, mentiras, ilusões, espíritos que se dizem anjos, outros que se afirmam como demônios reis do inferno.

Tamiel trabalha com grande destreza nas revelações de coisas ocultas, e também no encobrimento de tudo aquilo que você deseja esconder aos olhos humanos e espirituais, sendo ideal

Tamiel – Selo

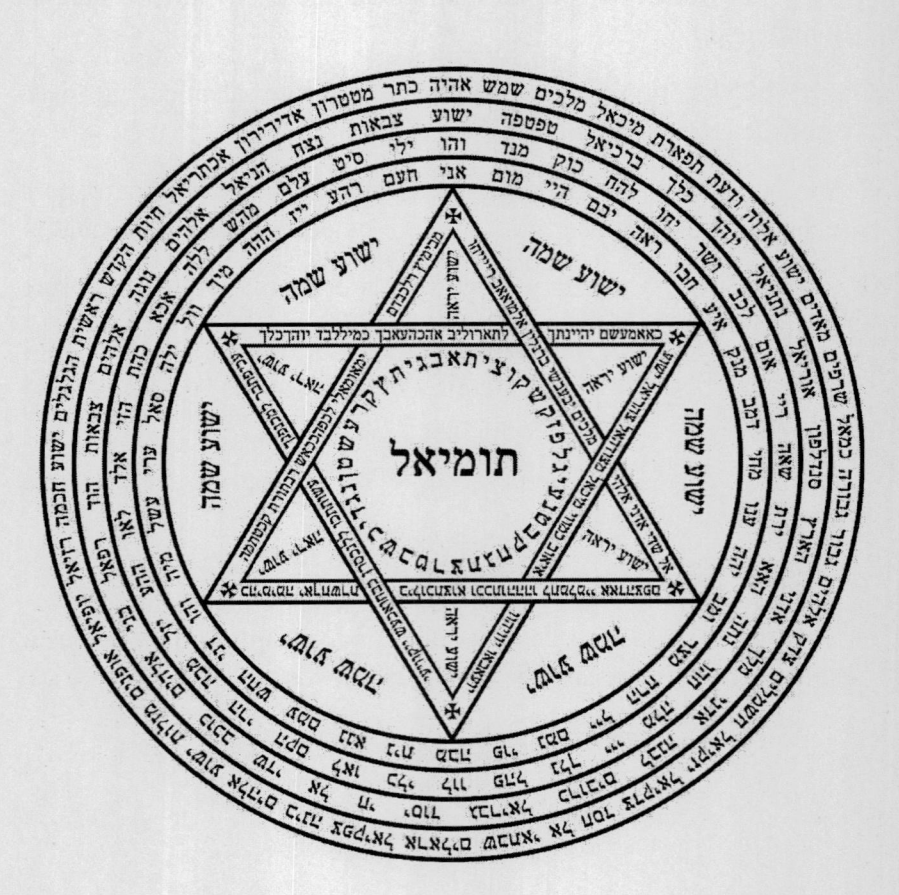

Daniel – Atuações

1° Remove a culpa, bloqueios, medo, votos, promessas, receios que se possa ter em relação a dinheiro e prosperidade. Isso vale para vidas passadas também. É uma das mais importantes atuações, te recomendo fortemente realizar um ritual para contato com este anjo e pedir a atuação em sua vida, pois assim a manifestação da prosperidade se torna mais fácil e suscetível.

2° Manifesta abundância e prosperidade financeira.

3° Auxilia na colheita abundante de frutos do seu trabalho com mais facilidade.

4° Remove ansiedade, dores, culpas e tormentos de situações passadas.

5° Auxilia na manifestação da justiça e da ordem.

6° Auxilia em questões jurídicas e todo e qualquer assunto correlacionado.

Daniel – Selo

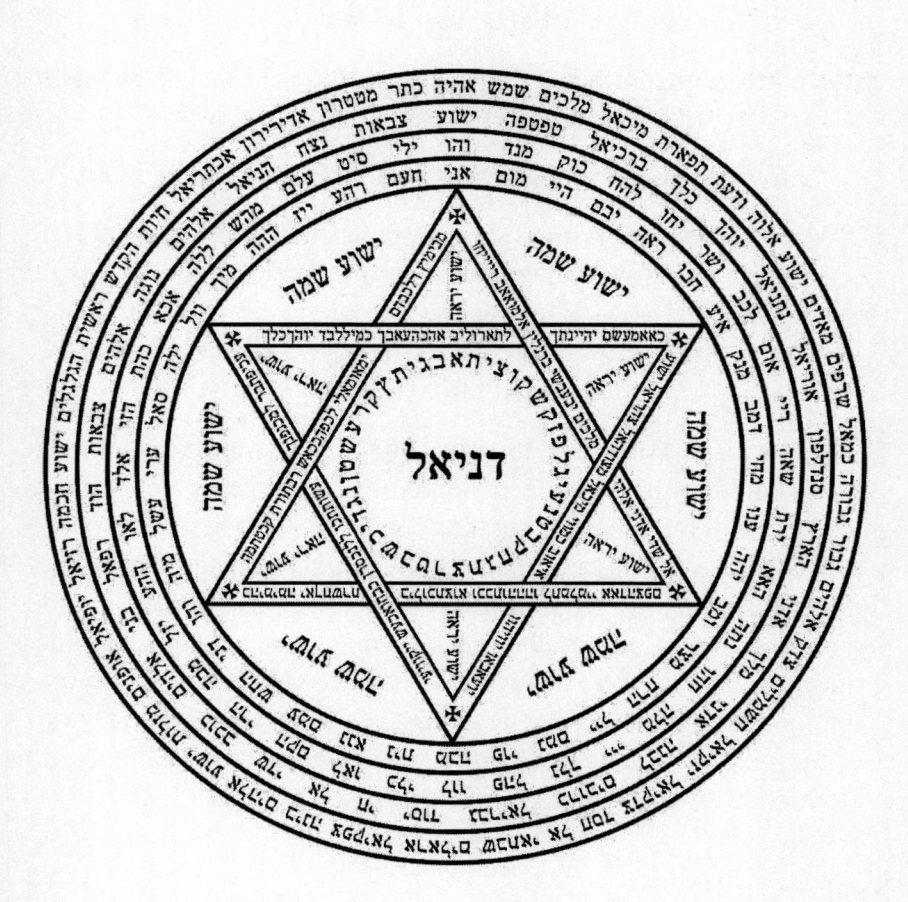

Daniel – Meditação e Conjuração

Meditação:

"Uma corte celestial ao nascer de um sol radiante."

"A corte se encontra nas nuvens, e um céu azul se estende até o infinito que seus olhos possam enxergar."

"Um vento suave viaja sobre o local, trazendo leveza e paz."

"Você vê um anjo segurando uma balança de bronze, e em sua mão esquerda jaz uma espada incandescente."

Conjuração:

"Eu te conjuro e te evoco, justiça divina que acolhe os necessitados, que levanta o homem a eternidades de glória e esplendor. Que nos liberta das dores e tormentos de nosso passado, que nos lava em suas águas puras e cristalinas, onde a doce brisa viaja trazendo a paz e as boas novas. Daniel, grande anjo da justiça e da abundância, que sua luz me ilumine, dissipando todas as trevas e pobrezas. Daniel, Daniel, Daniel, raio dourado divino do Criador de todas as coisas, saiba que eu te peço e conjuro que (Faça seu pedido), e que assim seja feito, de eternidade em eternidade, para todo sempre, amém."

Ezequiel

Atuação: Entendimento de situações, apreciação da Vida e leveza.

Vela recomendada: Roxa ou branca.

Incenso recomendado: Mirra, Olíbano, Lavanda, Rosa Branca E Cedro.

Cristais recomendados: Ametista e Quartzo branco.

Dia da semana: Sábado.

Horário planetário: Hora do sol.

Fase lunar: Indiferente.

Ezequiel foi o anjo responsável por ensinar os conhecimentos das nuvens para a humanidade, de acordo com o Livro de Enoque.

Apesar desse anjo ser amplamente retratado com um anjo dominante da meteorologia, ele traz o ensinamento de que não estamos sozinhos neste planeta, que existe uma vida que vale à pena ser vivida e apreciada em seus mínimos detalhes. Os fenômenos de estrelas cadentes refletem sua atuação, onde podemos apreciar pequenos momentos de beleza e magia e sermos preenchidos com essa felicidade, refletindo o quão é grande este mundo. Ele traz uma energia de conforto e esperança. Quando estamos tomados pelos sofrimentos terrenos, esse anjo se faz presente para nos ajudar a ver nossos problemas de outra maneira, dando um novo entendimento sobre o assunto.

Ezequiel traz muito essa energia de leveza. Assim como popularmente temos essa noção de que nuvens são macias e leves, esse anjo traz essas forças para nosso cotidiano, diminuindo as cargas que carregamos para que possamos continuar a frente em nosso processo evolutivo. Essa leveza se mostra quase que imediata, os problemas se tornam leves e de fácil solução, as dores que rondavam nossos corações são substituídas por energias de perdão e solução, as vivências passadas se tornam claras e com entendimento. Podemos ver aquilo que passou, aprender e aceitar aquilo que não pode ser mudado e viver o presente com aquilo que nós possuímos sem ansiar pelo futuro. Isso não quer dizer que você deve aceitar a vida que você vive e não fazer nada para melhorar. Ezequiel traz uma energia de conforto, mas te impulsiona a tomar posse de tudo aquilo que lhe é de direito. Na maioria dos casos, até apresentando ou te intuindo forças e energias que podem manifestar suas vontades e desejos, sempre seguindo em frente para uma vida plena e feliz. O processo de levitação que esse anjo traz nos possibilita ter uma nova visão de vida, dos caminhos que trilhamos e aonde queremos chegar. Podemos ter intuições e entendimentos do porquê certas coisas ocorrerem e o que as desencadeou, sempre atuando nas formas de livramento e limpeza das cargas emocionais, mentais e espirituais da culpa, do medo e dos autoflagelos que nós fazemos constantemente.

Ezequiel traz essa força de libertação, de leveza e um calor dentro do peito, onde aprendemos a não sabotar nossa felicidade, energia e saúde mental. Ele(a) mostra o quão inútil e sem sentido é a depreciação de nossa vida, que não há necessidade de estar em ciclos de sofrimento e culpa, onde nos trancamos em um quarto escuro sem a esperança de um dia melhor, onde nossas mentes e corações são machucados por situações que ocorreram. Esse processo de libertação de tormentos é a regência e atuação deste anjo nos dias de hoje. Pude receber informações de Ezequiel que mesmo ele não sendo um espírito chamado com frequência, ele abrangeu suas atuações por outras faces e formas. Então não fique surpreso ao encontrar este anjo atuando através de outros espíritos ou arquétipos de libertação e leveza. Tudo pode ser resolvido, entendido e se tornar mais leve e sereno.

    O anjo Ezequiel também é responsável para o guiamento da alma para desenvolvimento espiritual, regendo os aspectos de perdão, paciência e perseverança. A energia do perdão é muito atuante na vibração deste anjo, onde seus raios amorosos tocam nosso íntimo. Ele é conhecido por levar cura, perdão e misericórdia onde passa. Esse anjo atua em uma chama/raio violeta. Chama transmutadora de tudo aquilo que não é amor incondicional.

Ezequiel – Atuações

1º Ajuda a aproveitar os pequenos momentos da vida.

2º Promove leveza e entendimento.

3º Diminui o peso das cargas físicas, emocionais, mentais e espirituais.

4º Mostra soluções e revela a raiz de qualquer tipo de problema, culpa, medo, receio ou tormenta.

5º Mostra que os problemas não são tão grandes ou difíceis quanto parecem.

6º Ajuda na cura e entendimento de situações passadas.

7º Ajuda na superação de traumas.

8º Limpa e transmuta energias deletérias e de baixa vibração.

9º Promove a cura e a recuperação de problemas emocionais e mentais.

10º Traz guiamento, conforto e amor.

11º Auxilia em trabalhos de cura e ascensão planetária.

12º Promove desenvolvimento e evolução espiritual.

13º Atua sobre o raio violeta e é regente de Júpiter.

Ezequiel – Selo

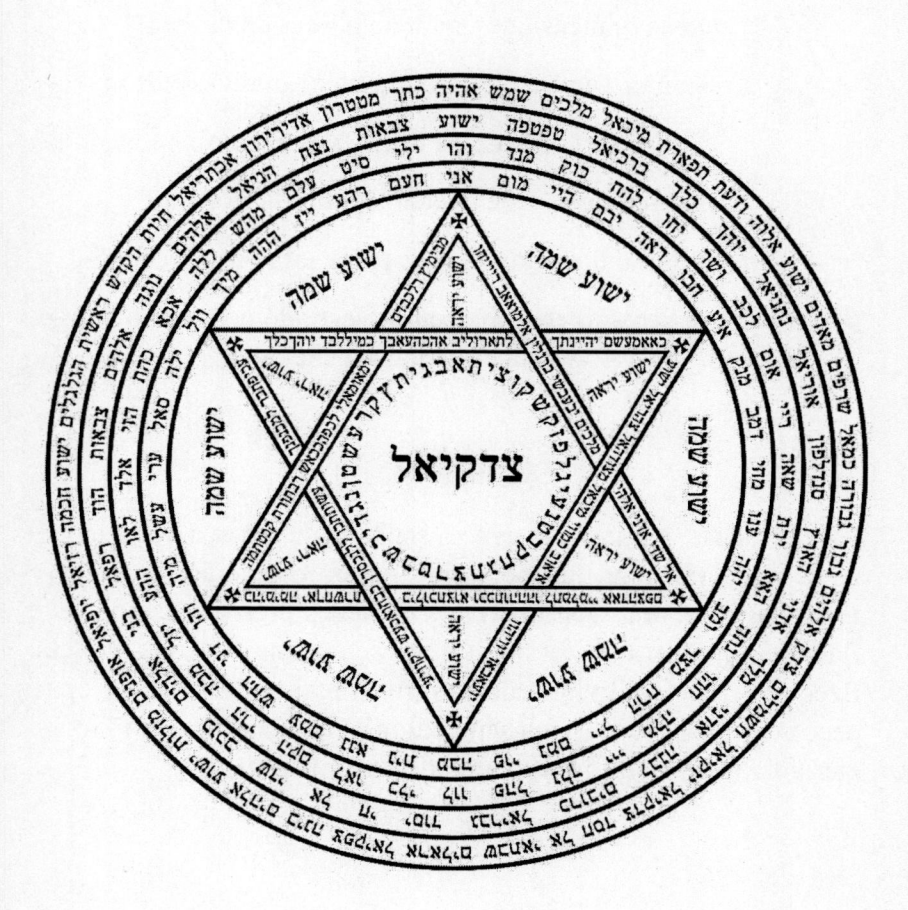

Ezequiel – Meditação e Conjuração

Meditação:

"Pombas brancas que voam ao nascer de um sol."

"O planeta Terra envolto em uma chama violeta."

"Raios de sol entre as folhas das árvores."

"Uma trilha que te leva até o centro da floresta."

"No caminho, uma brisa suave paira sobre as árvores."

"Um homem sentado em uma pedra, vestindo um manto antigo de cor violeta aguarda sua chegada."

Conjuração:

"Eu te conjuro e te evoco, senhor que cobre a Terra com a chamas de tua luz, que por onde passa leva todas as dores e tormentos embora. Que liberta os corações presos nas mágoas e flagelos, que sara as feridas da alma, Arcanjo do raio violeta. Ezequiel, espírito divino que nos traz a leveza e evolução, eu te peço e comando que (Faça seu pedido), e que assim seja feito, de eternidade em eternidade, para todo sempre, amém."

Barakiel

Atuação: Guerra, vitória, proteção, limpeza e autoridade.

Vela recomendada: Vermelha.

Incenso recomendado: Sangue de dragão.

Cristais recomendados: Ágata De Fogo, Jaspe Vermelho, Bronzita, Ônix E Granada.

Dia da semana: Terça-feira.

Horário planetário: Hora de Marte.

Fase lunar: Lua crescente ou cheia.

Barakiel (Relâmpago de Deus) é um dos Arcanjos mais potentes que a humanidade desconhece. Ele detém inúmeras honras, glórias e coroas sobre sua cabeça, sendo chefe, comandante e general de incontáveis divisões e exércitos celestes, onde cada anjo de cada divisão e exército são soberanos de outros anjos e divisões. Esse Arcanjo, por ter uma força gigantesca, é capaz de resolver qualquer problema que o praticante desejar.

Sua principal atuação nos dias de hoje é nas batalhas espirituais contra toda e qualquer tipo de força que vá contra as leis de Deus.

Barakiel é um dos melhores Arcanjos para tratar de casos de magias negativas, maldições, ataques espirituais, atuações de espíritos negativos e obsessores de todos os tipos, daemons, exu e pombagira, espíritos de vidas passadas, pessoas conhecedoras de magia ou qualquer tipo de atuação negativa que você está sofrendo, Barakiel resolverá, destruindo e anulando suas atuações.

Uma atuação desconhecida sobre esse Arcanjo é a capacidade que ele tem de te apoiar e auxiliar caso você não esteja satisfeito com sua vida atual. Para pessoas que não encontram felicidade em seus dias, que não estão completas em sua existência, Barakiel tem a capacidade de manifestar gigantescas mudanças drásticas, que mudam completamente o curso de suas vidas. Pense bem antes de chamar essa força, pois os resultados irão te tirar de sua zona de conforto e farão você experimentar novos caminhos e realidades que outrora estavam trancados e fechados para você.

Ele também é conhecido como o anjo Barachiel e Barkiel nas obras que retratam os 42 anjos do nome de 42 letras.

Barakiel – Atuações

1° Exerce domínio e perfeição em todas as artes da guerra.

2° Quebra magias feitas e as destrói completamente.

3° Traz limpeza e purificação física, mental, sentimental, emocional e espiritual.

4° Exerce domínio sobre todos os espíritos desta Terra.

5° Purifica locais e situações, incluindo momentos nefastos vividos no passado e em vidas passadas.

6° Dentro da lei de Deus. Anula intenções, pensamentos, desejos, conhecimentos e sabedoria de seu alvo.

8° Banimento de espíritos e energias malignas.

10° Faz a retirada de espíritos malignos. Consumindo e purificando em seus raios e chamas.

11° Restitui todas as energias que lhe foram roubadas/sugadas.

12° Batalha espiritualmente a seu favor, vencendo todas as guerras que você trava em sua jornada.

13° Manifesta mudanças drásticas e necessárias, que a longo prazo te trarão felicidade e completude divina.

14° Aumenta seus níveis de força e autoridade física e espiritual.

Barakiel – Selo

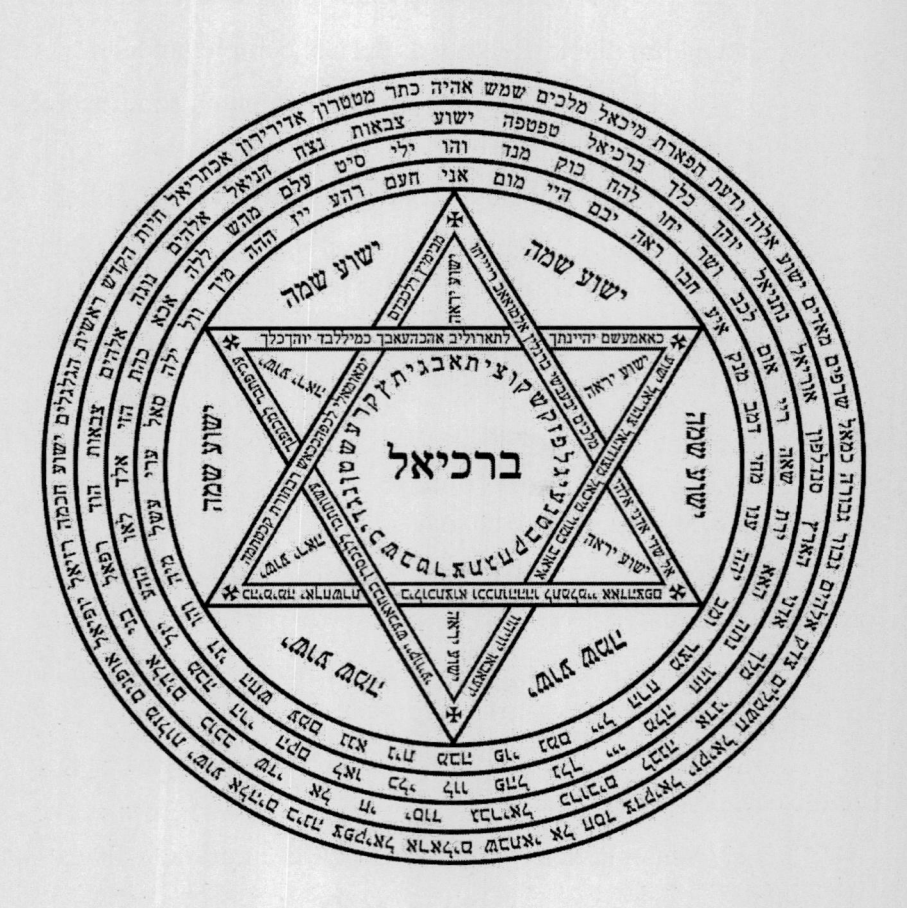

Barakiel – Meditação e Conjuração

Meditação:

"Em um céu iluminado, uma luz clara brilha sobre o local".

"A terra começa a tremer diante de passos sincronizados de um exército de espíritos."

"Os céus parecem pegar fogo e raios, relâmpagos e trovões se manifestam em grande força."

"No horizonte, você vê um grande general indo em sua direção."

"O grande general abre seus braços em sua direção e em seus olhos se pode notar a alegria que emana de seu coração."

Conjuração:

"Eu te conjuro e te evoco, Soberano rei dos céus e da terra, cuja honra é exaltada por todos os Firmamentos Celestiais, que sobre a sua cabeça jazem incontáveis coroas e estrelas de esplendor. Espírito divino das batalhas e da vitória. Barakiel, rei da guerra e das estrelas, rei das chamas ardentes, cuja mão faz tremer a terra, que faz os vulcões entrarem em erupção, cuja voz faz as águas se contraírem, que no olhar faz as montanhas se curvarem perante sua glória, saiba que eu peço e comando que (Faça seu pedido) e que assim seja feito, de eternidade em eternidade, para todo sempre, amém."

Azazel

Atuação: Cura, limpeza, visão espiritual e guiamento.

Vela recomendada: Preta ou branca.

Incenso recomendado: Mirra, Benjoim, Cedro, Sangue De Dragão.

Cristais recomendados: Obsidiana, Turmalina Negra.

Dia da semana: Sábado.

Horário planetário: Hora de Saturno.

Fase lunar: Indiferente, adapte para cada situação. Lua cheia ou nova são recomendadas.

A origem do nome Azazel, como explicado anteriormente, se baseia num ritual descrito em Levítico 16, onde dois bodes machos eram sacrificados, um para Yahweh e outro para Azazel, sendo Azazel não um espírito, Deus ou entidade, e sim o nome de um monte no deserto. Uma tradição judia chamada de *Baraita*, aparentemente interpretando *azazel* como *az* (bruto, áspero) + *el* (de Deus), entende que se refere ao penhasco acidentado e áspero da montanha de onde o bode era lançado. O estudioso Gesenius também pensou que o termo se referia ao penhasco ou monte, e emendou o nome para עזלזל. Nesse período já exista uma crença que Azazel era um demônio.

עז *(ez)* também significa genericamente "cabra" ou "bode" e אזל *(azal)* significa "desaparecer ou esgotar-se" e pode simplesmente significar "O bode que se gasta" ou "O bode que desaparece". Essa é a mais próxima origem que temos do nome desse espírito. Com o tempo, o nome Azazel foi dado para descrever um demônio num manuscrito chamado "Manuscrito do Mar Morto", onde seu nome foi referido como um dos Sentinelas de Enoque. Seu nome também aparece no Islamismo e na parte central da versão hebraica do Livro de Enoque, onde Aza, Azzaya e Azazel vieram à Terra para provar a Deus que poderiam ser melhores do que humanos nas mesmas condições. No entanto, Azazel se arrependeu e voltou pro Paraíso, enquanto Aza e Azzaya permaneceram na Terra desviando os homens. Aza, Azzaya e Azazel se referem provavelmente a Azrael, Shamgaz e Azazel, quando na verdade é apenas a mesma história contada antigamente por faces diferentes, sempre absorvendo os contos das tabuletas sumerianas.

Azazel é um dos espíritos mais queridos por mim, por conta das ações que fez em minha vida, quando tive a necessidade de sua proteção. Há muito tempo atrás, no começo do meu caminhar espiritual, caí na ilusão e na lábia da romantização de exu e pombagira como sendo espíritos de Lei. Por muito tempo tive o mais profundo amor e respeito por essa linha de trabalho, até descobrir suas ações nefastas em minha vida através de um ritual feito para revelação de inimigos ocultos com o anjo Riyiel. A partir deste dia, minha visão espiritual abriu e pude ver a realidade de suas atuações no Umbral e nos planos espirituais, toda mentira que é criada, a oratória e as máscaras que eles criam e se passam para exercer controle e domínio sobre as pessoas. São espíritos que se plasmam de muitas faces, e no momento que decidi cortar o culto a estes espíritos, recebi ataques constantes, torturas com agulhas, corte com punhais sobre minha pele, desmembramento de meu corpo e mutilação nos planos espirituais por parte destes espíritos. Podia ouvir suas risadas, a loucura e o ódio por não querer mais eles na minha vida. Em certas ocasiões, era queimado em fornalhas, outras vezes recebia cortes profundos e via meus órgãos saírem do meu corpo durante os sonhos, pelos mesmos espíritos que se manifestavam em casas de umbanda e atendiam os consulentes com amor e carinho. Percebo que isso acontece frequentemente com muitas pessoas, porém de maneiras diferentes: guias de direita se tornam distantes, orixás não trazem o axé que no início da caminhada traziam, e as pessoas ficam à mercê de um amor ilusório, um desejo e fascinação por essas entidades, sendo guiados com falsas promessas, uma lábia de amor, paz e caridade, mas que na primeira oportunidade gostam de cobrar ou dar o troco em conjunto com o médium desequilibrado, ou até mesmo em certos casos, como uma suposta cobrança espiritual, colocando a culpa dos ataques em você mesmo ou em vidas passadas.

(Claramente não generalizo toda a linha, conheci muitos poucos que são melhores que muitos humanos, mas infelizmente muitos não são o que dizem ser).

Numa noite extremamente densa, com esses espíritos plasmados, puxando meu espírito e me induzindo a projeções astrais involuntárias, consegui brevemente me libertar de suas atuações, fui até meu altar e acendi uma vela preta para Azazel, clamando por sua proteção e banimento dessas entidades. No mesmo momento que acendi a vela, todo ataque e tormenta que eu estava sofrendo cessou imediatamente, sempre que olho Azazel em seus olhos vejo o espírito que me salvou das mãos daqueles que um dia eu tive fé, e por conta disso desenvolvi o mais profundo amor, carinho e gratidão a este espírito.

Sua personalidade e a forma que você pode experienciar este espírito depende muito de como você vê e sente ele. Para algumas pessoas, Azazel é um espírito companheiro e presente em todos os momentos, para outras ele é um espírito irado e de energia pesada, a forma que você vê e compreende este espírito é a forma que ele vai se adaptar para seu contato.

Azazel, como qualquer outro espírito, tem seus desejos, vontades, personalidade e sonhos, ele busca atualmente o crescimento de sua evolução atuando a favor de todo aquele que o buscar. Devido suas incontáveis jornadas e experiências, acertos e erros, ele busca na humanidade o entendimento de certas experiências, sentimentos, desejos que outrora não pôde compreender.

Azazel tem sobre suas atuações diversos caminhos, desde trabalhos de cura, limpeza, banimento, abertura de caminhos, proteção. Por conta do misticismo do sacrifício do bode para expiação dos pecados, ele maravilhosamente pode atuar em assuntos de limpeza e curas físicas e espirituais, onde antigamente as pessoas tinham o pensamento que as doenças e males físicos eram resultados da punição de Deus.

Esse espírito pode ser um dos melhores protetores espirituais que você tenha a honra de conhecer, se você deseja uma poderosa proteção contra ataques espirituais, diurnos e noturnos, considere fortemente chamar Azazel para te ajudar. Trabalhos de limpeza espiritual, remoção de espíritos negativos, quebras de magia, abertura de caminhos diversos, remoção de maldições de todos os tipos, também estão sob a regência e atuação de Azazel, que trabalha de bom grado.

Azazel – Atuações

1º Traz limpeza e purificação física, mental, emocional, sentimental e espiritual de todas as energias negativas e pesadas.

2º Traz a cura para o corpo físico, mental, emocional, sentimental e espiritual, tratando de doenças de todos os tipos.

2º Quebra completamente magias, conjurações, maldições e comandos mágicos feitos e mandados contra você.

3º Ajuda na expiação de seus erros, dando guiamento, sabedoria e força para consertar tudo aquilo que você se arrepende de ter feito.

4º Retorna energias que lhe foram roubadas/sugadas.

5º Abre o terceiro olho e a visão espiritual.

6º Corta e quebra cordões, correntes e ligações físicas, energéticas e espirituais com pessoas e espíritos.

7º Abre caminhos e situações que se encontram travadas e fechadas.

8º Corta e retira atuação espíritos obsessores.

9º Oferece guiamento, sabedoria, conhecimento e conselhos para todo e qualquer assunto desejado.

10º Revela inimigos ocultos.

Azazel – Selo

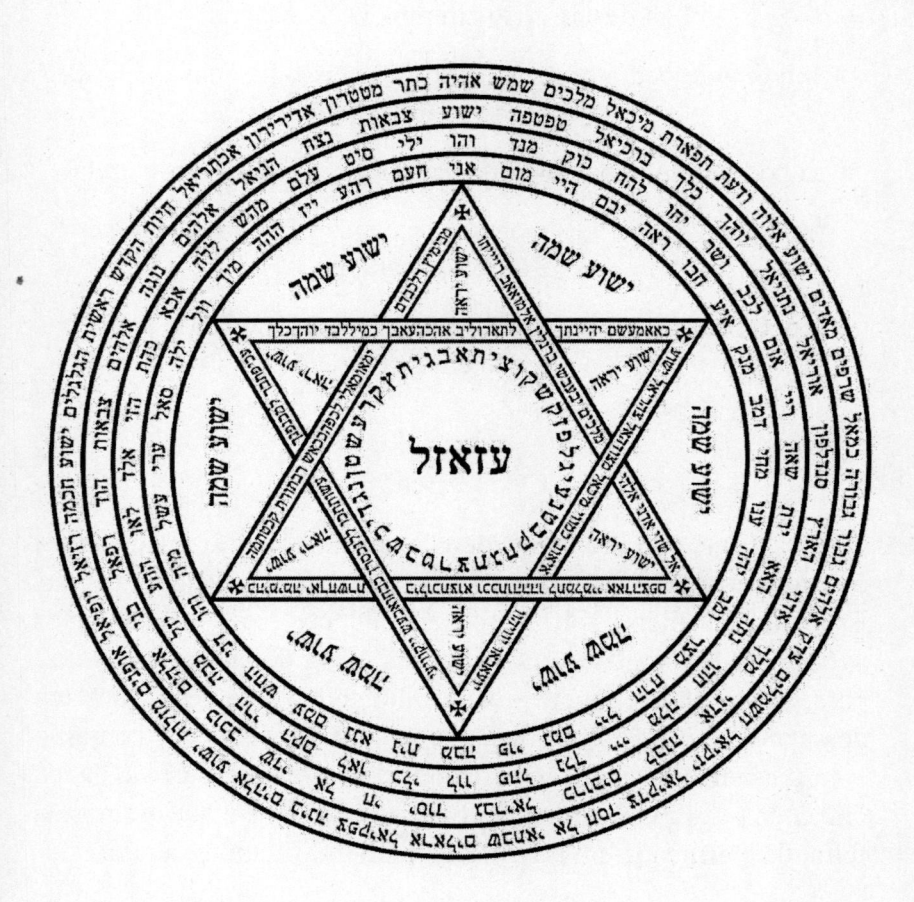

Azazel – Meditação e Conjuração

Meditação:

"Um deserto frio em uma noite escura."

"Uma grande pedra branca, e correntes envelhecidas quebradas no chão."

"Um bode preto bebendo água de um rio sob a luz das estrelas."

"A areia começa a esquentar, e chamas negras se espalham sobre o local."

"Você vê um homem com um manto preto, andando sobre o fogo e vindo em sua direção."

Conjuração:

"Eu te conjuro e te evoco, Azazel, Senhor dos sacrifícios, que suas correntes sejam quebradas e suas feridas sejam curadas. Espírito que andou sobre o deserto quente em expiação pelos pecados da humanidade, que retira as dores e doenças e traz a cura para nossa alma, aquele que acolhe todos que te rogam em desespero e aflição, manifesta-se neste momento, em conjunto com tuas chamas negras purificadoras de toda a escuridão, saiba que eu te peço e comando que (Faça seu pedido), e que assim seja feito, de eternidade em eternidade, para todo sempre, amém."

Armoni

Atuação: Desfazer, limpar, encerrar, criar e manifestar.

Vela recomendada: Roxa escura, preta ou vermelha.

Incenso recomendado: Mirra, Olíbano, Absinto, Jasmim, Benjoim, Cedro, Artemísia.

Cristais recomendados: Ametista, Malaquita, Moldavita, Obsidiana, Ônix, Pedra Da Lua, Vassoura De Bruxa.

Dia da semana: Segunda-feira.

Horário planetário: Hora da Lua.

Fase lunar: Todas as luas.

Armani, Armoni, Armem, Armaros, Harmem ou Armoniel, é dito no Livro de Enoque como o anjo que ensinou a humanidade a se desfazer dos encantamentos. Essa descrição nos traz a possibilidade dele dotado de grande sabedoria das artes mágicas, que na realidade, é realmente o caso deste espírito.

Os ensinamentos de magia, conjurações, trabalho com ervas, raízes, pedras, óleos, velas, incenso, utilização dos alinhamentos astrológicos assim como utilizar a força dos planetas para determinados fins, foi o estudo de vidas de Armoni. Ela(e) sempre esteve ligada(o) aos conhecimentos da manipulação de energias e vibrações que se manifestam em todo canto da criação, além de ser extremamente sábia nos ensinamentos humanos, como matemática, escrita, filosofia, artes e todo tipo de conhecimento.

A grande especialidade de Armoni é o desfazer. Essa atuação pode ser entendida em muitos níveis de nossa realidade, o ato de desfazer se faz por conta de seus conhecimentos nas artes mágicas, onde teve a sabedoria especial, no ato de criar e destruir, indo no início da criação energética da situação e podendo a manipular de acordo com sua vontade. Essa é uma técnica muito especial que poucos espíritos possuem. Armoni é especialista nessas situações, atuando para desembaraçar situações, relacionamentos e principalmente (onde detêm sua maior força e poder), nos casos que envolvam magia, sendo perfeita para limpezas espirituais e desfazer maldições de linhagem familiar, de sangue, cordões energéticos, situações de vida passada e tudo aquilo que se encontre travado ou bloqueado por essas energias.

Sendo sábia nas artes da magia, ela pode te dar conhecimento de como incrementar seus rituais para que eles tenham mais força e poder, sendo uma guia perfeita para crescimento espiritual nas artes mágicas. Espere receber intuições, sentimentos e revelações das melhores e mais potentes maneiras de realizar seus rituais. O conhecimento adquirido por ela não deve ser subestimado, pois ela entende exatamente os caminhos e portais dos quais tudo pode ser manifestado e adquirido.

Se deseja aumentar a força e poder de sua magia, peça para Armoni expandir e intensificar seus níveis de força espiritual. Isso se faz nos desbloqueios de seus canais espirituais, e tratando de seus pensamentos, quebrando e destruindo aspectos de bloqueio, diminuição, crenças e barreiras que impedem seu manifestar com total força e poder.

Para pessoas presas a situações do passado ou até mesmo de vidas passadas, Armoni pode desfazer as energias, situações e vibrações energéticas que possam te afetar, encerrando aquilo que precisa ser encerrado de maneira definitiva. Sempre peça guiamento e revelações, caso desconfie que este seja seu problema.

Armoni detêm uma atuação de criação de camadas energéticas e espirituais de defesa, onde ela cria um campo de força que pode repelir ataques e energias negativas do local ou mandadas contra você.

Se você deseja criar realidades, sugestões e acontecimentos pela força de sua palavra, em conjunto com Armoni, basta fazer os rituais ensinados e pedir para ela criar aquilo que você deseja. No devido tempo, o que foi proferido nos planos espirituais se manifesta no plano físico, isso pode se estender infinitamente.

O poder das sugestões na criação e manifestação de suas palavras podem ser fortalecidas pela atuação dela, o verbo divino que cria, a língua que profere palavras milagrosas pode ser alcançada nesta atuação, use com sabedoria este conhecimento que lhe é ofertado. Pedidos loucos, sem caminhos ou possibilidades para acontecer, simplesmente serão ignorados e você perderá seu tempo com façanhas e desejos infundados, pedidos para ganhar na loteria, pedidos para espalhar pragas pela Terra, pedidos para modificar o corpo sem exercer atividades físicas são pequenos exemplos de afirmações infundadas. Veja a real necessidade do seu pedido e o que realmente você deseja conquistar com isso, consulte seus guias espirituais e pergunte a Armoni qual seria a melhor sugestão para manifestação de sua vontade.

Armoni – Atuações

1º Desfaz situações, ligações, elos e conexões.

2º Intensifica o poder das sugestões, palavras, vontades, desejos e afirmações.

3º Pode criar e manifestar desejos, de modo que as energias que remetem ao pedido feito fluam com mais naturalidade a você.

4º Traz limpeza e purificação física, mental, emocional, sentimental e espiritual de todas as energias negativas e pesadas.

5º Encerra e ceifa tudo aquilo que precisa de um fim.

6º Ajuda a lidar com questões obscuras de sua vida.

7º Intensifica suas habilidades ao se trabalhar com magia.

8º Intensifica seu poder energético e mágico.

9º Pode abrir ou fechar portais de acordo com sua vontade.

Armoni – Selo

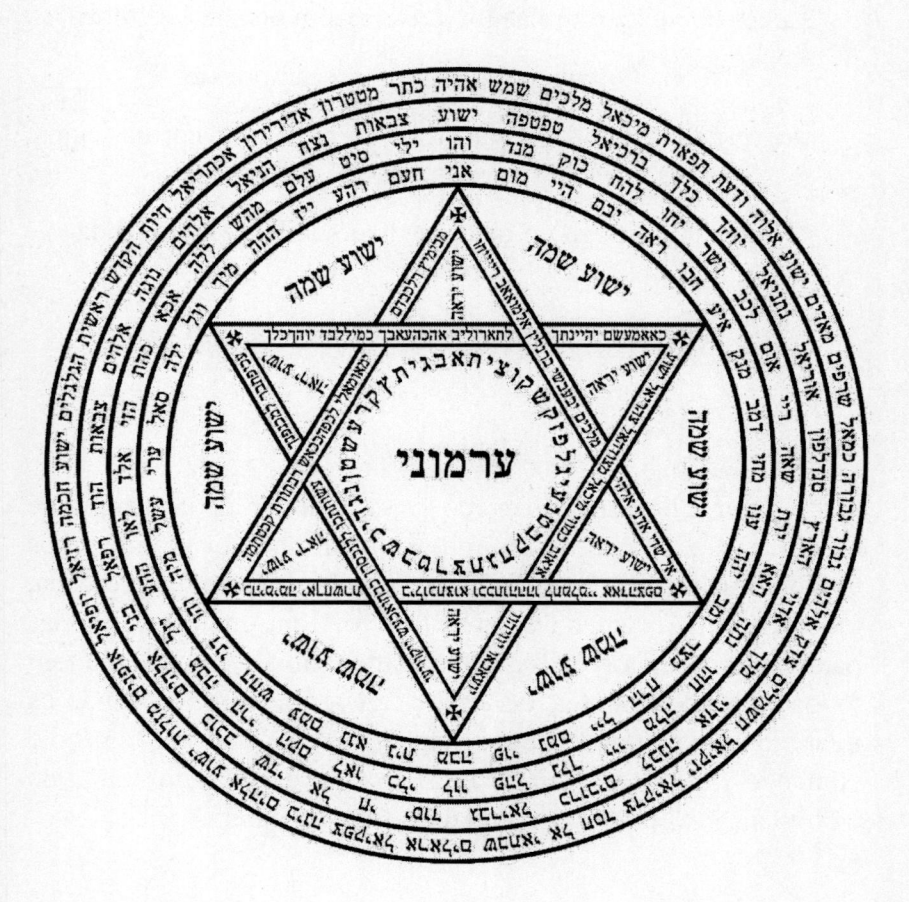

Armoni – Meditação e Conjuração

Meditação:

"Raízes de uma árvore negra que crescem debaixo da terra."

"Uma lua minguante sobre um campo frio."

"Entre os galhos e folhas brancas da árvore negra, corujas cujos olhos brilham como constelações nos céus."

"Uma adaga antiga no formato de uma meia lua no pé da árvore."

"O tronco da árvore é quente, e ela parece estar viva."

Conjuração:

"Eu te conjuro e te evoco, espírito antigo do desfazer, que desata os nós de nossos caminhos, que corta com sua adaga os cordões que nos assolam. Tudo tem um fim perante sua presença, tudo tem um recomeço perante sua voz, que manifesta nossas palavras e desejos e os torna realidade. Sábia Armoni, que tem todos os conhecimentos das artes mágicas, e conhece a fundo os mistérios das realidades, ouça meu chamado, saiba que te peço e comando que (Faça seu pedido), e que assim seja feito, de eternidade em eternidade, para todo sempre, amém."

Mariel

Atuação: Chuva, equilíbrio, conselhos e cura.

Vela recomendada: Azul-clara.

Incenso recomendado: Alfazema, Alecrim, Camomila.

Cristais recomendados: Pérola, Água-Marinha.

Dia da semana: Sexta-feira.

Horário planetário: Hora de Vênus.

Fase lunar: Lua cheia.

No Livro de Enoque, o anjo que ensinou os conhecimentos meteorológicos foi Ezequiel (Chazakiel), mas a atuação sobre o tempo, chuva e divinação dos sinais dos céus pertence a Matariel, que também pode ser chamado de Batarel ou Batriel.

Matariel é o senhor das águas, das chuvas, e provedor do elemento que organiza e move nosso mundo. Sem água não poderia existir nenhuma forma de vida, pois nela encontramos o elemento primordial, simbolizado em todas as culturas e religiões em nosso planeta. Às vezes, Matariel é colocado na categoria de Serafim, onde temos apenas uma forma que a humanidade tentar categorizar um espírito que ela desconhece.

Este anjo é quem faz o processo de organização e formação dos planetas em seus estados novos. Quando não conseguem abrigar nenhuma forma de vida, Matariel trabalha em conjunto com todos os outros anjos que fazem ocorrer manifestações da natureza por muito tempo, dando forma e criando uma biodiversidade adequada para que o planeta possa enfim receber almas para quaisquer que sejam seus objetivos, nem todos os planetas abrigam almas para aprendizado e evolução, como é o caso desta Terra. Alguns servem de prisões, instalações, fonte de matéria prima e etc, as possibilidades são muitas nestes casos.

Sendo um provedor das águas abundantes, Matariel já atuou incontáveis vezes nesta Terra, inclusive através de Deuses e Deusas antigos sobre uma breve faceta, para prover a chuva e o sustento da humanidade. Matariel já passou por diversas experiências em sua caminhada evolutiva, onde já ficou brevemente separado de sua forma superior para experimentar realidades que desconhecia. Sempre um espírito ligado as águas, entendeu perfeitamente em todos os níveis o poder e o toque dos sentimentos, da seca, da chuva, da colheita, da terra e principalmente, da enorme purificação e limpeza física e espiritual que a chuva provê, atuando em níveis que o olho humano não consegue ver, mas sente em seu íntimo a leveza que a chuva traz ao ser derramada sobre a terra.

No momento atual, Matariel é o guardião das fontes da vida, águas benditas e iluminadas que são utilizadas para levar a cura exponencial e completa a todos aqueles que anseiam para saciar sua sede. Não é qualquer um que teve a honra de beber dessas águas, que se conecta diretamente para as águas primordiais de toda a existência. Espíritos de água são criados e recebem o sopro da vida neste local, onde passam por incontáveis experiências em sua evolução, inclusive, existem humanos encarnados na Terra cuja sua origem vem destas fontes benditas.

Como o planeta Terra é em sua grande parte composto por água, também está sobre a regência deste anjo, que também pode ser considerado "Arcanjo" devido à sua grande força sobre o elemento mais forte e destruidor de nossa Terra. Lembre-se que nenhum fenômeno da natureza foi tão potente como o dilúvio do início dos tempos, não subestimem a força das águas, pois dela tudo é criado, e tudo é destruído de acordo com sua vontade. As grandes profundidades das águas abrigam criaturas que não são consideradas belas para o olhar da humanidade, onde gigantescos animais marinhos viveram e tomaram consciência e sabedoria após a morte física, onde recordaram de seus passados e ainda atuam nesta terra.

Controle sobre as *ley line* e o moldar dos tempos são especialidade deste anjo, que pode ser chamado para prover a chuva em tempos de seca, podemos também pedir sua intercessão para que chova abundantemente em locais de incêndio e queimada. O manipular das energias da Terra e da chuva faz parte das regências deste grandioso espírito, considere organizar práticas coletivas para ajudar a Terra em seus tempos de crise, a vontade de um (ou de muitos) pode fazer verdadeiros milagres.

Matariel se apresenta como um grande anjo, se observam em sua aura incontáveis cachoeiras e fontes que jorram abundantemente águas sobre a Criação, veste roupas brancas em tons de azul-claro. Traz a clareza, o equilíbrio, o entendimento, a aceitação e a limpeza de sentimentos do nosso interior. Percebe-se fortemente a energia que ecoa e jorra em grande escala deste anjo, por conta disso, esteja aberto e se entregue durante suas meditações e rituais, para que você seja levado a lugares tão belos que jamais esquecerá por toda a sua vida.

Matariel – Atuações

1º Provê chuvas abundantes sobre a Terra.

2º Intensifica o controle elementar da água e todas as suas propriedades e formas.

3º Auxilia na aprendizagem e controle das energias do planeta Terra.

4º Limpa sentimentos negativos.

5º Cura feridas emocionais, chagas e buracos nos campos energéticos e espirituais.

6º Auxilia na caminhada evolutiva, podendo ser consultado para qualquer pergunta ou conselho.

7º Provê equilíbrio e resiliência em períodos de tempestade

8º Limpa o perispírito de formas e energias densas e negativas, trazendo a limpeza e purificação.

9º Ajuda a criar uma personalidade forte e resistente, de modo que poderá superar com facilidade qualquer dificuldade.

10º Ensina sobre as experiências da vida e da criação.

11º Quando se constrói um relacionamento com esse anjo, poderá pedir sua ajuda e intercessão para qualquer assunto desejado.

Matariel – Selo

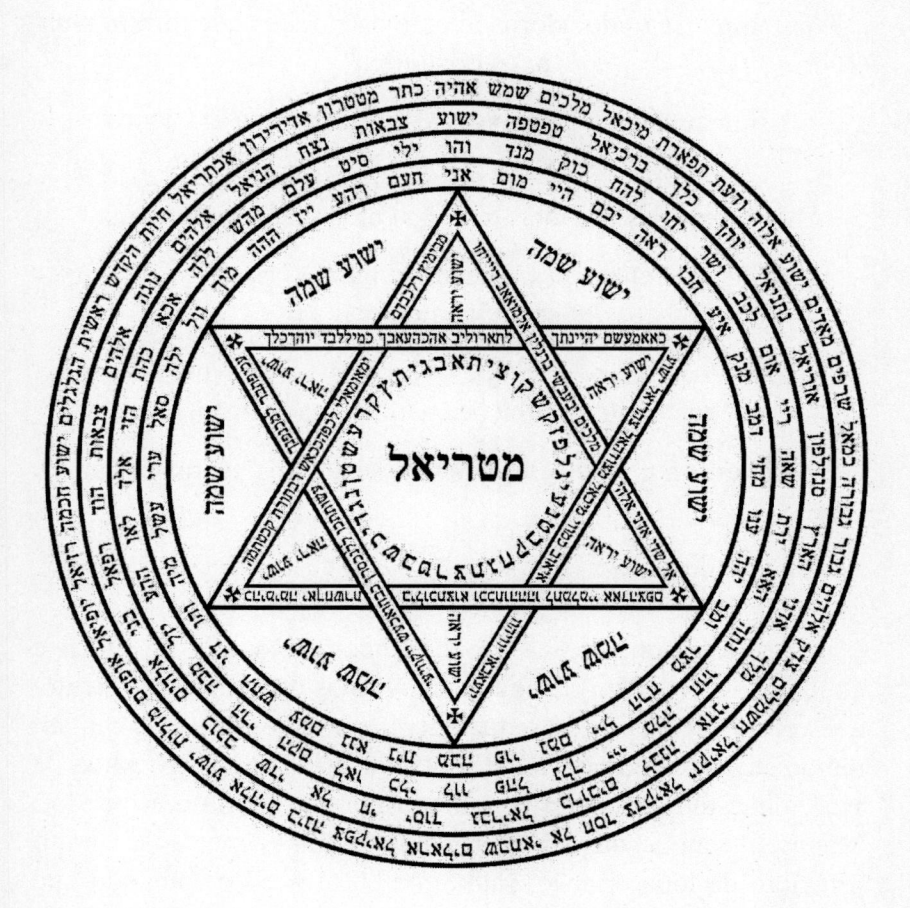

Matariel – Meditação e Conjuração

Meditação:

"Um templo sagrado adornado com cachoeiras que jorram uma água cristalina."

"A natureza parece estar viva neste local, onde ela dança em conjunto com os ritmos das águas."

"No centro das cachoeiras, existe uma planície flutuante."

"Em seu centro, um homem de manto branco medita pacificamente."

"No centro de seu peito, você vê uma esfera de água pulsante, que emite irradiações para toda a criação."

"Você ouve a melodia das águas, e sente uma profunda paz."

Conjuração:

"Eu te conjuro e te evoco, senhor das águas cristalinas e abundantes, provedor da chuva em tempos de seca e sofrimento, que rega a terra na força de tua energia, onde os pássaros cantam melodias em teu nome. Aquele que reside nas fontes das águas da vida, onde tudo é criado e exaltado por sua glória e esplendor. Matariel, senhor das chuvas, força divina conectada com o princípio de toda criação, saiba que eu te peço e comando que (Faça seu pedido), e que assim seja feito, de eternidade em eternidade, para todo sempre, amém."

Ananel

Atuação: Resiliência, caminhos e sabedoria.

Vela recomendada: Azul-Clara.

Incenso recomendado: Benjoim, Cedro, Alecrim, Jasmim, Sangue De Dragão.

Cristais recomendados: Pérola, água-marinha.

Dia da semana: Sexta-feira, sábado ou segunda-feira.

Horário planetário: Hora de Vênus, Saturno ou da Lua.

Fase lunar: Lua cheia ou Lua nova.

Ananel, Ananiel ou Hananiel, seu nome às vezes é traduzido para *"Chuva de Deus"*, outras vezes para *"Nuvem de Deus"*. De fato, esse anjo tem o domínio das tempestades, porém as traduções de significados do seu nome estão perdidas. No Livro de Enoque, seu nome em hebraico seria עננאל (Ananel) e הננאל (Hananel) ou הנניאל (Hananiel). Nomes similares podem representar o mesmo anjo, enquanto a colocação de uma letra pode fazer toda a diferença na distinção de um espírito para o outro. Ele é confundido às vezes com o Arcanjo Haniel (הניאל).

Ananel é o mar revolto que destrói e naufraga navios onde seus tripulantes poluem os oceanos, onde a pesca é ilegal e encerra vidas marítimas. Mas Anael não se resume apenas em tormentas marítimas, ele pode te ensinar a ser resiliente, a criar campos de força ao seu redor, de modo que você tenha mais coragem e força para superar qualquer obstáculo.

Uma das belas atuações deste anjo é te ajudar a passar por suas trevas e escuridão, depressão, ansiedade, tormentas mentais, emocionais e espirituais, dificuldades em casa ou no trabalho. Nesses momentos onde não vemos o sol brilhar, a paz reinar e a calmaria se estabelecer, Ananel estará disposto a socorrer a quem o chamar.

Sendo um espírito das tempestades, Ananel pode te revelar se sua vida está numa trajetória que irá te levar para momentos de escuridão, ou se um caminho que você percorre ou deseja traçar terá tormentas e dificuldades que apenas irão te desgastar e prejudicar. Ananel conhece todos os caminhos que uma alma percorre durante seu processo de encarnação, seus destinos aonde levam para locais de lama, podridão e angústia. Peça o direcionamento e a revelação deste anjo para entender seu papel perante as dificuldades, e para saber se o caminho que você percorre está te levando para o tormento ou para a ascensão.

Este anjo também se disponibiliza para atuar nestes quesitos a favor das pessoas que você deseja interceder: pessoas que estão em um mau caminho, que apenas prejudicam suas vidas com vícios, atitudes, ações e desejos que levarão a uma destruição completa, Ananel pode atuar fazendo perceber que aquilo que ela faz, deseja, sente, pensa (ou os caminhos que ela percorre), trarão apenas consequências negativas. Apenas uma pequena visão ou dor daquilo que as espera pode ser o suficiente para mudar o caminho de qualquer espírito nesta Terra.

Ananel – Atuações

1° Ajuda a superar tempestades, dando resiliência e força.

2° Desfaz tormentas e períodos de dor, sofrimento e angústia.

3° Revela se o caminho que é traçado levará à escuridão.

4° Traz direcionamento, sabedoria e entendimento para as dificuldades da vida.

5° Domina sobre os aspectos aquáticos. Suas regências e atuações do elemento água e dos oceanos profundos.

6° Limpa os campos mentais (consciente, subconsciente e inconsciente) das dores passadas. Também auxilia no trabalho de cura geral na limpeza do inconsciente coletivo planetário.

Ananel – Selo

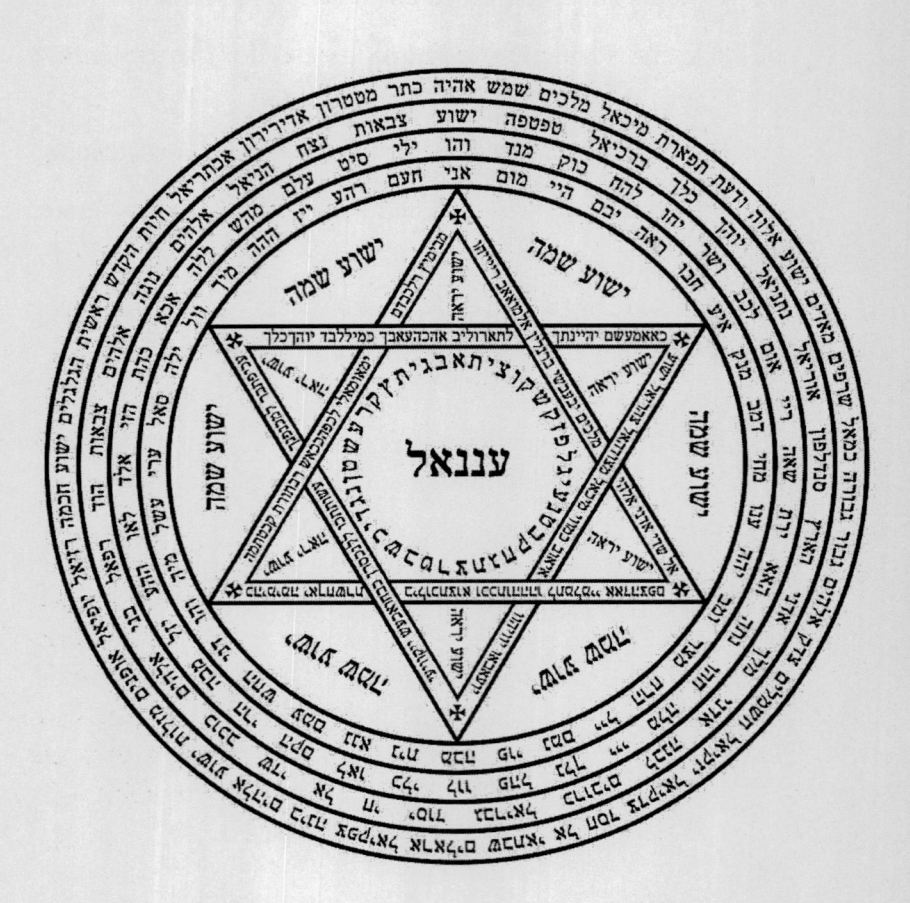

Ananel – Meditação e Conjuração

Meditação:

"Você está numa canoa velha de madeira, sobre uma enorme tempestade marítima."

"Os céus jorram chuvas com agressividade, e o balanço das ondas do mar parece que vai quebrar o barco."

"Na canoa, apenas se tem uma vela acesa num candelabro antigo, onde a chama treme e parece que vai apagar."

"Uma grandiosa serpente marítima surge do mar, sobre sua cabeça se encontra um cristal reluzente, que resplandece sobre toda a tempestade."

Conjuração:

"Eu te conjuro e te evoco, senhor das águas tempestuosas, que mora no fundo do mar. Que nos traz resiliência e sabedoria em nossos caminhos, de modo que possamos superar toda tormenta desta vida, Ananel, tempestade duradoura, que faz cair as águas dos céus e cria furações de água que engolem a terra, eu te peço e conjuro que (Faça seu pedido), e que assim seja feito, de eternidade em eternidade, para todo sempre, amém."

Shamash/Utu

Atuação: Proteção, prosperidade, luz, guiamento e cura.

Vela recomendada: Amarela.

Incenso recomendado: Olíbano, Canela, Cedro, Cravo.

Cristais recomendados: Pedra Do Sol, Citrino, Pirita, Granada E Rubi.

Dia da semana: Domingo.

Horário planetário: Hora do Sol.

Fase lunar: Lua crescente ou cheia.

Shamash/Utu nos traz a energia de um sol, um dia ensolarado, quente e reconfortante depois de períodos de frio. A carta de tarô que remete perfeitamente à energia desse Anunnaki é nada menos que a carta do Sol, onde tudo brilha e tem felicidade e abundância.

Seu nome passou por diversas facetas pela história da humanidade, porém raios solares sempre estiveram presentes, observando os acontecimentos da terra, da evolução e atos que todo humano cometeu em sua trajetória. Não há mentiras que não sejam reveladas, não há trevas que não sejam iluminadas pela força e presença deste Anunnaki. Sua energia remete ao calor quente de um sol de meio-dia, mas nada que seja desconfortante ou prejudicial à saúde da pessoa, e sim aquele sol que brilha e ilumina, traz a alegria, a paz, onde os caminhos são abertos e a trilha percorrida é florida e cheia de alegria.

Na presença deste Anunnaki, suas chamas queimam e purificam toda a negatividade, o sol central de nosso sistema se faz brilhar com mais intensidade. De fato, ele detém dentre suas atuações o fortalecimento e crescimento das bênçãos, das energias benéficas, do poder e luz que brilha em cada um de nós. Incansavelmente sua força potencializadora nos traz a certeza de um novo amanhecer, onde o sol brilha nos campos verdes, onde os animais são banhados e aquecidos por sua luz, onde a vegetação agradece por suas bênçãos, onde a mesma recebe o alimento que provem dos céus.

Shamash/Utu apesar de ter seu culto esquecido pelo tempo, ainda cuida de todos os espíritos humanos que um dia lhe prestaram culto. Suas moradas no plano espiritual ainda são os belos campos, onde a humanidade plantava seu alimento. Ainda possui seu templo, humilde, mas com muita glória e esplendor, e anseia novamente para atuar nesta Terra, assim como ele atuou nos tempos antigos. Seu símbolo é o sol, sua história sempre esteve envolta no manifestar da justiça, da verdade, da misericórdia, do combate a demônios e na proteção contra as forças malignas. Esse Deus traz uma energia extremamente reconfortante, pode-se sentir claramente aquilo que emana de seu coração: felicidade, compaixão, altruísmo, justiça, ordem, verdade, qualidades almejadas por todos nós, que Utu naturalmente emana e pode auxiliar todos nós a conquistar estes objetivos.

Shamash/Utu – Atuações

1° Fortalece e intensifica as bençãos/energias benéficas de sua vida, de modo que essas energias sejam mais potentes e valorizadas.

2° Protege contra ataques físicos e espirituais de forças malignas.

3° Manifesta justiça quando você for alvo de atitudes/mentiras, especialmente poderoso quando usado em casos que envolvam tribunais.

4° Proporciona alinhamento energético e manifestação de todos os aspectos das energias solares. (prosperidade, luz, boa sorte, ganhos, evolução, limpeza, purificação, cura e etc).

5° Traz limpeza espiritual e abertura de caminhos quando sua vida estiver travada, bloqueada ou com muitas dificuldades.

6° Quebra magias, conjurações, maldições e atos mágicos proferidos e mandados contra você.

7° Traz clareza de pensamento e sentimentos.

8° Ensina sobre os conhecimentos da terra, de muito valor quando se precisa de ajuda em estudos/provas, auxiliando no fácil aprendizado e na retenção de conhecimentos adquiridos.

9° Provê alegria, entusiasmo, fé e uma vontade inabalável.

10° Traz a cura e auxilia no tratamento de doenças.

11° Com constante contato e criação de um relacionamento com este Deus, ele pode ajudar com qualquer pedido feito.

Shamash/Utu – Selo 1

Shamash/Utu – Selo 2

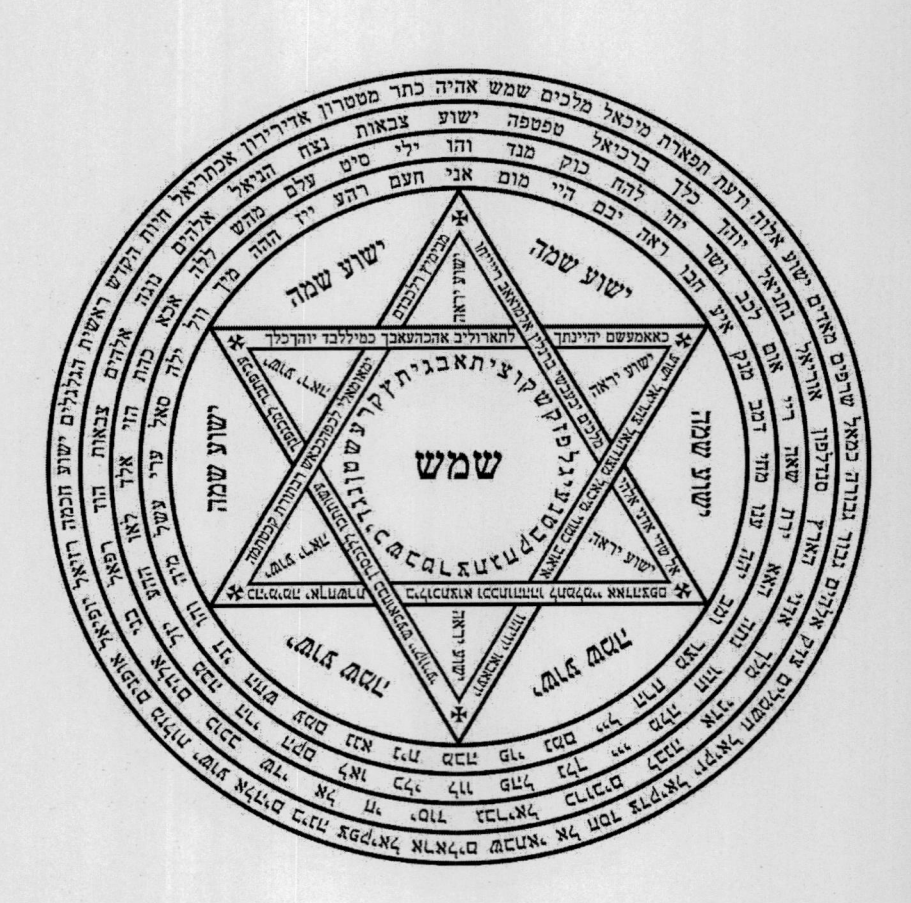

Shamash/Utu – Meditação e Conjuração

Meditação:

"Em um raiar de um novo dia, você vê um antigo templo de céu aberto sobre um campo."

"Um lindo homem de longa barba, vestindo uma roupa antiga, adornada com detalhes em dourado com cristais vermelhos e braceletes de ouro está no pé das escadas do templo."

"O homem seguro sobre suas mãos um recipiente dourado onde queima uma mistura de incenso aromático junto a uma chama que dança à sua vontade."

"O homem sobe as escadas do templo com o recipiente em suas mãos, e o sol começa a iluminar toda a terra."

"Ele coloca o recipiente sobre o altar no alto do templo, e o sol ilumina toda a criação."

"Em contraste com um lindo céu azul, o homem sorri e uma calorosa brisa passa sobre o local."

Conjuração:

"Eu te conjuro e te evoco, Senhor do sol, que anda em suas carruagens de fogo levando à luz a toda criação, que nos aquece nos tempos frios e ilumina toda a escuridão, raiar de um novo dia. Shamash Utu, adornado com ouro e pedras preciosas, cuja justiça, proteção e verdade são símbolos de sua majestade, se faça presente neste momento, e saiba que eu te peço que (Faça seu pedido), e que assim seja feito, de eternidade em eternidade, para todo sempre, amém."

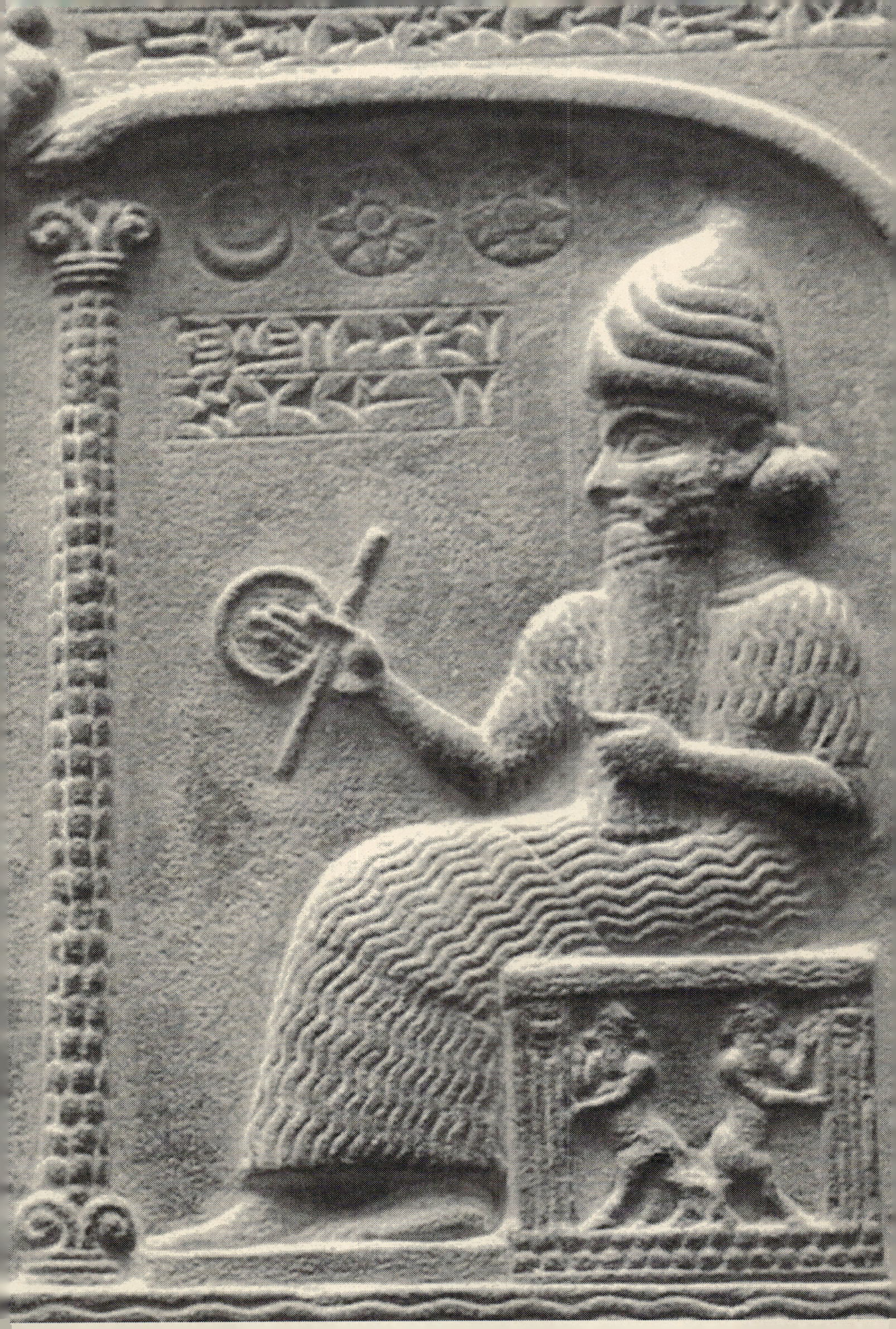

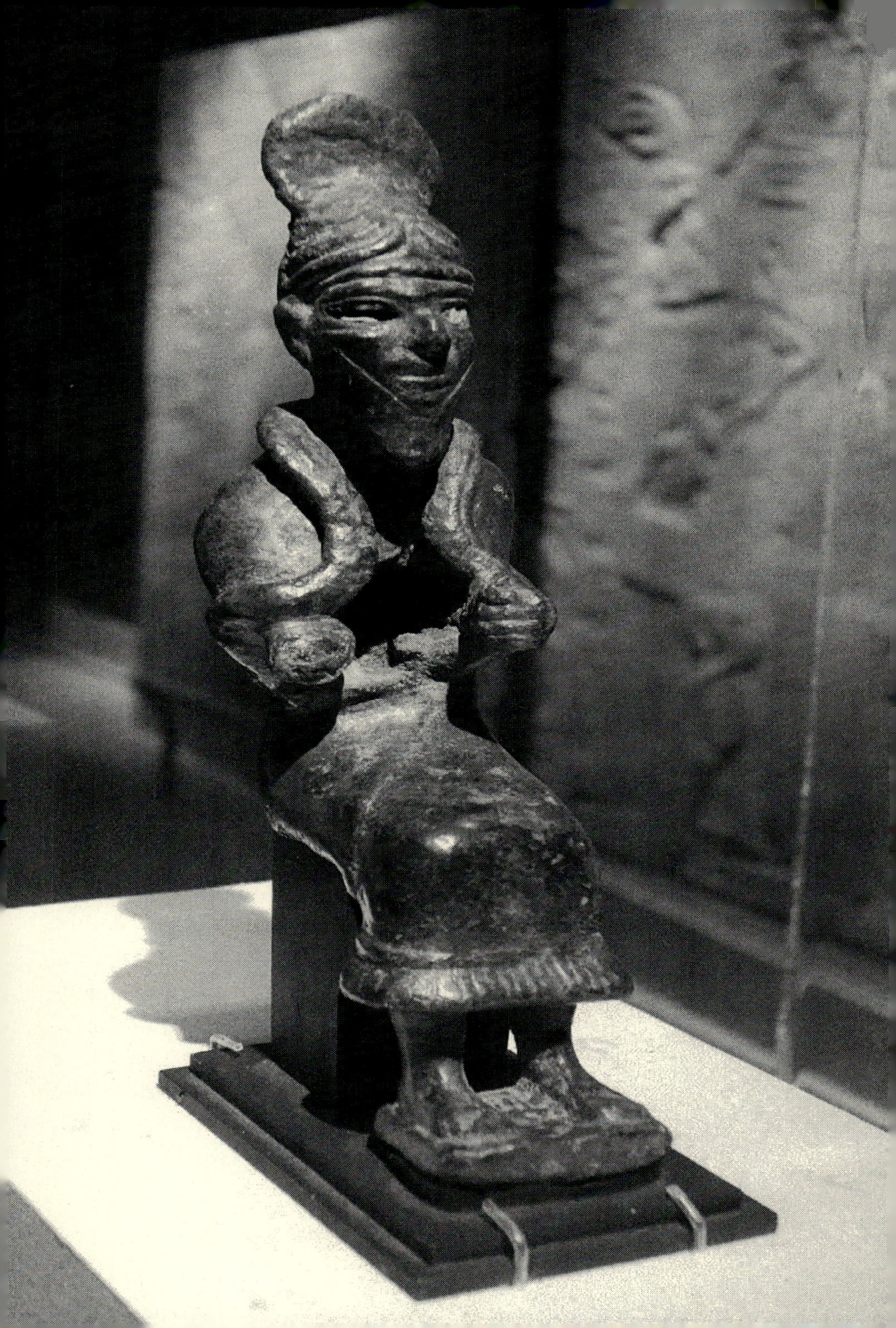

Satariel

Atuação: Correções, guiamento, amor e justiça.

Vela recomendada: Vermelha.

Incenso recomendado: Sangue de dragão, mirra.

Cristais recomendados: Jaspe Vermelho, Granada, Obsidiana.

Dia da semana: Sábado.

Horário planetário: Hora de Saturno.

Fase lunar: Lua nova, cheia ou minguante.

Satariel é um dos anjos que teve sua atuação mais ocultada com o passar das eras, a humanidade primeiramente o viu e associou a caminhos escuros e à *qliphot* de uma Árvore da Morte, no caso a que representa uma emanação contrária e negativada de *Binah* (ou Saturno).

A grande e especial atuação de Satariel é o direcionamento dos praticantes para acessar aspectos ocultos de sua vida e da criação, de modo que eles possam se harmonizar com os fluxos de energia que regem esta criação, assim como aspectos de luz, guerra, entendimento, morte, sangue, amor, bonança, misericórdia, iluminação, evolução, trabalhos nos planos espirituais, tudo o que for necessário e da vontade do praticante. Satariel pode guiar e ajudar a fazer essas correções energéticas, e mudar os aspectos desejados. Para entendermos por completo Satariel, devemos encerrar a crença humana de *bem versus mal*, onde sua energia não remete a essas duas polaridades. Como todos sabem, o universo é bem vasto para tentar ser compreendido pela humanidade, que pouco a pouco desperta de seu sono. Temos muito o que aprender e evoluir, no contato com esse espírito apenas precisamos nos deixar levar por seu entendimento e sabedoria, e termos o controle do ritual e dos aspectos de que desejamos trabalhar. Satariel constantemente nos traz intuições e informações que outrora estavam barradas em nossa mente, deste modo podemos compreender conhecimentos ocultos sem a mão do homem para interferir.

Satariel – Atuações

1° Auxilia em todos os aspectos da regência do planeta Saturno.

2° Promove correções energéticas e pode moldar todas elas de acordo com sua vontade.

3° Traz guiamento e elucidação às áreas desarmonizadas de sua vida, de modo que você possa tratá-las com o auxílio deste espírito.

4° Auxilia em todos os casos de amor, desde abertura de caminhos amorosos e manifestar um novo amor.

5° Dentro da lei maior, manifesta justiça quando se está sendo alvo de causas injustas e malignas.

6° Traz e revela conhecimentos ocultos que outrora estavam bloqueados para você.

7° Auxilia nas questões cármicas.

8° Traz limpeza espiritual.

9° Traz libertação de situações negativas.

Satariel – Selo

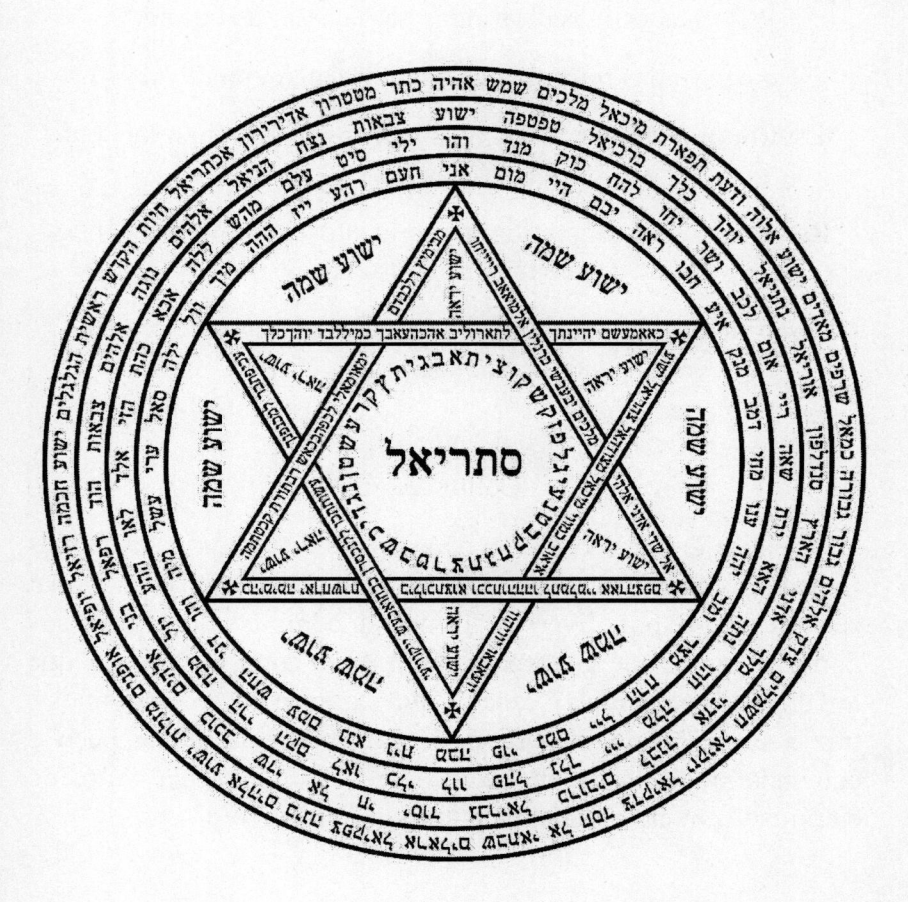

Satariel – Meditação e Conjuração

Meditação:

"Ruínas antigas destruídas pelo passar do tempo."

"No centro das ruínas, você encontra uma grande árvore."

"Espíritos cobertos com mantos brancos observam o local nos céus."

"Raios de sol passam a iluminar o local, você ouve um cântico ecoar sobre as ruínas."

"No ritmo do canto, as ruinas destruídas regressam no tempo e se restauram em sua perfeita forma."

Conjuração:

"Eu te conjuro e te evoco, aquele que anda pelas Cortes Celestiais e sobre as ruínas antigas do tempo nesta Terra, o qual se apresentou por diversas formas, incompreendido pelo seu nome. Satariel, que governa sobre a lei, o amor e a justiça, que governa sobre o tempo e espaço, que expande nossos caminhos e traz a correção de toda desarmonia. Saiba que eu te peço e comando que (Faça seu pedido), e que assim seja feito, de eternidade em eternidade, para todo sempre, amém.'

Turiel

Atuação: Tudo relacionado ao elemento terra.

Vela recomendada: Verde ou Marrom.

Incenso recomendado: Musgo, Cidreira, Cedro.

Cristais recomendados: Cristais verdes no geral. Em especial, Quartzo verde.

Dia da semana: Quinta-feira.

Horário planetário: Hora de Júpiter.

Fase lunar: Lua cheia ou nova.

Turiel é o anjo correlacionado ao elemento terra. Apesar de não exatamente seu nome significar *"Rocha de Deus"*, é um espírito ligado a natureza, a vida, ao crescimento e o preservar dos campos dévicos dos elementais. Turiel exerce domínio sobre o aterramento energético, sobre a segurança, sobre questões físicas ligadas a matéria. É um guia para essas situações que se manifestam no plano físico.

Turiel é a energia do renascimento e do florescer, quando a primavera vem a terra e preenche todos os campos com sua beleza. Turiel é aquele que traz a renovação dos ciclos, da beleza e da grandeza da terra.

A energia elementar da terra possui muitas atuações: proteção, prosperidade, vida, densidade, crescimento, colheita, cortes, força, bravura, coragem, autoridade, coroamento, posses e afins, todas debaixo do manto de Turiel, que atua com perfeição.

Turiel – Atuações

1º Abre caminhos que estão travados.

2º Traz harmonia em todos os sentidos.

3º Ajuda a superar as adversidades e problemas enfrentados.

4º Auxilia no trabalho com os elementais da terra.

5º Ajuda no processo de cura planetária e na cura das vegetações e oceanos.

6º Restabelece completamente a beleza de situações e pessoas que foram muito machucadas por qualquer motivo. Do mesmo modo que a natureza sempre renasce com o tempo.

7º Traz força, bravura e coragem para todas as situações desejadas.

8º Molda personalidades nas quais a pessoa não esteja satisfeita.

9º Traz e ergue proteções espirituais a seu favor.

10º Traz aterramento energético.

11º Auxilia na prosperidade e abundância financeira, trazendo riqueza, fartura e fortuna.

Turiel – Selo

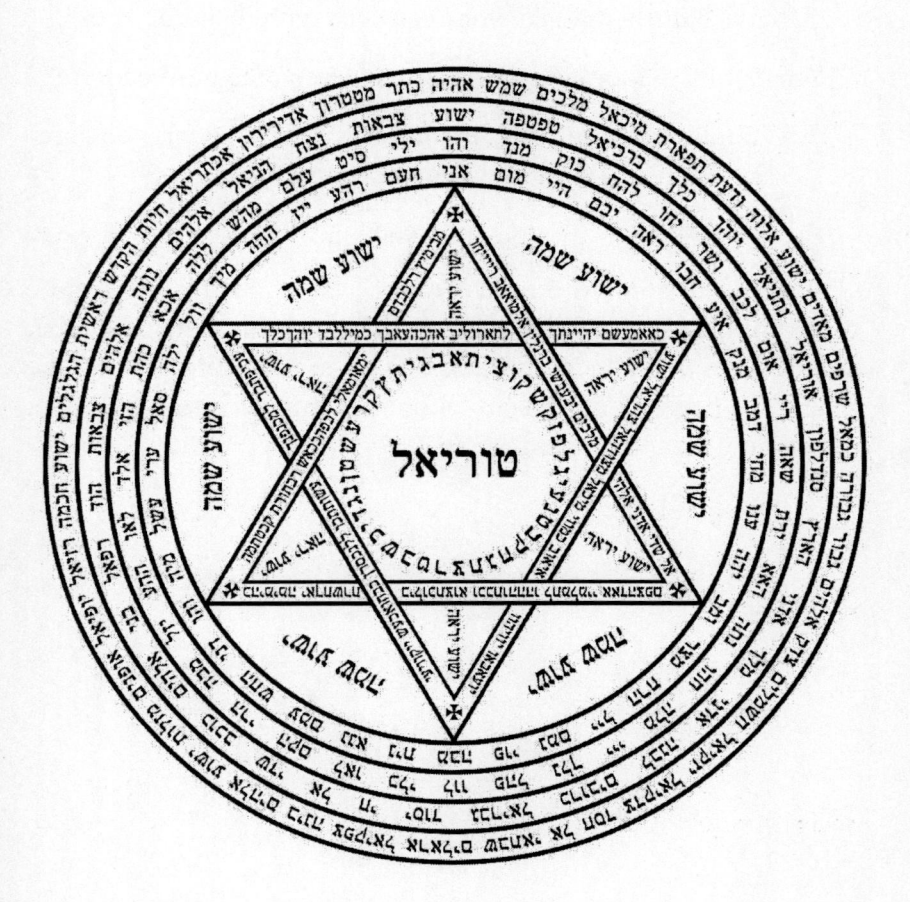

Turiel – Meditação e Conjuração

Meditação:

"Numa floresta mágica, você caminha entre belas árvores"

"Um caminho adornado de flores e um perfume puro da terra"

"Um grande mural de pedra branca no caminho, adornado com flores com todas as cores"

Conjuração:

"Eu te conjuro e te evoco, renovados dos ciclos. Anjo e rocha divina. Que adorna a natureza com a tua beleza. Turiel, manifesta-te neste local, e saiba que eu te peço e te ordeno que (Faz o teu pedido), e que seja feito, de eternidade em eternidade, para todo o sempre, amém".

Yomiel

Atuação: Paz, tranquilidade, harmonia e amor.

Vela recomendada: Rosa, Vermelha Ou Amarela.

Incenso recomendado: Jasmim, Ylang-Ylang, Rosa Branca, Narciso, Mel, Flor De Lótus E Rosa Vermelha.

Cristais recomendados: Quartzo Rosa, Rubi, Turmalina Rosa E Quartzo Branco.

Dia da semana: Sexta-feira ou domingo.

Horário planetário: Hora de Vênus ou do Sol.

Fase lunar: Lua crescente ou cheia.

Considerada um dos sete anjos da Divina Presença, ou um dos anjos que guardam os palácios celestiais em um dos sete céus, Yomiel tem o seu nome traduzido para *"Dia de Deus"*. Extremamente ligada à natureza, esse espírito atua no manifestar da paz e da serenidade em nosso dia-a-dia, resolvendo todos os problemas que tiram o sossego de alguém.

Yomiel também age em casos de amor, sedução, autoestima, magnetismo e no conectar-se com a natureza. Sendo o dia de Deus, resplandece atuações solares de brilho, reconhecimento, crescimento e iluminação dos aspectos de sua vida que precisam ser corrigidos para seu crescimento e evolução.

Yomiel – Atuações

1º Garante a paz em períodos conturbados.

2º Ilumina situações e dias de sofrimento.

3º Auxilia na resolução de problemas diversos, especificamente aqueles que retiram a paz.

4º Ajuda na conexão com a natureza e as energias sutis.

5º Auxilia na superação de períodos ruins, dando apoio e conforto.

6º Manifesta uma aura de magnetismo, atração e sedução.

7º Intensifica os prazeres e momentos de amor.

8º Ajuda na manifestação de uma beleza pura.

9º Ensina sobre a sabedoria e entendimento pessoal, mental, sentimental, amoroso e racional.

10º Atua sobre regências solares e suas manifestações.

Yomiel – Selo

Yomiel – Meditação e Conjuração

Meditação:

"Um lindo jardim de flores sobre um campo ensolarado."

"Abelhas colhem o mel das flores."

"No horizonte, se vê a silhueta de uma mulher portando uma longa espada."

"A mulher caminha até você, ela está acompanhada por outras duas mulheres."

"Suas faces parecem um sol brilhante, e suas palavras são doces como um mel."

Conjuração:

"Eu te conjuro e te evoco, luz do dia. Que dança pelas florestas abençoadas por sua beleza, adornada com flores e beija-flor, aquela que traz a paz a toda situação, Yomiel, saiba que eu te peço e comando que (Faça seu pedido), e que assim seja feito, de eternidade em eternidade, para todo sempre, amém."

Sariel

Atuação: Proteção, justiça e vitória.

Vela recomendada: Amarela ou vermelha.

Incenso recomendado: Sangue De Dragão, Olíbano, Cedro, Canela.

Cristais recomendados: Pedra Do Sol, Ágata De Fogo, Jaspe Vermelho, Hematita, Granada.

Dia da semana: Domingo.

Horário planetário: Hora do Sol.

Fase lunar: Lua crescente ou cheia.

Antes de tudo, é preciso dizer que Sariel não é um anjo ligado à lua (não do modo que conhecemos os espíritos lunares atualmente), ele pode atuar em uma esfera lunar, mas conectado com uma origem solar. Sariel pode atuar nessas esferas de acordo com sua vontade, e transitar por estes mundos, devido ao seu grande poder e força que o mesmo possui. Esse anjo pode tanto se manifestar como um fogo solar ardente, onde se pode ver claramente raios solares emanando de sua aura, como em certos casos pode se manifestar com uma energia mais tênue e serena, ligada à lua, quando sua aura resplandece um brilho prateado.

Um fato curioso em relação a este Arcanjo é que ele relata fazer parte de outras esferas da Criação. Podemos então compreender que este anjo atua em outros sistemas galácticos e planos elevados da espiritualidade. Sariel tem uma grande bagagem nessas atuações que podemos chamar de intergalácticas. Em suas manifestações, se pode perceber claramente que ele não é um espírito comum: pessoas que conseguem sentir ou ver o coração do espírito, (ou conseguem interpretar as energias emanadas de cada um), percebem com clareza que Sariel vem de tempos antigos e longínquos. Duma outra esfera, outra atuação, de uma realidade que aqueles que o conheceram brevemente se esqueceram, no processo de reencarnação e vivência na Terra.

Primeiramente temos a informação que Sariel foi o anjo responsável por ensinar os sinais da lua para a humanidade, depois temos a revelação que ele é considerado um dos santos anjos, que se apresenta pelo nome de Saraqael, que está sobre os espíritos que pecam na alma. Em algumas traduções, Sariel é um dos anjos que levou Enoque ao paraíso, essas descrições mais "mistificadas" são devido aos relatos do Terceiro Livro de Enoque, a versão hebraica que não é o foco deste livro no momento.

No manuscrito do Mar morto, Sariel aparece em conjunto com Mikael, Rafael e Gabriel, onde seus nomes eram colocados em escudo para proteção nas batalhas físicas. O seu nome também aparece em um trabalho cristão chamado de "O conflito de Adão e Eva com Satan", onde foi responsável por enterrar os corpos de Adão e Eva no topo de uma montanha.

Assim como muitos dos espíritos descritos neste livro, Sariel detêm muitas atuações que pode fazer com excelência, porém, existe uma atuação primordial onde sua força e energia se acentuam infinitamente, que é a proteção espiritual contra todo o mal. A proteção espiritual de Sariel pode se estender por todos os níveis desejados, desde a proteção física até espiritual contra ataques mágicos, energias negativas, desejos/sentimentos/pensamentos nocivos e etc.

Este Arcanjo pode criar poderosas defesas espirituais a seu favor, de modo que todo e qualquer tipo de ataque (seja físico, mental, energético ou espiritual) seja revertido a seus autores, esta atuação faz os atacantes passarem mal até que retirem e desfaçam o que foi feito. Sariel pune severamente aqueles que usaram suas forças para emanar atos, energias e magias negativas.

Sariel pode trazer a limpeza espiritual, destruindo todas as formas pensamento, servidores, larvas e miasmas astrais, baixa energia e trevas espirituais, iluminando e levantando o padrão vibracional do local ou de você mesmo, sendo um maravilhoso espírito para trabalhos de limpeza profunda e completa nestes casos, podendo até mesmo atuar contra maldições familiares, de sangue, e de antepassados.

Sariel também pode atuar contra ações de espíritos antigos, daemons, deuses e deusas e "anjos" que são chamados para destruição, fechamento de caminhos, causar doenças, pragas, maldições, tormentos e destruição, atuando com perfeição e severidade contra todas essas forças, livrando a alma humana prejudicada das influências malignas. Desfazendo trabalhos feitos, e aplicando a lei maior sobre aqueles que atuaram negativamente contra o indivíduo. Nesses casos, é necessário que você peça a Sariel que ele possa atuar em todas essas esferas, seja específico e bem completo em seus pedidos e comandos a este Arcanjo, explique detalhadamente sua história, acontecimentos e suas necessidades, para que ele possa trabalhar perfeitamente naquilo que lhe é pedido.

Sariel atua também no despertar espiritual, o quebrar da matrix, e auxiliando a alma humana a pôr um permanente fim na roda reencarnatória, que a mantém presa neste plano físico.

Este Arcanjo pode trazer a iluminação, o crescimento, a abertura de caminhos, auxílio na cura de doenças, quebrar correntes/laços/conexões com pessoas, entidades, situações e energias, pode harmonizar seus campos e corpos espirituais, enfim, Sariel é um daqueles Arcanjos que, quando se desenvolve um relacionamento, ele pode ajudar em absolutamente qualquer pedido feito.

Com toda certeza, Sariel é um dos mais gigantes e grandiosos Arcanjos, tendo sua força imensurável, atuações implacáveis, trazendo a vitória sobre todas as coisas. Aqueles que se devotarem a este Arcanjo nada temerão em suas vidas, pois terão a certeza do caminho correto, proteção, guiamento e evolução de suas almas.

Sariel – Atuações

1º Traz proteção espiritual contra magias, energias, vibrações, conjurações, maldições, e espíritos negativos.

2º Traz proteção física, impedindo acidentes graves.

3º Ergue proteções espirituais de modo a pessoa que fez magia fique mal, até que retire o que foi enviado.

4º Aplica a lei maior de Deus em casos de magias mandadas e executadas contra você. Manifesta justiça contra pessoas e inimigos malignos.

5º Desfaz maldições familiares, de sangue, antepassados e hereditárias.

6º Traz limpeza física, mental, emocional, sentimental e espiritual completa.

7º Harmoniza seus campos vibratórios.

8º Abre caminhos que estejam travados.

9º Auxilia na cura de doenças.

10º Destrói crenças limitantes e liberta as almas presas na matrix ou em qualquer situação que se encontrem.

11º Ajuda a encerrar as reencarnações neste plano físico.

12º Auxilia no guiamento e cumprimento de sua missão de vida.

13º Manifesta justiça e salvação a tudo o que for necessário.

14º Traz sabedoria, guiamento e entendimento.

15º Traz vitória sobre todas as coisas.

Sariel – Selo

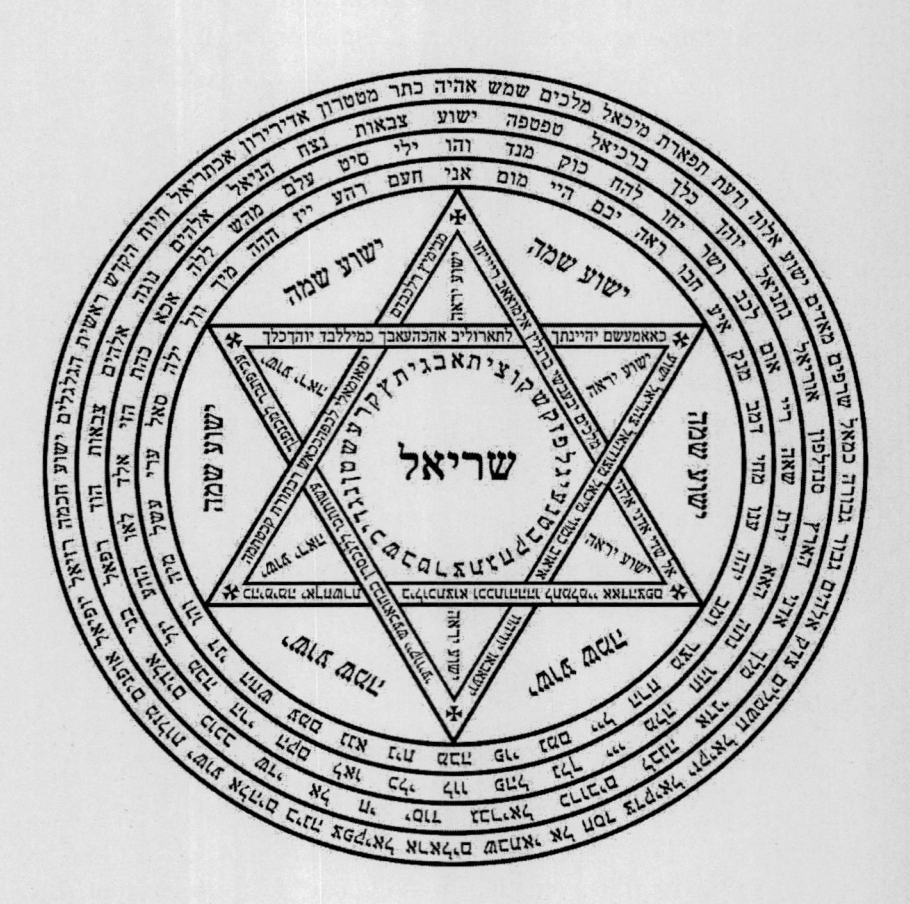

Sariel – Meditação e Conjuração

Meditação:

"Você está de pé, sobre um chão formado por um cristal vermelho incandescente."

"O solo é quente, semelhante a chamas ardentes."

"À sua frente, você vê um homem de aparência jovial."

"Sua tremenda aura reflete as chamas primordiais da Criação."

"Seus pés estão descalços sobre o solo, e sua presença parece queimar tudo a sua volta."

"No céu, um grandioso sol de tons laranja, amarelos e vermelhos brilha sobre o local."

"O homem caminha até sua direção, e os sons de seus passos fazem tremer toda criação."

Conjuração:

"Eu te conjuro e te evoco, Arcanjo das chamas ardentes, que anda sobre os céus e faz tremer os firmamentos desta Terra, que porta a espada de fogo indestrutível. Sariel, Arcanjo protetor, destruidor de todo mal, que ao brandir sua espada corta as linhas da realidade e nos liberta dos ciclos da perdição, elevado senhor dos céus, conhecido em todas as estrelas, saiba que eu te peço e comando que (Faça seu pedido), e que assim seja feito, de eternidade em eternidade, para todo sempre, amém."

Bezaliel

Atuação: Sombras, proteção, véus e habilidades.

Vela recomendada: Branca ou lilás.

Incenso recomendado: Mirra, Citronela, Alecrim, Alfazema.

Cristais recomendados: Pedras verdes, pretas e amarelas.

Dia da semana: Domingo, segunda-feira ou sábado.

Horário planetário: Hora do Sol, da Lua ou de Saturno.

Fase lunar: Lua nova.

Provavelmente um dos espíritos mais difíceis de se entender, o nome Bezaliel foi destruído pelo tempo nos manuscritos, envolto de misticismo e muitas dúvidas em relação à sua origem. Não foi um espírito muito falado pela boca do homem, onde apenas reproduziram pouquíssimas informações e crenças que tiveram em relação aos Sentinelas. Seu nome é traduzido como *"Sombra de Deus"* e em pouco tempo de pesquisa, pude encontrar a verdadeira origem deste nome, que nada mais é do que o nome de um artista-chefe da Bíblia, construtor da famosa Arca da Aliança, que também pode ser traduzido como *"Debaixo da sombra de Deus"*. Se entendermos esse espírito por esse aspecto, Bezaliel nada mais é que um nome mal traduzido colocado no Livro de Enoque para ser demonizado.

O grande segredo deste anjo, que com toda certeza ninguém soube até o momento, e tive a oportunidade de trazer nesta obra, é que o "Sentinela" Bezaliel se refere ao espírito-guia que trouxe os talentos, dons e inspiração para o artesão construir a famosa Arca da Aliança, atuando também na proteção da vida desse homem para que ele pudesse completar sua missão de vida, e isso é um fato que estava oculto durante todas essas eras, e que agora é revelado nessas páginas.

Bezaliel está a cargo de fazer com que as pessoas que estão sob sua regência sejam guiadas e tenham suas missões de vida completadas, conferindo os meios necessários para que elas possam superar as adversidades e tenham as capacidades para que possam caminhar durante seus trajetos. Seu nome sendo *"Sombra de Deus"* ou *"Debaixo da sombra de Deus"* representa a proteção contra inimigos que te procuram para o mal, conferindo um véu de proteção, impedindo que você seja avistado ou atingido pelas maldades humanas e espirituais. Bezaliel deseja dizer sua atuação é mais voltada para guiamento, proteção, talentos e descobrir aquilo que você deseja fazer que te traga felicidade.

Bezaliel também detém outra particularidade em sua atuação, que é a intensificação da recuperação quando uma pessoa estiver exausta. Pense num deserto quente no sol de meio-dia, e um vagante que anda por essas terras, sem água e sem descanso; a sombra de uma árvore representa um sonho distante, onde ele poderia encostar, descansar seus pés feridos pelo calor da areia, tomar fôlego e continuar sua jornada. Esse exemplo faz uma perfeita alusão à atuação deste espírito, onde o descanso se torna mais longo, e a pessoa volta à ativa com mais vigor, vontade e determinação. O cansaço é diminuído, o corpo relaxa, a mente se silencia, e encontramos um espaço dentro de nós mesmos, que nos permite recarregar nossas energias de uma maneira muito mais eficiente, para assim podermos continuar em nosso caminho.

Bezaliel – Atuações

1° Amplifica suas qualidades, esforços, dons e talentos.

2° Ajuda a descobrir seus dons, dando guiamento para manifestar isso em seu cotidiano.

3° Auxilia no processo de descanso, restauração e quebra de uma rotina tóxica a seu corpo e espírito.

4° Permite que pessoas exaustas possam descansar para continuar suas jornadas. Utilize essa atuação quando você estiver cansado e necessite de um tempo de recuperação. Isso fará o repouso mais duradouro, potente e terá muito mais energia ao voltar para seus objetivos.

5° Traz inspiração, guiamento e conselhos para tudo o que for desejado ou pedido para este anjo.

Bezaliel – Selo

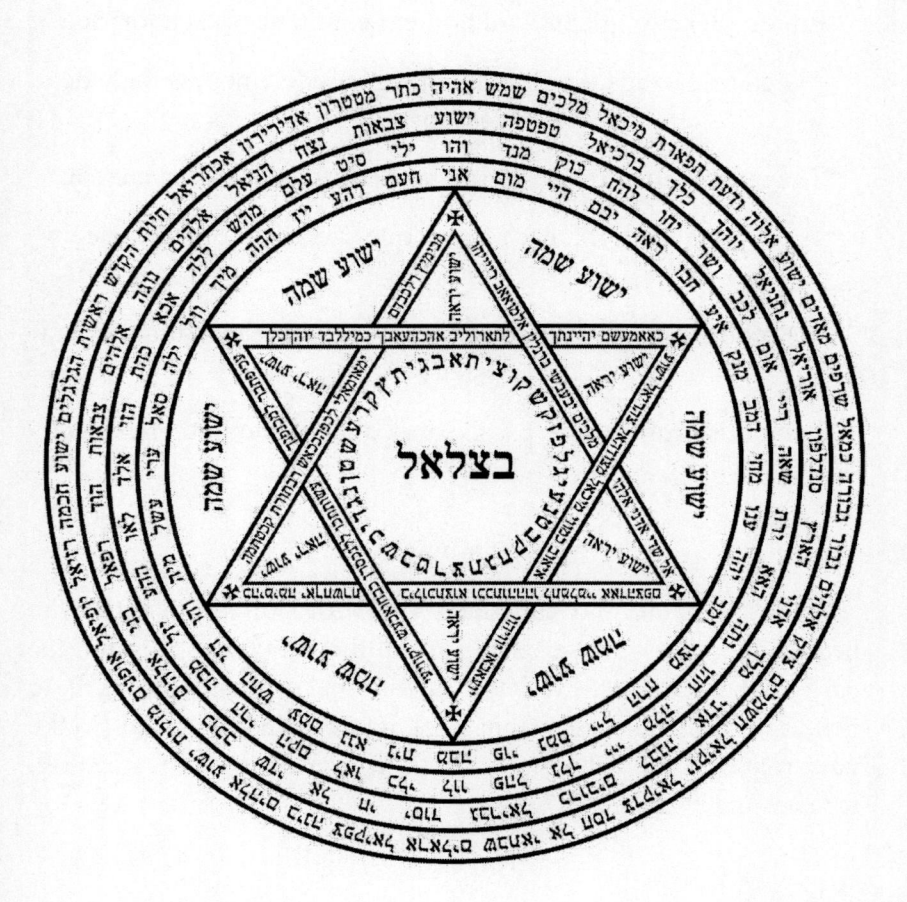

Bezaliel – Meditação e Conjuração

Meditação:

"Em um deserto quente, um homem caminha em sua jornada."

"O calor é exaustivo, o homem sente sede e necessidade de descanso."

"Ele avista uma grande árvore no deserto, e caminha até ela."

"A árvore é frutífera, com frutas que saciam a fome e sede do homem."

"Ele repousa sobre suas sombras, e sente uma paz tomar conta de seu ser."

"Uma brisa refrescante passa sobre o local, e o homem sorri."

Conjuração:

"I conjure and call upon you, Lord of the talents, who brings due rest to those exhausted in their journeys through the earth, who has bestowed the talent, the gift and the skill to mankind. Bezaliel, know that I ask and command you to (Make your request), and let it be done, from everlasting to everlasting, forever and ever, amen."

Gadriel

Atuação: Vitória, força, conselhos, limpeza e guerra.

Vela recomendada: Amarela Ou Vermelha.

Incenso recomendado: Olíbano, Cedro, Alfazema, Alecrim, Sangue De Dragão.

Cristais recomendados: Cristais Vermelhos, Azuis, Amarelos, Brancos Ou Laranjas, Pedra Do Sol E Quartzo Fumê.

Dia da semana: Domingo ou terça-feira.

Horário planetário: Hora do Sol.

Fase lunar: Lua crescente ou cheia.

Gadreel, Gadrael ou Gadriel, às vezes conhecido como *"muro/muralha de Deus"*, é um dos anjos descritos no Livro de Enoque como o que ensinou à humanidade os golpes da morte,

Bem longe de ser um espírito nefasto e pecaminoso, Gadriel é um extremamente justo, honroso e bondoso. Se pode perceber claramente sua energia nos contatos espirituais, às vezes mais forte sendo voltada para as batalhas, e às vezes mais suave, trazendo conforto, força, superação e vitória sobre todas as dificuldades terrenas e espirituais. Obviamente, ele mantém sua postura de guerreiro forte, poderoso, imbatível e indestrutível, sua bondade não diminui sua atuação e nem invalida sua performance como um exímio guerreiro celestial. Não pense que anjos de guerra são sempre espíritos cheios de ira, ódio, com "sangue nos olhos" e voláteis, pois isso não representa a essência e originalidade de cada um.

Além de ser um anjo de batalhas, Gadriel também atua nos conselhos divinos e planetários da Terra, onde é um grande espírito respeitado, suas palavras e conselhos são devidamente ouvidas e consideradas por todos os conselheiros. Gadriel atuou na reforma planetária da Terra, e foi um dos anjos que declarou o período de regeneração planetária. Provavelmente sem sua palavra e de muitos outros espíritos, a Terra não teria tomado o curso que está tomando nos dias de hoje. Isso não significa que Gadriel atua somente nesta dimensão, nesta esfera terrena, ele vem de lugares muito evoluídos e brilhantes, onde cada pequeno detalhe da criação é bem formado pelas perfeições geométricas e divinas do criador.

A origem da caminhada de Gadriel veio de seu nascimento, em uma terra bem distante a qual a humanidade nem sequer imagina, onde o solo era vermelho e as oportunidades eram escassas. Nessa esfera já haviam contatos e viagens interplanetárias, então Gadriel nunca foi limitado ou preso em uma matrix que levava as pessoas a acreditarem que aquele mundo era o único no vasto universo.

"Tenho muito amor e respeito pelo meu pai em vida, que me ensinou a ser bondoso e forte durante toda a minha estrada por aquela terra, tão longe desse sistema, cada experiência que tive serviu para moldar quem eu sou hoje. Não nascemos perfeitos, pois a beleza da perfeição vem do buscar a melhoria das qualidades e defeitos que temos ou adquirimos durante nossa jornada."

"Também quero deixar minhas palavras, e aproveitar essa oportunidade que tenho de passar um pouco de meus sentimentos através deste canal. Persistam em seus sonhos, perdoem, amem, vivam cada segundo, esta Terra está em um processo de mudanças, que trarão uma nova era para aqueles que em seus corações puderem despertar das ilusões desta criação. Estarei sempre disponível para cada um de vocês, que sentirem em seu íntimo de virem até mim, para conhecer quem realmente eu sou, e não aquele que por muito tempo, foi descrito como destruidor ou enganador. Espero que cada um de vocês possa se iluminar, e entender o caminho que lhes é dado, compreender as situações da vida com novos olhos, encerrar os ciclos que precisam de um fim, e deixar que o amor verdadeiro os preencha." – Gadriel.

Uma pequena mensagem que pode refletir o coração humilde, bondoso e glorioso deste espírito, que não mediu esforços em sua persistência para melhoramento e evolução de si mesmo e de todo aquele que o buscou. Gadriel pode atuar em muitos caminhos desejados, por ser um anjo de guerra, pode batalhar contra pessoas e espíritos destrutivos, encerrar e destruir magias, feitiços, maldições, conjurações, anular atuação de espíritos negativos (servidores, daemons, kiumbas, exus e pombagiras negativados e etc). Esse anjo pode trazer limpeza espiritual, equilíbrio dos sete corpos, harmonizar seu espírito e seus caminhos, retirando bloqueios energéticos, empecilhos, travas mentais, crenças limitantes ou qualquer assunto que esteja bloqueando a felicidade de um espírito aqui na Terra. O manifestar de força, coragem, poder, a capacidade de superar qualquer obstáculo, o arquétipo do guerreiro divino, banhado em amor incondicional e com força divina, estão sob a regência deste anjo.

Gadriel também manifesta conforto, amor, apoio nos momentos de tormento e perdição, e pode ser considerado um Arcanjo, nos faz superar as situações difíceis com seu apoio, dando conselhos valiosos e inclusive batalhando contra as dificuldades, facilitando a vitória que nos é merecida.

Gadriel é um ótimo conselheiro, professor e revelador, com quem se pode adquirir qualquer tipo de conhecimento físico e espiritual que esteja dentro de seus campos de atuações. Considere conversar com Gadriel sobre amor, honra, justiça, processos e evoluções dos espíritos, conselhos planetários e terá conhecimentos valiosos. Este Arcanjo tem uma poderosa capacidade de fazer as pessoas se levantarem após caírem, e fazendo elas se reerguerem a lugares que antes estavam inacessíveis. Onde a honra foi destruída, agora ela é restituída com tremenda força e esplendor, onde a injustiça foi feita, agora todos os culpados são punidos, e aquele que uma hora caiu, é levantado. Justiça divina está perfeitamente enquadrada na atuação de Gadriel, o mesmo não tolera maldades cometidas por aqueles que andam em seus caminhos, as pessoas com as bençãos e presença deste anjo tem suas vidas protegidas por uma força que elas mesmas não compreendem, algo que sempre faz dar certo, onde há sempre um "livramento" ou "salvação", onde milagres inesperados acontecem. Gadriel envolto de amor, nos traz a certeza de um amanhecer glorioso em nossas vidas.

Gadriel – Atuações

1° Concede a vitória sobre todas as dificuldades terrenas e espirituais.

2° Batalha espiritualmente a seu favor.

3° Destrói e anula todos os tipos de magia.

4° Retira espíritos obsessores que atuam para o definhar de uma pessoa.

5° Destrói servidores, larvas astrais e formas pensamento.

6° Traz limpeza espiritual, harmonia e equilíbrio.

7° Abre caminhos que estão fechados.

8° Destrói limitações e crenças que dificultam a felicidade plena de sua vida.

9° Dá conselhos e guiamento para qualquer pergunta desejada, sendo ótimo para elucidação e conhecimento.

10° Manifesta justiça divina e restitui honrarias.

11° Promove força, coragem, resiliência e resistência em todos os aspectos desejados.

12° Promove o amor incondicional, puro e divino.

13° Ajuda na conexão com os planos superiores de existência.

15° Eleva a vibração de uma alma.

16° Traz proteção espiritual contra ataques físicos e espirituais de todos os tipos, dentro da lei, podendo até punir os atacantes.

Gadriel – Selo

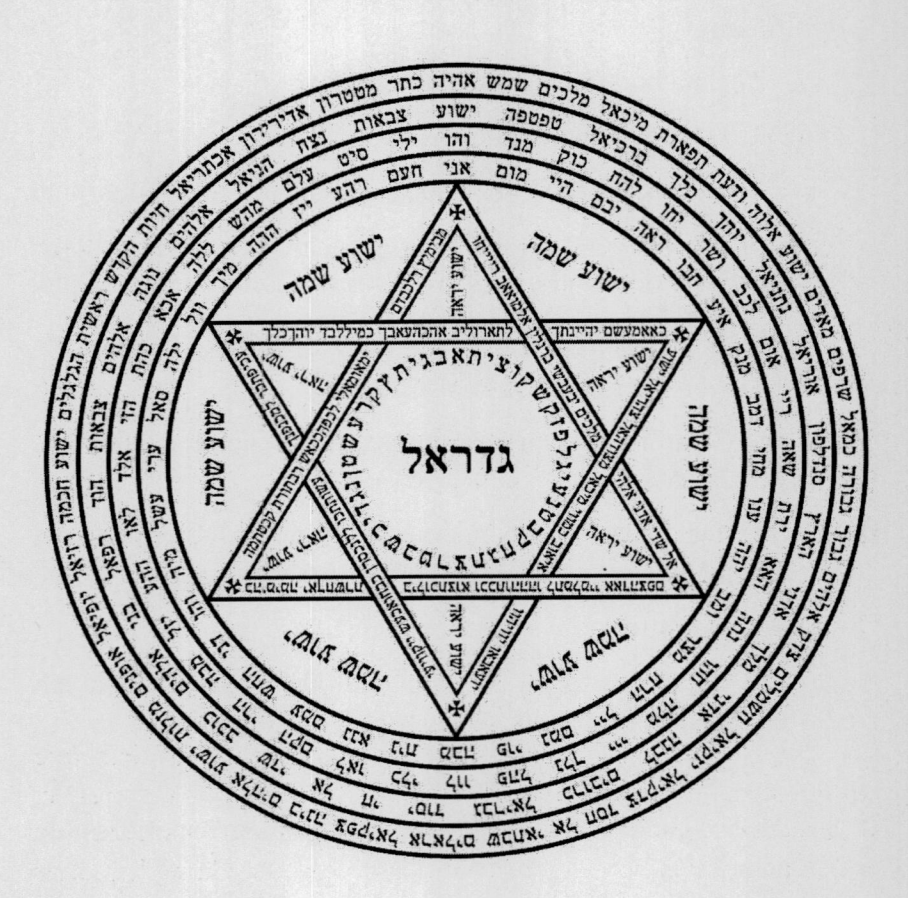

Gadriel – Meditação e Conjuração

Meditação:

"Em um templo de mármore branco, uma armadura celestial sobre um altar."

"Acima da armadura, uma gloriosa espada flutuante branca, coberta por chamas brancas."

"Incontáveis feixes de luz emanam da espada, que ilumina todo o local."

"As luzes aquecem seu espírito, e uma energia pura se manifesta em seu corpo."

"Dos feixes de luz da espada, um grandioso guerreiro de manifesta."

"Ele é adornado pela armadura e pela espada, e te dá as boas-vindas."

Conjuração:

"Eu te conjuro e te evoco, senhor das luzes celestiais, que veste uma armadura branca, adornada com ouro e estrelas da criação, senhor da justiça que porta a espada divina da lei, que nos salva da perdição e das trevas de nosso coração. Gadriel, senhor da guerra, da força, da vontade, da coragem e da resistência, que vossa luz nos ilumine e que sua glória resplandeça sobre nossa face, saiba que eu te peço e comando que (Faça seu pedido), e que assim seja feito, de eternidade em eternidade, para todo sempre, amém."

Tashmetum

Atuação: Sabedoria, conhecimento, sexo e aprendizado.

Vela recomendada: Amarela, Branca, Roxa Ou Azul Clara.

Incenso recomendado: Jasmim, Rosa Branca, Absinto, Ylang-Ylang, Narciso E Cravo E Canela.

Cristais recomendados: Quartzo Rosa, Turmalina Rosa, Jaspe Sardônico, Rubi.

Dia da semana: Quarta-feira.

Horário planetário: Hora de Mercúrio.

Fase lunar: Lua crescente ou cheia.

Penemue, descrita como um Sentinela no livro de Enoque, foi o anjo responsável por ensinar os conhecimentos proibidos para a humanidade. No texto religioso chamado de *Bereshith Rabba* ou *Gênesis Rabba*, ela(e) aparece como um espírito responsável por curar a estupidez humana, alguns artigos a correlaciona com Abraxas e fazendo parte da ordem de anjos curadores, mas sem fontes confiáveis em relação a isso.

Dentre os cinco Satãs, que são considerados cinco espíritos que levaram a tentação aos anjos e à humanidade, Penemue, Gadriel e Kasdaye (Tamiel) são os únicos que realmente são espíritos, os outros dois são formas-pensamento criadas pela crença humana, isso será abordado em um capítulo futuro.

Penemue em sua origem, não é um anjo, e sim uma Anunnaki, responsável por ensinar a humanidade seus conhecimentos no início de seus tempos. Seu nome verdadeiro é Tashmetum, conhecida também pelos nomes de Tashmit ou Tashmetu, esposa de Nabu. Ambos são associados ao planeta Mercúrio, que fazem alusão a suas capacidades e sabedoria. Antigamente, a escrita e a leitura eram coisas que somente as pessoas de altas classes tinham o luxo de aprender, enquanto os mais pobres não tinham essa possibilidade, por isso a leitura e escrita eram vistas como algo grandiosas e essas pessoas vistas como sábias.

Tashmetum como detentora das qualidades da sabedoria, entendimento, compreensão e prazeres da vida, foi demonizada por essas qualidades não serem bem vistas aos olhos de muitas pessoas fanáticas. O conhecimento devotado e que afirma a fé dessas pessoas eram vistas como palavras de Deus, mensagens e revelações divinas, enquanto tudo aquilo que ensinava o conhecimento de outras civilizações, Deuses e Deusas, conhecimentos de medicina, artes, astrologia e afins eram vistas como coisas do demônio, artimanhas nefastas de Satanás contra o "povo escolhido".

Tashmetum tem a habilidade de amplificar as experiências sexuais, o sexo se torna mais prazeroso, puro, não voltado a um estado negativo que cansa, traz pensamentos nocivos ou que é envolto de ilusões (pornografia). É algo que engrandece, sem se limitar, que traz aquela sensação boa de relaxamento e leveza. Em relação aos padrões negativos relacionados ao sexo, Tashmetum pode atuar na libertação dessas negatividades, como por exemplo:

1. Vícios em pornografia.
2. Desejos sexuais voltados para assédio.
3. Pornografia infantil.
4. Agressões, padrões e atitudes não concedidos por ambas as partes durante o ato.

E tudo aquilo que você lhe faça mal ou que você tenha ideias/padrões que acabam te prejudicando.

Por ser uma Deusa da escrita e sabedoria, Tashmetum pode auxiliar em todos os caminhos e quesitos relacionados ao estudo, conhecimento e elevação de padrão de pensamento. O aprendizado fica mais fácil, e podemos reter e lembrar com mais facilidade nossos estudos. Ela também auxilia na obtenção de um conhecimento específico que você esteja querendo adquirir, como uma habilidade intelectual ou no encontrar de um livro para leitura ou consulta. Ela trabalha muito bem na mente, onde quebra as barreiras que fazem as pessoas não entenderem certos tipos de conhecimentos ou que tem grande dificuldade no aprendizado.

Tashmetum (Penemue), Shamgaz (Samyaza), Shamsiel (Shamash/Utu) e Yomiel (?) são todos Anunnaki ou fazem parte da linhagem dos Anunnaki que foram demonizados, tiveram seus nomes trocados e histórias falsificadas pelo homem, com o único objetivo de desvalorizar os mitos dos povos vizinhos, enquanto engrandecem sua fé e seu Deus.

Tashmetum aparece como uma linda negra, de cabelos enfeitados com presilhas douradas, usando um vestido branco e adornada com pulseiras e colares.

Tashmetum – Atuações

1° Traz sabedoria, entendimento e conhecimento.

2° Auxilia nos estudos de todos os tipos.

3° Auxilia na retenção e recordação de conhecimento.

4° Revela conhecimentos ocultos.

5° Te leva até uma fonte de conhecimento do qual você desejar entender (pessoas, livros, cursos, apostilas e etc).

6° Intensifica os prazeres sexuais.

7° Torna o sexo mais leve e prazeroso.

8° Ajuda a quebrar padrões/energias/desejos negativos referente ao sexo e à sexualidade.

9° Eleva o padrão de pensamento e modo de pensar.

10° Ajuda em todas as súplicas feitas.

Tashmetum – Selo

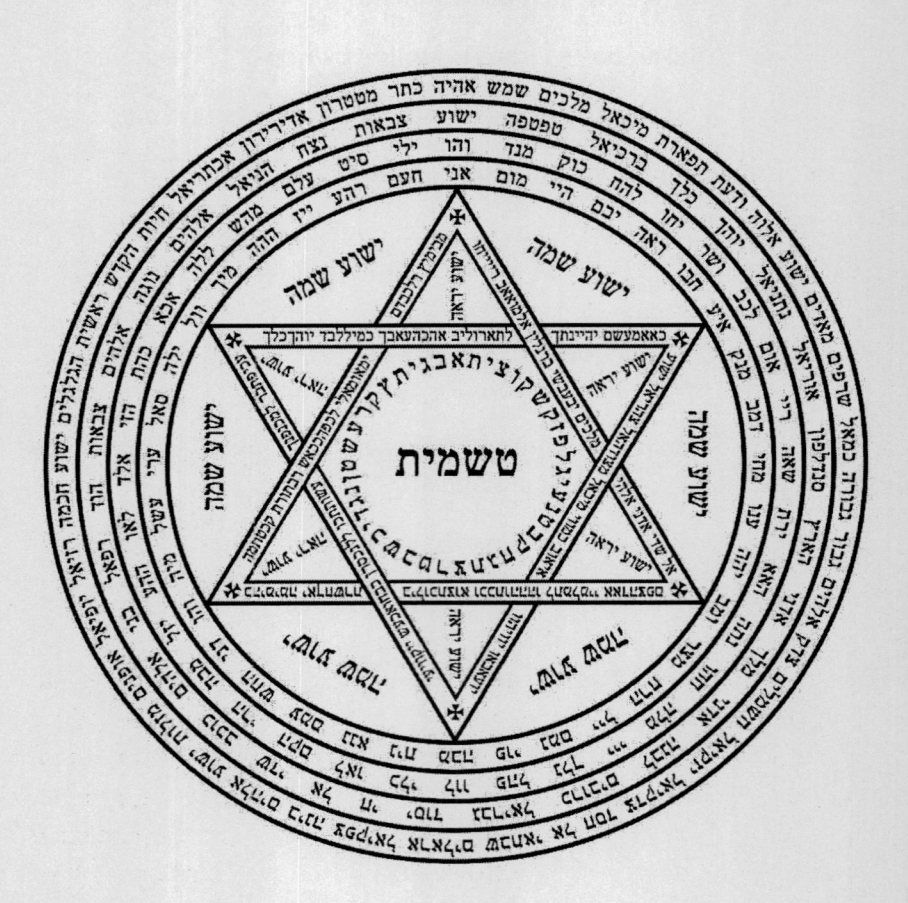

Tashmetum – Meditação e Conjuração

Meditação:

"Em um vasto campo verde, cisnes brancos voam pelo céu azul."

"Um campo de flores amarelas que remetem à luz do sol."

"Uma linha mulher colhe flores neste campo."

"Ela gentilmente sorri para você, e te leva a um grande altar dentro de um belíssimo templo."

"O templo é adornado com conhecimentos e sabedorias de toda a Terra."

"Uma doce fragrância perfuma o local, ramos de flores enfeitam o templo em seu interior."

Conjuração:

"Eu te conjuro e te evoco, dama da sabedoria e do entendimento, Deusa das súplicas, que atende nosso chamado e sente o peso de nossas lágrimas, envolta de amor e compaixão, que não nos deixa desamparados. Tashmetum, que cura a mente frágil e ignorante, saiba que eu te peço e comando que (Faça seu pedido), e que assim seja feito, de eternidade em eternidade, para todo sempre, amém."

Jehudiel

Atuação: Trabalho, perdão, amor e guiamento.

Vela recomendada: Rosa, Verde Ou Branca.

Incenso recomendado: Olíbano, Rosa Branca, Anjo Da Guarda.

Cristais recomendados: Quartzo Rosa, Turmalina Rosa, Quartzo Branco.

Dia da semana: Sexta-feira, quinta-feira ou domingo.

Horário planetário: Hora de Vênus, de Júpiter ou do Sol.

Fase lunar: Lua crescente ou cheia.

Em algumas versões do primeiro Livro de Enoque, temos um suposto Sentinela chamado "Yehadiel" ou "Yehudiel". Seu nome é apenas citado como um dos Caídos, quando na verdade, Yehudiel (ou mais precisamente Jehudiel), é um dos Arcanjos da Igreja Ortodoxa. Seu nome pode ter alguns significados, como *Deus dos Judeus*, *Saudação de Deus* ou *Aquele que glorifica Deus*. Nas imagens em que é representado aparece segurando uma coroa, simbolizando a recompensa divina pós-morte para os devotos do Senhor, e segurando uma vara/bastão, que representa o guiamento que este Arcanjo traz para seus devotos.

Jehudiel é o Arcanjo responsável pelo trabalho voltado às leis de Deus segundo a crença católica. Dá o suporte necessário para que as pessoas possam encontrar o trabalho nesta terra que irá edificá-las e contribuir para a elevação espiritual do planeta; sendo assim, rege todos os caminhos, portas e portais.

Jehudiel possibilita que as pessoas desempregadas possam encontrar um bom emprego, e que colham os frutos de seu trabalho, dando intuições, guiamento, abrindo caminhos e trazendo a colheita farta, próspera e abundante na vida de seus devotos. Nem sempre o trabalho que você deseja será aquele que lhe trará a felicidade plena, eu mesmo já fiquei muitos anos sem sucesso nessa área até entender que a prosperidade é manifestada quando estamos alinhados com nossa missão de vida.

E entrando no assunto de missão de vida, Jehudiel é um dos Arcanjos guias das almas, fazendo cada um encontrar seu verdadeiro caminho para completar aquilo que veio fazer no plano físico. Não existem missões de vida maiores ou menores, melhores ou piores, todo e qualquer tipo de ação concluída em nossa vida, que esteja dentro daquilo que necessitamos fazer para nossa evolução e de nossos semelhantes, sempre trazem grandes colheitas de bênçãos, evolução e ascensão de nosso espírito.

Uma atuação que poucas pessoas conhecem é que Jehudiel também rege o perdão divino e absoluto, trazendo o fim das dores de nossos corações, mentes e almas, trabalhando para que possamos nos perdoar daquilo que fizemos, deixamos de fazer ou fomos incapacitados de fazer por qualquer situação que seja. A capacidade de perdão vem da grandiosa fé e amor incondicional que este Arcanjo tem pelo Divino Criador. Sua aura emana uma energia doce, aconchegante e pacificadora, em tons rosados e cores serenas. Jehudiel traz a paz, o perdão e o suporte divino para qualquer situação que você precise.

É bem comum na crença católica todos os santos e anjos concederam graças a seus devotos. "Graças" nada mais significam que milagres, bençãos e atuações espirituais para solucionar suas necessidades, podendo então atuar para qualquer assunto desejado ou problema que você esteja enfrentando e deseja ter uma intercessão divina. Os casos de graças concedidas por este Arcanjo normalmente vêm de seus devotos que rezam para ele constantemente, e por isso é recomendado você criar uma relação de amor, caridade e respeito com este Arcanjo.

Além da ajuda divina referente ao perdão, podemos encontrar o amor divino e incondicional, que este grandioso Arcanjo traz em seus contatos. Todo guiamento, trabalho, perdão, amor, colheita de frutos, proteção contra inimigos, paz divina, recompensas pelos esforços e graças espirituais estão a cargo de Jehudiel, que neste momento deseja passar uma breve mensagem a todos vocês:

"Não sou tão conhecido atualmente nesta Terra, tive a honra de conhecer pessoas que em seus corações se devotaram a mim, em busca do perdão do Criador para com suas almas. Quero que todos saibam que o perdão vem do íntimo de cada um de vocês. Entendam que as forças do amor, do perdão, da misericórdia e libertação das dores sempre estiveram disponíveis para todas as pessoas, não busquem do lado de fora aquilo que só pode se encontrar no coração de cada um de vocês, e quando precisarem da intercessão divina, quando não tiverem forças para continuar, basta pedir, que estaremos presentes para auxiliar suas dores passageiras. Quando pedirem o perdão de Deus, basta se perdoarem, e crescerem com seus erros, e estarão manifestando o verdadeiro perdão divino do Criador". – Arcanjo Jehudiel.

Jehudiel – Atuações

1° Abre caminhos que estão fechados.

2° Ajuda a conseguir um bom emprego.

3° Oferece guiamento para crescimento profissional.

4° Ajuda na colheita dos frutos do trabalho.

5° Manifesta amor incondicional.

6° Manifesta perdão incondicional.

7° Traz libertação dos traumas do passado.

8° Traz proteção espiritual em seu caminho.

9° Te põe no caminho correto para sua missão de vida.

10° Manifesta graças/milagres com o contato constante.

Jehudiel – Selo

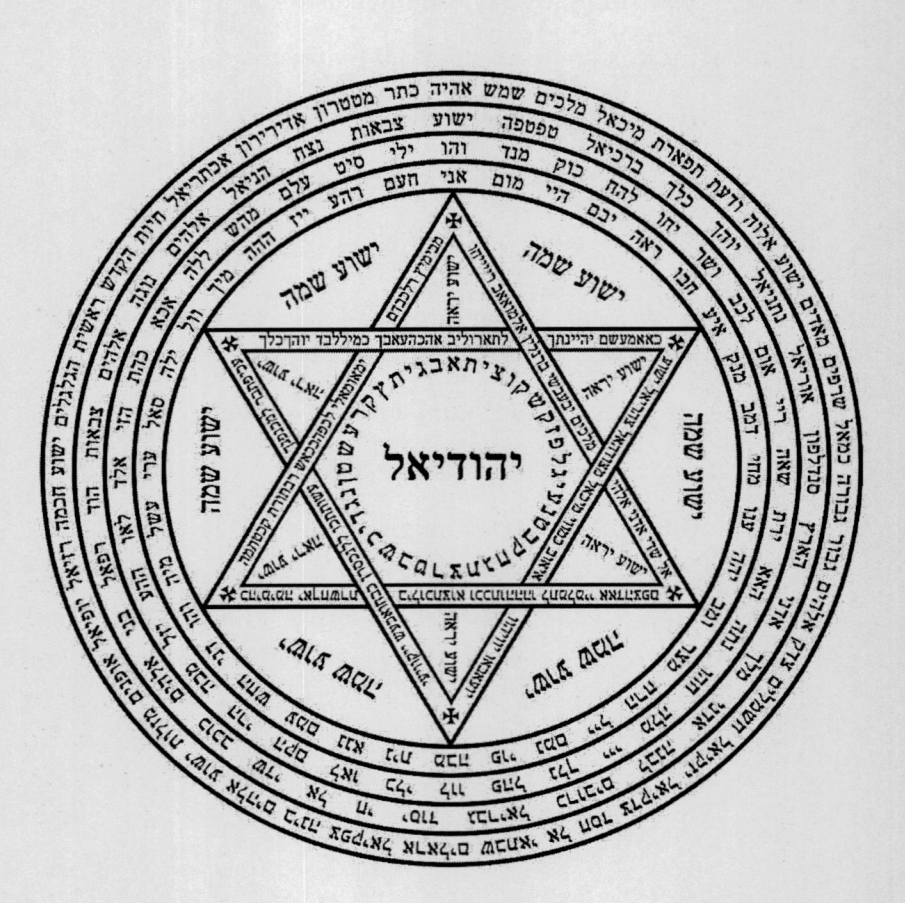

Jehudiel – Meditação e Conjuração

Meditação:

"Em uma catedral antiga, espíritos se reúnem para rezar ao Criador, em busca de salvação e perdão."

"Uma mulher santa reza de joelhos, aos pés de uma cruz."

"A cruz emite uma luz branca que ilumina a mulher."

"Um Arcanjo se manifesta no local, cujos raios de luz são como um amor ardente."

"O Arcanjo te observa, e estende sua mão em sua direção."

Conjuração:

"Eu te conjuro e te evoco, Arcanjo dos perdões e das estradas, que revela a bondade do Senhor sobre suas chamas, onde seus raios de glória e esplendor são semelhantes ao amor ardente. Arcanjo que nos guia para o caminho correto, que abre todas as portas e destrói todas as fechaduras, Jehudiel, amor e perdão divino, saiba que eu te peço e comando que (Faça seu pedido), e que assim seja feito, de eternidade em eternidade, para todo sempre, amém."

El

Atuação: Todas.

Vela recomendada: Amarela, Verde Ou Branca.

Incenso recomendado: Mirra, Olíbano E Cedro.

Cristais recomendados: Pedra Do Sol, Quartzo Branco, Citrino, Pirita, Malaquita, Moldavita, Rubi. (Pedras Amarelas E Verdes em Geral).

Dia da semana: Quinta-Feira ou Domingo.

Horário planetário: Hora de Júpiter ou do Sol.

Fase lunar: Lua cheia.

El era bem mais próximo a seus devotos e muito mais acessível nos tempos antigos do que nos dias de hoje, antes das limitações e dogmas impostos para favorecer apenas certas pessoas para que somente elas pudessem acessar "O Altíssimo". El era extremamente respeitado e adorado por toda a região de Canaã, como puderam ler em seu capítulo dedicado a este Deus. Era o Deus maior, altíssimo, soberano daquela terra, desejo quebrar essa barreira de contato com este Deus, dando as possibilidades de acesso para um contato puro e livre de amarras da humanidade.

Da mesma forma, esse Deus merece um livro inteiramente dele para que as pessoas possam ir a fundo nas experiências espirituais que ele pode prover. Enquanto isso está em desenvolvimento, deixarei as instruções para contato, onde você mesmo poderá acessá-lo, conhecê-lo e entender sua originalidade.

El dentre muitas de suas atuações, onde pode fazer e prover qualquer coisa, tem uma grandiosa habilidade sobre os quesitos da justiça, seu nome é correlacionado com as influências de Júpiter. El é o pai maior, cheio de amor, misericórdia e bondade, e tem todas as qualidades dos espíritos de Júpiter e desta Terra, onde a justiça, a prosperidade, o amor, a compaixão, a bondade, o crescimento e evolução são chaves que inegavelmente brilham sobre sua coroa.

Devido a isso, se torna um tremendo Deus para resolução de qualquer necessidade que você deseje sanar, não recomendo ir até ele somente para pedir, e o mesmo conselho vale para todos os espíritos deste livro. Você criar uma relação de troca e interesse com as forças descritas aqui não vai trazer as profundas transformações necessárias em seu caminho, apenas irão se frustrarem, em pedidos não atendidos e tempo perdido em seus rituais. Todos os espíritos sabem claramente quem age por interesse e quem age em busca de iluminação, e entre esses dois caminhos, feliz é aquele que buscou o crescimento de sua alma.

El – Atuações

1° Abre caminhos que estão fechados.

2° Auxilia na cura de todas as doenças físicas, mentais, emocionais, sentimentais e espirituais.

3° Manifesta justiça absoluta.

4° Provê misericórdia, amor, perdão e bondade incondicional.

5° Manifesta prosperidade, abundância, riqueza e fortuna financeira.

6° Traz bençãos físicas e espirituais em todas as áreas de sua vida.

7° Traz guiamento, entendimento e evolução.

8° Responde todas as perguntas que lhe forem feitas.

9° Traz proteção espiritual contra todo mal;

10° Traz limpeza espiritual contra qualquer tipo de energia, entidade ou magia feita.

11° Provê chuvas abundantes em sua colheita.

12° Auxilia em qualquer pedido feito.

13° Eleva um espírito para estados evolutivos de glória e esplendor.

El - Selo

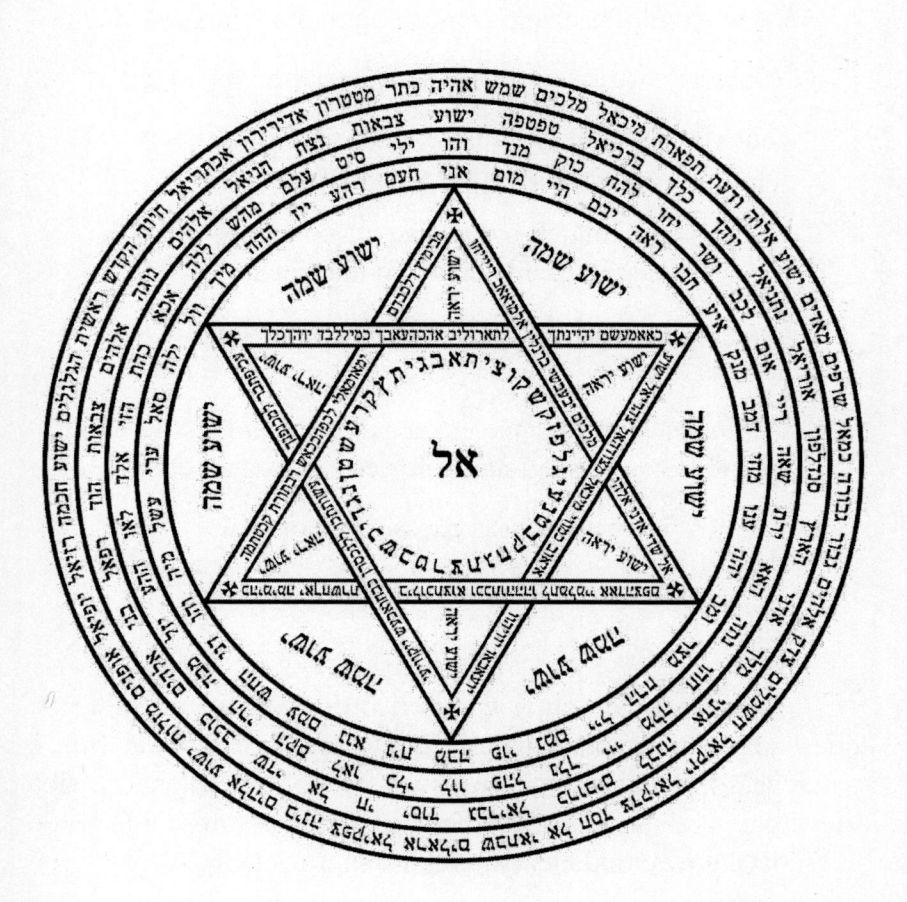

El – Meditação e Conjuração

Meditação:

"Um leão e touro brincando em um campo de flores amarelas."

"A natureza se encontra em perfeita harmonia no local."

"Canto de pássaros em uma floresta próxima entoam uma melodia de amor e misericórdia."

"Um homem negro que observa o sol, que brilha maravilhosamente sobre um céu azul."

"O homem olha para você, e desfere um sorriso puro, sincero e amoroso, em seus olhos se pode notar o amor verdadeiro."

"O homem estende sua mão em sua direção, em um gesto para convidar você a se juntar a ele nesta paisagem eterna."

"Uma doce brisa passa sobre o local."

Conjuração

"Provedor do amor e misericórdia, Senhor dessa Terra, que anda acompanhado pelos leões e touros, adornado com a natureza, El, Deus de amor, de justiça, de glória e esplendor, saiba que eu te peço que (Faça seu pedido), e que assim seja feito, de eternidade em eternidade, para todo sempre, amém."

Oferendas

Oferendas são um assunto muito complicado e que muitas pessoas não entendem de fato. Algumas pessoas falam que os espíritos apreciam oferendas, e outros falam que não é algo necessário pois as mesmas acabam estragando, criando insetos e larvas (dependendo do tempo que é deixada no altar/local), e que não há necessidade de ofertar nada, pois sua autoridade mágica já basta para comandar as forças para te servir.

Indiscutivelmente, todo mundo gosta de ser agradado, elogiado e querido. O amor dado de bom grado pode fazer maravilhas em seus contatos, e isso não é submissão ou "troca" de favores, é alimentar a relação entre você e o espírito. Desde que você oferte de coração puro, nunca existirá uma troca de favores, pois a partir desse momento, quando você se torna querido pelo espírito, e o espírito querido por ti, ambos podem atuar a favor um do outro sem a ligação negativa de senhor e escravo. Não digo isso para que as pessoas não tenham autoridade em seus rituais e contatos, pois jamais deve-se sujeitar ou abaixar a cabeça para alguém. O grande problema nos dias que hoje é que o ato de ofertar algo para um espírito se associa à submissão e troca de favores. Está enraizado em nosso cotidiano, e não somente nas operações mágicas; quantas vezes você recebeu um presente de um familiar que logo após te pediu um favor? E você se sentiu na obrigação de fazer aquilo que te pediram por conta do presente que recebeu? Essa situação se manifesta nas operações mágicas, claro que existem espíritos que mesmo com oferendas não fazem suas vontades por diversos motivos, que não entrarei em detalhes neste momento para não fugir do foco do nosso pensamento.

Afinal, oferendas são algo necessário ou não? O único ser que pode responder sua pergunta é o espírito com o qual você vai trabalhar, bem simples não? Existem espíritos que gostam de receber oferendas, e outros que não desejam receber oferendas, e isso é de cada individualidade.

Existem dois elementos muitos usados na magia que todo espírito aprecia, que são a vela e o incenso. Ambos de certa forma já representam uma "oferta" para o espírito, pois a força que emana desses elementos é usada para manifestar seu pedido. É por isso que a vela é tão poderosa na Magia, pois ao acendê-la, literalmente está se criando um espírito vivo que trabalhará para o manifestar de sua vontade. O aroma do incenso (ou da queima de ervas) vem sido utilizado desde os primórdios da humanidade; além de ter as energias das ervas utilizadas, o aroma perfuma o local, e as entidades que recebem esse perfume o exalam naturalmente em seus espíritos enquanto o mesmo durar.

Bebidas geralmente são apreciadas pela vasta maioria, mas é um ponto a se estudar e conversar a fundo com o espírito que você trabalhará. Alguns gostam de água, outros de vinho, alguns de cerveja e já outros apreciam bebidas mais fortes ou únicas, existem aqueles que apreciam leite. Eu particularmente sempre oferto a Água da Vida - técnica de benção celestial a um copo ou taça de água ensinada em meu livro *"A Água da vida: Levando a cura a pessoas e espíritos com as forças celestes"* - pois tem em seu simbolismo a maior e mais potente maneira de criar um elo benéfico, curador e iluminador com a entidade desejada através da bebida. Mas como cada espírito é único em sua essência, podem haver espíritos que não necessitam ou aceitem esse tipo de oferta, e isso é perfeitamente normal.

Outras menções honrosas são frutas, sejam doces ou cítricas, vai depender do gosto do espírito a ser trabalhado. Banana, morango, abacaxi, mamão, pera, maçã e laranja são os exemplos mais padrão, caso lhe tenha surgido a dúvida de qual é a necessidade de oferecer uma fruta para um espírito que já tá "morto" ou que nunca comeu em sua existência, a resposta é bem simples: o ato de ofertar algo da matéria para o mundo espiritual preserva o sabor e a intensidade da experiência ao comer e ingerir o alimento. Nessa dimensão e realidade que vivemos brevemente nesta terra, a matéria é mais densa, palpável e forte, consequentemente as experiências vividas aqui são mais intensas. As frutas que são ingeridas aqui neste plano têm seus sabores mais intensificados, enquanto as do plano espiritual tem seus sabores mais tênues e fracos, é por isso que em certos casos, a oferta de comidas é apreciada pelas entidades. O mesmo vale para bebidas, pães, bolos ou pratos culinários.

Respeite os gostos e individualidade de cada um, e como padrão, vela, incenso e cristais no primeiro contato são perfeitos para o início de uma bela jornada evolutiva de ambas as partes.

Características planetárias

Cada planeta do nosso Sistema Solar desempenha um aspecto muito importante em nossa vida. Todas as pessoas são influenciadas positiva e negativamente por todos eles, dependendo de seus aspectos de nascimento em seu mapa astral, ou de como eles se encontram no momento no céu. Cada vez mais, essas influências astrológicas se intensificam e ficam bem mais presentes em nossa vida, principalmente devido às mudanças espirituais que estão ocorrendo constantemente no Sistema Solar e em nosso planeta. Você pode conhecer essa mudança pelo nome de "Ascensão planetária" ou qualquer outro adjetivo que dê o nome de destino ou aceleração de evolução dos espíritos desta terra.

Não entrarei a fundo em todos os planetas, pois não é objetivo deste livro, passarei as informações pertinentes de cada um, para que você tenha a sabedoria de como organizar suas ritualísticas para ter um melhor proveito.

Sol: Representa a vida, a luz, prosperidade, coroamento, bençãos, trata dos aspectos de caminhos e evolução de um indivíduo, traz influências de luz, fogo, ego, iluminação, vitalidade, confiança, crescimento e realização, é a fonte primária de energia do nosso sistema planetário, é uma força mais masculina e rege o domingo.

Lua: Representa o lado emocional, sentimentos, intuições e todo lado oculto que o ser humano não vê. Suas influências representam todo o lado oculto, intuição, trabalho com as sombras, lado negro, magia, término ou crescimento de algo, premonições, sonhos, planos astrais, hábitos e reações, é uma força mais feminina e rege a segunda-feira.

Marte: É um planeta de guerra, considerado um pequeno vilão na Astrologia. Tem sob sua influência, os desejos, vontades, ira, fogo, destruição, guerra e batalhas, o agir, querer e se mover para algo ou alguém, coragem, força, poder, sangue, autoridade, luxúria, dinamismo e hiperatividade, rege a terça-feira.

Mercúrio: Existe uma falsa concepção de que todos os anjos são espíritos deste planeta. Essa força tem em sua simbologia, o crescimento, estudo, funções, inteligência, pensamentos, ideias, racionalidade, espiritualidade, equilíbrio, trabalho, escrita, habilidades manuais, percepções extrassensoriais e todo conhecimento. Existe o aspecto negativo que se baseia na prisão pelo ego, soberania e força neste planeta, que também faz alusão ao lado negativo do Sol e rege a quarta-feira.

Júpiter: Júpiter é considerado o maior planeta benéfico da Astrologia, pois em sua regência, podemos encontrar aspectos de bondade, misericórdia, iluminação e bençãos de todos os tipos. O deus El e Tzadkiel são forças regentes deste planeta, dentre seus aspectos, encontramos as bençãos físicas e espirituais, caminhos abertos, prosperidade, luz, iluminação, bondade, misericórdia, justiça, liberdade, expressão, superar desafios, expansão, equilíbrio, religião, filosofia, proteção, ascensão, otimismo e fé. Rege a quinta-feira.

Vênus: Vênus representa o lado feminino, se valoriza muito neste planeta o aspecto da mulher independente e soberana. Rege o amor, beleza, sedução, sexo, prazer, dons artísticos, escrita, boas vibrações espirituais, iluminação, crescimento, prosperidade, abundância, afeição, ternura, família, sutileza, crescimento, harmonia, equilíbrio, relacionamentos e todos os aspectos do amor. Rege a sexta-feira.

Saturno: Considerado o grande vilão da Astrologia, Saturno traz consigo as dificuldades, a morte dolorosa, a pobreza, a miséria, os feitos maléficos, o karma, destruição, morte, desprezo, perdição, abismo, dificuldades em todos os sentidos, prisão, roubo, obsessões espirituais, inimigos, limitações, desafios, lado negro, sombras, aspectos negativos do ser humano, leis, autoridade e hierarquia. Porém, em harmonia, pode representar o sucesso contra todas as dificuldades, evolução espiritual, purificação de karma, dores e sofrimentos, e libertação de correntes e amarras malignas. Pode ser trabalhado tanto para destruição quanto para limpeza espiritual, rege o sábado.

Tabela com horários planetários

Horário	Domingo	Segunda-feira	Terça-feira	Quarta-feira	Quinta-feira	Sexta-feira	Sábado
00:00:00 até 01:00:00	Sol	Lua	Marte	Mercúrio	Júpiter	Vênus	Saturno
01:00:00 até 02:00:00	Vênus	Saturno	Sol	Lua	Marte	Mercúrio	Júpiter
02:00:00 até 03:00:00	Mercúrio	Júpiter	Vênus	Saturno	Sol	Lua	Marte
03:00:00 até 04:00:00	Lua	Marte	Mercúrio	Júpiter	Vênus	Saturno	Sol
04:00:00 até 05:00:00	Saturno	Sol	Lua	Marte	Mercúrio	Júpiter	Vênus
05:00:00 até 06:00:00	Júpiter	Vênus	Saturno	Sol	Lua	Marte	Mercúrio
06:00:00 até 07:00:00	Marte	Mercúrio	Júpiter	Vênus	Saturno	Sol	Lua
07:00:00 até 08:00:00	Sol	Lua	Marte	Mercúrio	Júpiter	Vênus	Saturno
08:00:00 até 09:00:00	Vênus	Saturno	Sol	Lua	Marte	Mercúrio	Júpiter
09:00:00 até 10:00:00	Mercúrio	Júpiter	Vênus	Saturno	Sol	Lua	Marte
10:00:00 até 11:00:00	Lua	Marte	Mercúrio	Júpiter	Vênus	Saturno	Sol
11:00:00 até 12:00:00	Saturno	Sol	Lua	Marte	Mercúrio	Júpiter	Vênus
12:00:00 até 13:00:00	Júpiter	Vênus	Saturno	Sol	Lua	Marte	Mercúrio
13:00:00 até 14:00:00	Marte	Mercúrio	Júpiter	Vênus	Saturno	Sol	Lua
14:00:00 até 15:00:00	Sol	Lua	Marte	Mercúrio	Júpiter	Vênus	Saturno
15:00:00 até 16:00:00	Vênus	Saturno	Sol	Lua	Marte	Mercúrio	Júpiter
16:00:00 até 17:00:00	Mercúrio	Júpiter	Vênus	Saturno	Sol	Lua	Marte
17:00:00 até 18:00:00	Lua	Marte	Mercúrio	Júpiter	Vênus	Saturno	Sol
18:00:00 até 19:00:00	Saturno	Sol	Lua	Marte	Mercúrio	Júpiter	Vênus
19:00:00 até 20:00:00	Júpiter	Vênus	Saturno	Sol	Lua	Marte	Mercúrio
20:00:00 até 21:00:00	Marte	Mercúrio	Júpiter	Vênus	Saturno	Sol	Lua
21:00:00 até 22:00:00	Sol	Lua	Marte	Mercúrio	Júpiter	Vênus	Saturno
22:00:00 até 23:00:00	Vênus	Saturno	Sol	Lua	Marte	Mercúrio	Júpiter
23:00:00 até 00:00:00	Mercúrio	Júpiter	Vênus	Saturno	Sol	Lua	Marte

Fases da lua

Em cada fase lunar, somos intimamente influenciados por suas energias. Dependendo de como ela se encontra no céu, podemos usufruir de certas qualidades e energias que poderão intensificar nossa ritualística.

Lua nova: Representa o recomeço, o oculto, o lado negro, sombras, densidade, período ideal para rituais de ataque, limpeza, trabalho com as sombras, quebra de amarras e correntes, quebra de padrões e introspecção. Tanto na lua nova como na lua cheia, as possibilidades são infinitas em seus rituais, porém, ambas agem energeticamente de maneiras diferentes; enquanto a lua nova rege o oculto e forças mais densas ou sombrias, a cheia traz a abundância de energias espirituais.

Lua crescente: Período ideal para iniciar projetos, objetivos, carreiras, sonhos, oportunidades e tudo aquilo que você deseja ter um crescimento em sua vida, em todos os aspectos possíveis.

Lua cheia: Período ideal para toda e qualquer tipo de magia, pois a lua neste aspecto irradia quantidades exorbitantes de energia sobre a Terra. Ideal para manifestar e trazer uma grande força e poder em seus trabalhos ou objetivos.

Lua minguante: Período ideal para minar, diminuir, desfazer, limpar e se livrar de toda e qualquer tipo de situação indesejada, pois sua energia representa o diminuir e enfraquecer.

Cores das velas

A cor das velas que será utilizada em cada ritual vai depender de sua necessidade e de sua vontade, você pode seguir as recomendações que eu deixei em cada ritual ou adaptar usando a cor que mais você sinta que te trará resultados. Abaixo deixo uma lista, com cada cor de vela e suas atuações. Saliento que podem existir mais utilizações que não foram abordadas aqui, isso vai de cada crença e práticas mágicas.

Vela branca: vela coringa, serve para qualquer pedido, menos para destruição de inimigos ou ataques espirituais. Sua regência é mais forte em pedidos de iluminação, paz, proteção, bençãos e etc.

Vela vermelha: para pedidos relacionado à guerra, competição, batalhas, vitalidade, vigor, forças físicas/mentais/emocionais/espirituais, sexo, luxúria, atração, amor, fertilidade, desejos e defesa.

Vela laranja: vitalidade, energia, sucesso, prosperidade, dinheiro, boa fortuna e boa sorte, positividade, adaptabilidade.

Vela amarela: Sol, fogo, prosperidade, atuações e regências solares, abertura de caminhos, iluminação, força física e espiritual, força mental e clareza, estudos, conhecimento, intelecto, lógica, visualização, charme, persuasão, atração, concentração.

Vela verde: para crescimento, fertilidade, natureza, cura, renovação, harmonia, balanço, dinheiro, prosperidade e negócios, fidelidade, amor, casamento, afeição. Seu planeta é Vênus e todas as suas atuações.

Vela azul: rege a espiritualidade, prosperidade, meditação, cura, descanso, paciência, calma, sinceridade, harmonia, proteção, sonhos, transmutação, religião e fé. Seu planeta é Júpiter e rege seus aspectos.

Vela roxa: cura, transmutação, meditação, aumento das habilidades espirituais e mediúnicas, sonhos, intuição, visão, divinação e tudo que é referente ao mundo espiritual, suas atuações e manifestações. Seu planeta é Netuno, com Júpiter.

Vela preta: proteção, quebra de magias/ações/feitiços malignos, ataque espiritual, destruição, trabalhos internos com as sombras e coisas ocultas (e veladas) que o ser humano ignora, morte e renascimento. Seu planeta é Saturno e rege suas influências.

Vela marrom: pedidos de justiça, aterramento, estabilidade, casos de emergência, mudanças e viagens, morte e renascimento, e todos os trabalhos da terra.

Vela rosa: amor, devoção, intimidade, afeição, ternura, equilíbrio, paixão, compaixão, misericórdia, honra e amizade, fé, perdão, harmonia e paz. Seu planeta é Vênus.

Vela Lilás: Cura de doenças físicas e mentais, racionalidade, intelecto, sabedoria, bondade, transmutação.

Vela dourada: vela coringa que serve para toda atuação, menos para ataques e destruição.

Cristais e pedras

Abaixo, deixo uma lista dos cristais e suas atuações. Vocês podem usar nos seus rituais os cristais que mais ressonarem com seu pedido, com seu intento e sua vontade. Seus guias, mentores e anjos irão sempre te intuir para que você possa fazer o melhor ritual e utilizar os melhores elementos que estão de acordo com sua necessidade.

Ágata: Fortalece a saúde, proteção do campo bioenergético, equilíbrio das forças Yin e Yang.

Amazonita: Boa sorte, melhora das capacidades mentais, cura em geral, autoconhecimento e equilíbrio.

Água-marinha: Reduz o estresse, traz paz interior, ajuda em todos os quesitos relacionados à mente.

Ametista: Espiritualidade, transmutação, renovação, intuição, purificação e bloqueio de forças negativas.

Citrino: Prosperidade, sucesso, caminhos e oportunidades.

Cianita Azul: Pedra do Arcanjo Miguel, serve como proteção, escudo, barreiras, neutralização. Combate forças negativas.

Calcita Laranja: Energizante, energia vital, alegria, força, combate o medo e fobias, elevação.

Calcita Verde: Equilíbrio de emoções, paz, combate ansiedade e nervosismo, auxilia na superação de mágoas.

Fluorita: Sucesso, brilho pessoal, atração.

Hematita: Coragem, força, poder, disposição, trata timidez.

Jaspe: Alinhamento de chakras, equilíbrio de energias Yin e Yang, proteção.

Jaspe Vermelho: Bloqueio de forças negativas, diluição, esgotamento, purificação, proteção.

Lápis Lazúli: Intuição, despertar das capacidades psíquicas.

Malaquita: Transformação, evolução, alinhamento de DNA.

Moldavita: Energia cósmica, iluminação e evolução, comunicação espiritual, boa sorte e proteção.

Obsidiana: Proteção, bloqueio de forças negativas e ataques psíquicos.

Olho de tigre: Proteção, neutralização de forças negativas, ativação de energias, fortalecimento de habilidades e talentos pessoais.

Ônix: Promove força, alcançar de metas, superação de traumas e bloqueios.

Opala: Energia, elevação espiritual, contato com guias espirituais, proteção.

Pedra da lua: Despertar das habilidades psíquicas, aumento de magnetismo, atração e todas as coisas relacionadas à lua.

Pedra do sol: Brilho, prosperidade, rejuvenescimento, energia vital, afasta as trevas e tem suas atuações sobre todas as coisas relacionadas ao sol.

Pirita: Prosperidade, sucesso, boa sorte, ganhos de todos os tipos.

Quartzo azul: Cura emocional, percepção espiritual, meditação, silenciar a mente.

Quartzo branco: Também conhecido como cristal de quartzo, alinha os chakras. Promove iluminação, elevação espiritual, fortalecimento da aura, cura. Remove bloqueios, afasta energias negativas.

Quartzo rosa: Amor, paz, alegria, harmonia.

Quartzo verde: Saúde, vitalidade, energia, cura, disposição, rejuvenescimento.

Rubi: Sabedoria, sucesso, energia vital, vigor, paixão, amor, conquistas.

Rutilo: Abre caminhos, remove bloqueios, atração e melhora as energias sexuais.

Safira: Crescimento, sabedoria, paz, caminhos, prosperidade e fortalecimento do espiritual.

Sodalita: Elevação, espiritualidade, proteção, atua na glândula pineal e nas capacidades mentais e espirituais.

Super seven: Elevação, espiritualidade, energia, vitalidade, proteção, cura.

Topázio azul: Abre caminhos, meditação, fortalece a mente, auxilia no despertar da clarividência.

Topázio imperial: Fartura, sucesso, prosperidade, brilho pessoal, regeneração das energias do corpo humano.

Turmalina rosa: Amor, cura espiritual, relacionamentos, trata timidez, intensifica as energias sexuais, promove magnetismo pessoal.

Turmalina negra: Limpeza, proteção, trabalha nos caminhos e na neutralização de forças negativas.

Turmalina verde: Energia vital, elimina o cansaço, traz equilíbrio e rejuvenescimento.

Vassoura de bruxa: Proteção, bloqueio de forças negativas, neutralização.

Incensos

Abaixo, deixo uma pequena lista dos incensos mais utilizados e suas propriedades. Nesse caso, sempre opte por incensos de melhor qualidade, preferencialmente naturais. Grande parte dos incensos à venda são feitos apenas de resina e perfume. Para obter as propriedades místicas de cada erva, utilize os de maior qualidade, naturais, ou aqueles que em sua composição tenham o óleo essencial/natural da erva desejada.

Absinto: Estimula a imaginação, a criatividade e a sensualidade. Favorece a clarividência, e pode ser utilizado para casos de amor.

Alecrim: Afasta a depressão, purifica o local, eleva o nível de pensamentos, acalma as pessoas.

Alfazema: Aumenta o astral, transmite tranquilidade, paz e equilíbrio, combate estresse e nervosismo.

Almíscar: Aumenta a sorte, o sucesso e a intuição, pode estimular o amor.

Aloe Vera: Usada em casos de cura.

Âmbar: Traz energias solares, da força e vontade para perseguir os objetivos.

Anis Estrelado: Atrai a boa sorte.

Anjos: Protege contra o mal em geral, possibilita sonhos proféticos.

Arruda: Confere proteção espiritual e aumenta a segurança. É muito eficiente na eliminação de energias negativas e para purificação. Autodefesa. Poderoso contra inveja e mau-olhado.

Artemísia: Faz aflorar a clarividência e capacidades mediúnicas, possibilita sonhos proféticos e reveladores.

Bálsamo: Harmonizar ambientes carregados, tem uma força bíblica de pureza, cura e limpeza espiritual.

Benjoim: Aumenta a criatividade, usado em casos de cura, purificação e elevação do campo vibracional.

Bergamota: Relaxante e traz energias solares.

Calêndula: Conforta o coração e o espírito, traz energias solares.

Camomila: Utilizado em casos de ansiedade e nervosismo, traz calma e paz aos ambientes.

Canela: Traz prosperidade e ganhos financeiros, tem forte poder atrativo.

Cânfora: Purifica o lar, traz visão clara para a realidade.

Cedro: Um dos melhores incensos a serem utilizados, tem atuações bem abrangentes: limpeza de ambientes, purificação, elevação espiritual, conexão com os espíritos de Júpiter e da Terra.

Cipreste: Aumenta a concentração, a firmeza e o equilíbrio.

Citronela: Tranquilizante. Afasta os insetos.

Coco: Limpeza e quebra de energias negativas.

Cravo: Atua atraindo prosperidade e dinheiro, é afrodisíaco e também atua no amor.

Cravo e Canela: Traz prosperidade e fortuna, forte poder atrativo.

Dama da Noite: Estimula a sensualidade.

Ecstasy: Formulação especial de rosa, canela, jasmim, Ylang-Ylang, âmbar e benjoim (nem todos os incensos de todas as marcas vão possuir esta combinação). Combate a depressão e o pessimismo.

Eucalipto e Hortelã: Limpeza energética, estimula e refresca os pensamentos.

Flor de Laranjeira: Relaxante e proporciona um sono tranquilo, é ligada a atuações solares.

Flor de Lótus: Atrai altas vibrações espirituais, voltada para questões de equilíbrio e amor puro.

Gardênia: Restaura a paz, é um incenso ligado a energias femininas.

Gerânio: Antiestresse, floral e afrodisíaco.

Jasmim: Traz calma e equilíbrio, muito bom para meditações ou contatos espirituais com forças Lunares ou Deusas em geral.

Lavanda: Combate a depressão e confere um sono tranquilo.

Lírio: Estimula a criatividade e a presença de espírito.

Lírio do Vale: Promove a paz espiritual, acalma os nervos e reduz acessos de raiva.

Madeira: Para obter glória individual e em empreendimentos.

Madressilva: Regenera as forças e é usado em casos de cura.

Mel: Indicado para suavizar momentos difíceis e adoçar relacionamentos. Atrai sucesso, brilho e reconhecimento.

Mel e Rosas: Para casos de amor e atração.

Mil Flores: Doce aroma para casos de amor e autoestima.

Mirra: Incenso que pode ser ofertado para muitos espíritos, atua na limpeza de ambientes, equilíbrio e cria uma atmosfera ideal para trabalhos e meditações.

Narciso: Traz amor e afetividade.

Nardo: Concede intuição.

Noz Moscada: Alegra o ambiente e atrai dinheiro, ligado a energias solares.

Olíbano: Dependendo da qualidade do incenso, é amplamente requisitado pelas entidades devido a seu aroma e propriedades. Atrai dinheiro, fortuna, equilibra o ambiente e promove bons fluidos energéticos.

Orquídea: Indicado para purificar o ambiente de trabalho e ajudar a encontrar soluções para problemas práticos.

Paradise: Mistura de mirra e benjoim. Tem ação relaxante, proporciona elevação espiritual.

Patchuli: Traz abundância e reativa a fertilidade.

Pinho: Atrai proteção e aumenta a fertilidade, espíritos da floresta normalmente apreciam este aroma.

Rosa: Para casos de amor.

Rosa Branca: Limpeza espiritual, calma, paz e tranquilidade. Espíritos ligados ao raio/energia branca se beneficiam de suas propriedades.

Rosa Vermelha: Autoestima, atração e amor.

Sálvia: Para limpeza e equilíbrio, ótima contra espíritos negativos, que não lhe suportam o cheiro.

Sândalo: Indicado para equilíbrio e prosperidade.

Sangue de dragão: Melhor incenso para trabalhos de guerras, combates, vitória e destruição de forças negativas, espíritos Marcianos se beneficiam grandemente deste aroma.

Sete Ervas: Atrai energias positivas. Utilizado para limpeza de ambientes.

Violeta: Para transmutações energéticas e elevação espiritual.

Ylang-Ylang: Autoestima, amor-próprio, sedução e atração sexual.

Orações e consagrações

Neste capítulo, deixarei as orações e consagrações com os elementos que são utilizados no segundo método de prática, que podem intensificar extremamente os seus contatos com qualquer entidade.

Conjuração do óleo: "Eu te abençoo e te dou a vida, criatura do óleo, por suas propriedades sagradas e divinas a ti atribuídas, pela força e pelo nome de Metatron, Príncipe da Divina Presença, pela força e poder das estrelas e deste universo, pela força e pelo poder da misericórdia, do amor, da paz e da redenção e iluminação de toda criatura. Que todo aquele que for tocado por ti, seja abençoado e iluminado, e tenha sua existência iluminada e todo tormento cessado, de eternidade em eternidade, para todo sempre, que assim seja"

Conjuração da vela: "Eu te abençoo e te consagro, criatura da vela e criatura do fogo que irá se formar, por este óleo bendito e sagrado, pela força e pelo nome de Metatron, que tu percorras todos os firmamentos dessa terra e traga a manifestação de minha vontade, de eternidade em eternidade, para todo sempre, amém"

Conjuração do incenso: "Eu te abençoo e te consagro, criatura do ar, pela força e pelo nome de Metatron, que tu leves meus pedidos e minha vontade para as forças celestiais, e que seu aroma possa perfumar todo este ritual, e todo aquele que de ti lhe receber".

Conjuração do cristal: "Eu te abençoo e te consagro, criatura deste cristal, pela força e pelo nome de Metatron, que sua força e poder, seja intensificada e potencializada, e que tu manifestes a força e o poder de (dizer o nome da atuação ou propriedade desejada do cristal que deseja trabalhar e ativar para seu ritual), e que assim seja feito, de eternidade em eternidade, para todo sempre, amém"

Conjuração da água: "Eu te abençoo, te consagro e te dou a vida, criatura da água, pela mesma vida que corre nos rios celestiais, pela força e pelo nome de Metatron, que todo aquele que beber de ti, tenha sua sede saciada, e tenha seu corpo e seu espírito, curados de todas as dores, de todas as tormentas e de todas as mazelas. Pela força e manifestação da cura e da misericórdia, e pelas atuações e regências de Mahashel, Rehoel, Rafael e Orphaniel, de eternidade em eternidade, para todo sempre, amém"

A Água da Vida, é a oferta mais poderosa e divina que qualquer pessoa pode oferecer a um espírito, além do amor incondicional e verdadeiro. Se quiser saber mais sobre esta técnica, e como usá-la para curar e iluminar qualquer anjo, demônio, espírito, deus ou deusa, leia o meu livro *"A Água da Vida, Trazendo Cura às Pessoas e Espíritos com as Forças Celestiais"*.

Selo Ars Aurora

Neste capítulo, deixarei o meu selo de Magia Angelical no qual venho trabalhando há muito tempo. No decorrer desta obra, vocês já puderam ver como maravilhosamente é essa nova simbologia enriquecida com as Forças Divinas. Como dito anteriormente, este selo possui:

01° Todos os nomes divinos, planetas e coros angelicais associados as esferas cabalísticas da Árvore da Vida. Na regência de Yeshua.

02° Todos os Arcanjos associados as esferas as esferas cabalísticas da Árvore da Vida. Além da inclusão de outros Anjos e Arcanjos dos Raios Divinos e outros de proteção e justiça.

03° Todos os 72 nomes divinos do Criador. Amplamente conhecidos por todos os praticantes de Magia Angelical.

04° Todos os nomes divinos da oração Ana BeKo'ach. Também conhecidos como o nome de 42 letras do Criador.

05° Nomes divinos de manifestação e presença de Cristo.

06° Nomes ocultos criptografados nos manuscritos hebraicos. Que serão abordados em uma obra futura.

Em perfeita harmonia com as forças divinas, traz a seus praticantes inúmeras bençãos para com aqueles que se dedicam a meditar em suas simbologias. Irei disponibilizar três versões deste selo:

1° Uma com o nome de Yeshua em seu centro. Que possibilita a regência divina e Crística sobre todos os rituais que você realizará em sua jornada terrena. O nome de Yeshua no centro já traz uma energia e regência ascensionárias. Trazendo incontáveis bençãos para quem a utiliza.

2° Uma versão com o nome de Adonai no centro. Ao contrário do que muitos pensam, Adonai é intimamente ligado ao Criador de todo o universo. E não a deidades desta Terra ou do velho testamento. O nome de Adonai vibra em amor incondicional. E até o presente momento em meus estudos, os irmãos intergalácticos também consideram esse nome como um dos nomes do Criador, apesar de eles apenas chamarem de criador ou fonte divina. Se você acompanha meu trabalho há um tempo, ressignifique os conceitos e ligações do nome com espíritos da Terra. E deixe fluir para uma conexão mais universal e abrangente para seu crescimento e evolução.

3° Uma versão sem o nome central. O que abre muitas possibilidades para os praticantes em suas experiências e técnicas espirituais. Caso por algum motivo, você não queira utilizar nenhuma das anteriores, esta te servirá muito bem. Em todos os casos, o Selo Ars Aurora sempre estará conectado as fontes Crísticas, divinas, benéficas e ascensionárias. Use-o sabiamente.

Selo Ars Aurora – Yeshua

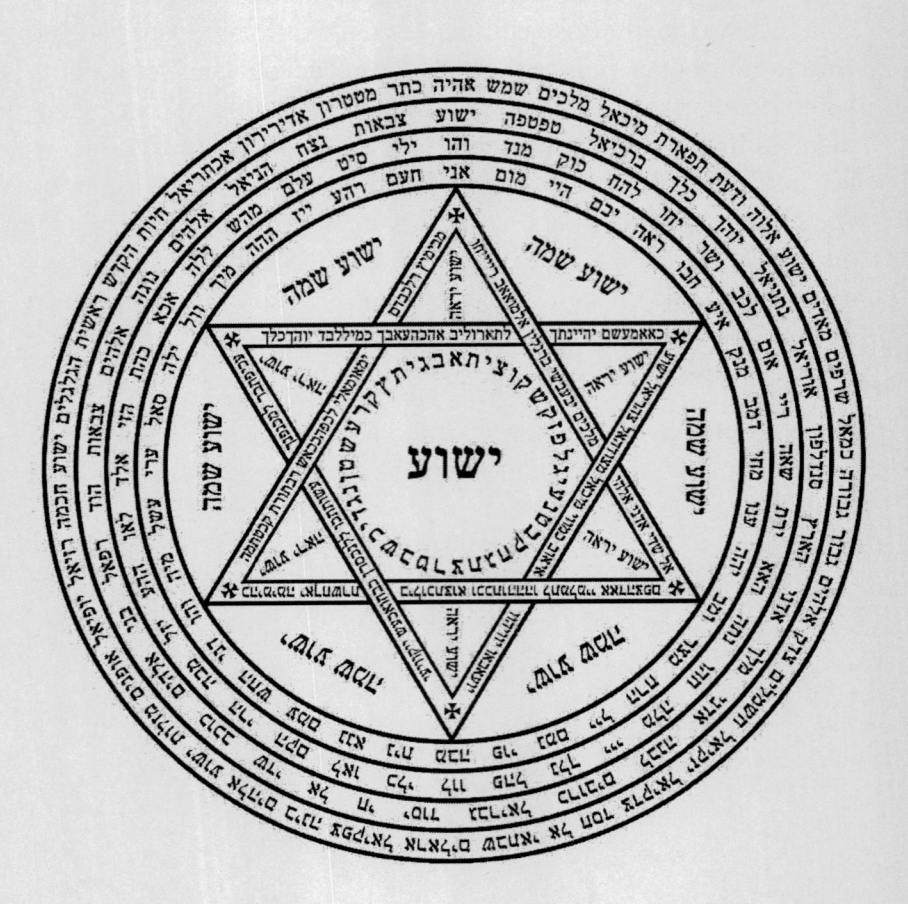

Selo Ars Aurora - Adonai

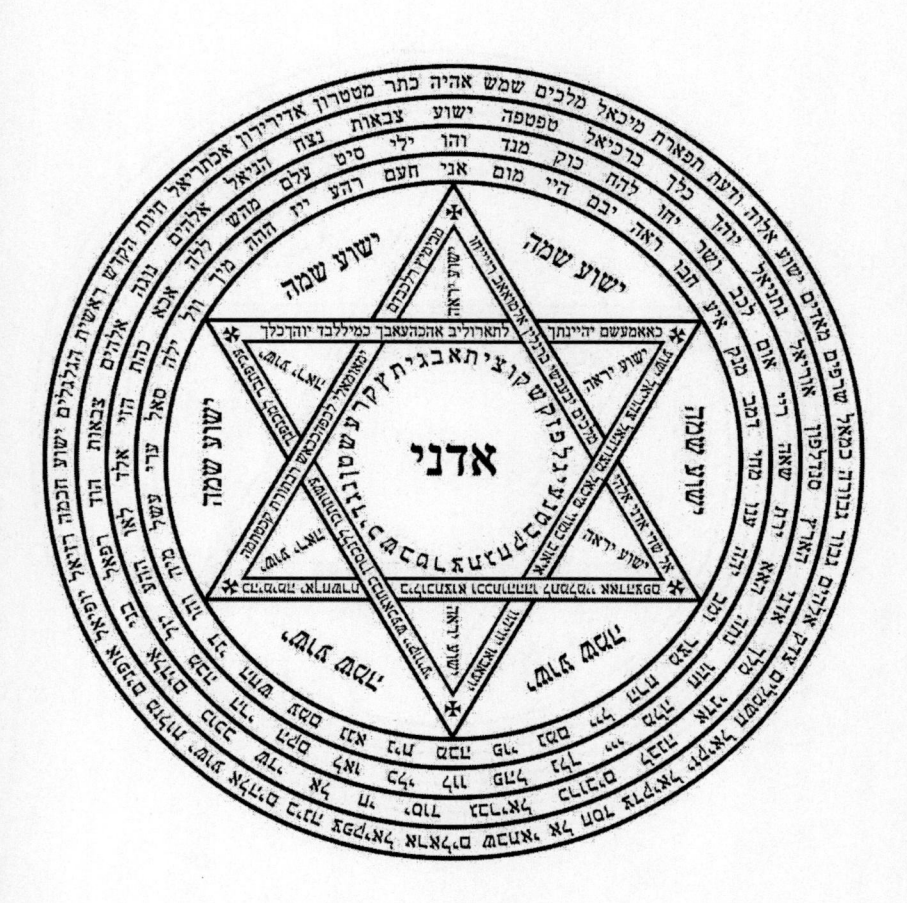

Selo Ars Aurora – Sem nome central

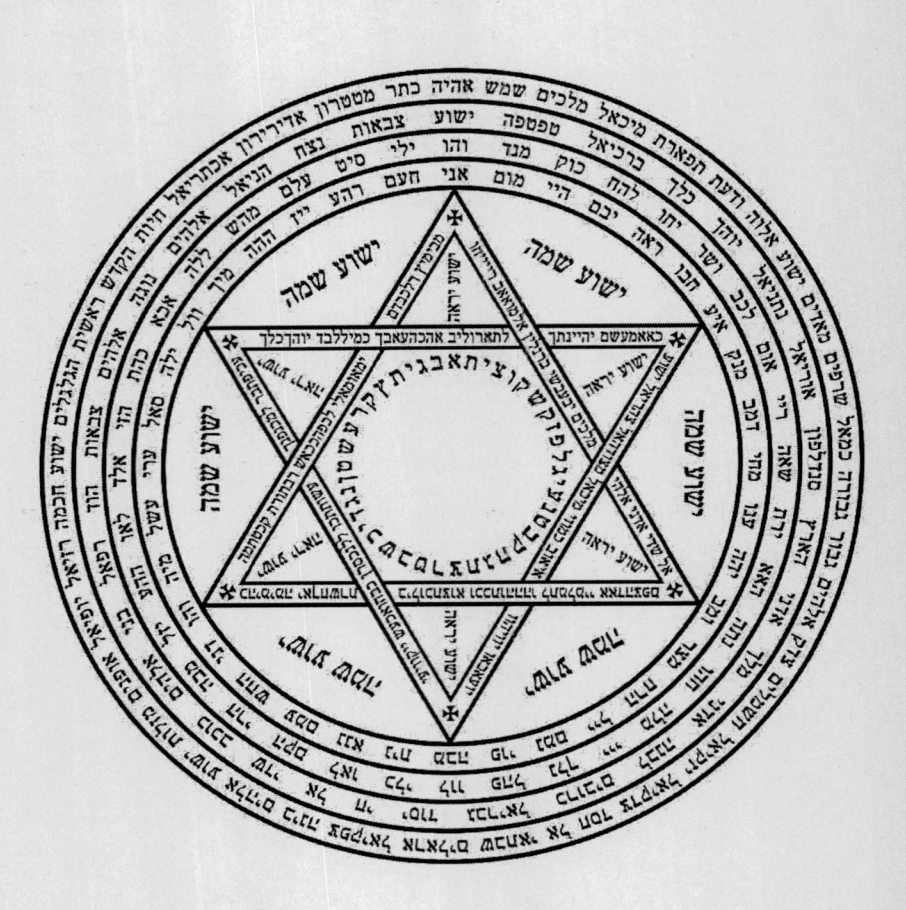

Notas finais

Agradeço por comprar uma cópia oficial deste livro, isso me motiva a trazer mais conteúdo e me possibilita lançar novos livros com essa temática. Espero que você tenha ótimos resultados e possa mudar sua vida para melhor. Caso deseje me mandar um feedback, opinião ou tenha encontrado algum erro no livro, envie um e-mail para: **arsauroradawn@gmail.com**

Lembre-se de avaliar o livro na Amazon ou em qualquer plataforma oficial que você o tenha comprado, suas estrelas e comentários são de extrema importância para mim.

Conheça também minhas outras obras através do Clube dos Autores, Uiclap e Amazon: basta realizar sua pesquisa nesses sites, procurando pelo meu nome "Ars Aurora".

Que todas as forças celestiais, terrenas e cósmicas possam abençoar cada um de vós, trazendo toda sorte de bençãos em seus caminhos.

Ars Aurora.